中国经济结构转型及发展方略研究

Study on China's Economic Structural Transformation and Development Strategies

李智娟　蒋银娟　许晨 ◎ 著

中国社会科学出版社

图书在版编目（CIP）数据

中国经济结构转型及发展方略研究／李智娟，蒋银娟，许晨著．
—北京：中国社会科学出版社，2023.9
ISBN 978－7－5227－1257－4

Ⅰ.①中… Ⅱ.①李…②蒋…③许… Ⅲ.①中国经济—经济结构—转型经济—研究②中国经济—经济发展战略—研究 Ⅳ.①F121②F124

中国国家版本馆 CIP 数据核字(2023)第 024566 号

出 版 人　赵剑英
责任编辑　金　燕
责任校对　石建国
责任印制　李寡寡

出　　版　中国社会科学出版社
社　　址　北京鼓楼西大街甲 158 号
邮　　编　100720
网　　址　http://www.csspw.cn
发 行 部　010－84083685
门 市 部　010－84029450
经　　销　新华书店及其他书店

印　　刷　北京明恒达印务有限公司
装　　订　廊坊市广阳区广增装订厂
版　　次　2023 年 9 月第 1 版
印　　次　2023 年 9 月第 1 次印刷

开　　本　710×1000　1/16
印　　张　17.75
字　　数　272 千字
定　　价　98.00 元

凡购买中国社会科学出版社图书，如有质量问题请与本社营销中心联系调换
电话：010－84083683

目　录

第一章 “新时代”背景下的经济结构研究

毋庸置疑，当今国际形势和中国所处的发展阶段发生了翻天覆地的变化。这个变化不仅仅体现在国民经济各生产与流通部门规模增长、人民的物质文化生活更加富裕上，更重要的是，中国在工业化建设及升级历程中，整个经济体的结构和质量与以往截然不同，最基础的特征是资本要素相对充裕、人力资本尤其是人才的作用凸显以及技术水平不断提升。中国的生产要素禀赋结构发生了根本变化，相应的比较优势和产业结构、金融结构以及国际贸易结构也随之产生巨大发展。

党的十八大以来，中国特色社会主义进入新时代，我国社会主要矛盾已经转化为人民日益增长的美好生活需要和不平衡不充分的发展之间的矛盾，中国经济发展阶段呈现新特征。在当前国内国际形势下，中国经济社会发展需要做出结构性优化升级才能适应新时期新阶段，跨越各种发展陷阱，实现社会主义现代化并顺利进入高收入国家行列。与此同时，政策制定者和社会科学研究者肩负的使命及面临的挑战依旧是——从每个发展阶段的条件出发，调整丰富政府发展战略和理论研究内容，提出促进包容性、协调性发展的适宜政策，为各领域的实践提供方案。

在国内社会治理中，中国面临避免增长停滞的“收入陷阱”、减小城乡发展差距以及促进产业结构升级等各方面任务；在国际社会交往中，又面临国际秩序治理改革、反击西方世界的阴谋论和双重评价标准，以及争取国际舆论中的话语权等重重挑战。总之，国内国际的发展治理工作既要应对新形势新问题的考验，又要应对长时期积累下来的结构性扭曲。2013 年 9 月和 10 月，习近平总书记提出建设“新丝绸之路经济带”和“21 世纪海上丝绸之路”的合作倡议，积极发展与沿线国家的经济合作伙伴关系，共同打造人类命运共同体，为全球视野下的国际治理提供了新理念。

中国坚定贯彻新发展理念，努力实现高质量发展，探索新的发展思路，构建新的发展格局。实现第一个百年奋斗目标后进入新发展阶段，为建成富强、民主、文明、和谐、美丽的社会主义现代化强国而奋斗。

“新时代”全球视野下的中国经济社会治理也得到了理论学术界的重点关切，有关新时代的跨学科研究和相关政策落地的工作正如火如荼地展开，各方经济主体都为当前转型阶段跨越难关着手思想理论准备与实际规划布局。本书着眼于这一调整经济结构、深化对外开放的深刻转型时期，积极进行理论研究和实证分析，争取为调整发展方略建言献策。

只有深入分析“新时代”各领域各层次的结构性特征和结构性问题，准确把握经济发展的作用机制和存在的扭曲效应，才能根据阶段性发展目标做出战略政策上的调整。因此本书将研究视野聚焦于“新时代”及其之前十年左右的时间窗口，探究中国国内国际主要经济领域的发展结构及其相互间的结构性作用传导机制。

本章各小节的内容概要为：第一二节首先介绍当前和未来对经济转型进行结构研究的背景以及经济学者等社会科学研究者们肩负的重任，简要梳理国内外有关产业结构调整升级的理论流派及其指导思想，并基于实践结果进行评述；第三节阐述本书的研究路径和理论逻辑，罗列定性与定量分析的技术方法，为后续章节引经据典和量化研究作铺垫；第四节基于各章内容搭建研究框架，以求清晰明了地展示本书脉络，最后还指出了研究的难点和创新性贡献。

第一节　对经济发展进行结构研究的时代背景与历史使命

中国经济稳定平衡发展的同时面临自然资源和生态环境的客观约束，

以及中国外部政治环境的有意阻挠。因此，切忌割裂地看待国内产业转型升级与国际社会治理。核心技术为国际资本掌握的形势导致新兴国家极易陷入"比较优势陷阱"，也极易进一步陷入各种"收入陷阱"。这些陷阱背后，是日益凸显的国内、国际社会治理问题。

一 "新时代"时期的国内发展和国际交往

随着中国迈入新型工业化建设时期，国民生产水平和居民收入稳定快速地增长。2010 年中国国民生产总值超过日本成为世界第二大经济体，人均 GDP 超过 4000 美元，成为中高等收入发展中国家。2014 年全国居民人均可支配收入突破两万元，达到 20167 元，其中城镇居民人均可支配收入达到 28844 元，农村居民人均纯收入为 9892 元。中高等收入国家很容易在这个阶段落入"中高等收入陷阱"，这一收入增长停滞的陷阱是诸多发展问题的综合反映，通常表现为产业技术固化、区域发展不均衡和城乡收入差距扩大，以及金融服务落后于实体经济需求甚至放大经济波动。

在国际秩序治理中，中国面临许多既得利益大国的限制与打压。战后西方国家主导建立的国际货币和贸易运行机制在一定程度上体现和满足了各国共同的社会目标，但其原则、规范、保障条款及其修订基本体现了美欧国家的利益取向，中国等发展中国家利用劳动充裕的比较优势参与国际贸易和吸引国际投资。在技术水平和议价能力为国际资本主导情形下，发展中国家的比较优势固化在其传统优势产业，产业结构升级和劳动收入实际增长长期处于停滞状态，则极易落入这一"比较优势陷阱"。

此外，欧美地区还持续不断地利用国际舆论来阻碍中国的国际交往，利用中心治理地位和掌握的话语权巩固加强不平衡的政治经济秩序。各种形式的"中国威胁论"和"中国阴谋论"层出不穷，比如具有中国智慧的"一带一路"倡议被视为对欧美地区的地缘威胁①。这些国际秩序主导国家

① 德国外交部部长西格马·加布里尔（Sigmar Gabriel）在第 54 届慕尼黑安全会议发表讲话，将"一带一路"倡议视为对欧洲的威胁，2018 年 2 月 16 日。

祭出“自由秩序”的大杀器占据“道义制高点”（赵强，2018），但干扰他国舆论乃至内政的行为远远脱离了其大肆宣扬的民主、自由和人权等价值准则。正如国际机制理论奠基人约翰·鲁杰教授（John G. Ruggie，1998）早已指出的，西方国家所谓的多边自由的国际经济机制实质为以自我为中心的“嵌入式自由主义”。

二　全球价值链“双循环”里中国的角色

“新时代”国际分工体系突出存在两个往来十分密切的经贸环流：一个环流位于北美经济体和西欧经济体等高收入经济体之间，另一个环流存在于亚非拉等低收入经济体之间。国内发展与国际治理相互促进、不可分割，构建新的发展格局需要高屋建瓴地把握国际国内两大经济循环以及内部外部的衔接关系。2020 年 5 月 14 日，中共中央政治局常委会会议首次提出“深化供给侧结构性改革，充分发挥我国超大规模市场优势和内需潜力，构建国内国际双循环相互促进的新发展格局”。

新发展格局是开放的国内国际相互作用的双循环形势，中国作为负责任的大国，在人类命运共同体这一先进国际价值观的指导下，争取互通民心、互利共赢，积极寻求国际合作，一起走出发展速度放缓甚至经济衰退的阴霾。

随着中国对外开放领域扩大，产业结构、贸易结构、国际分工及其在全球价值链中所处地位之间相互作用，各种传导机制构成了完整的理论逻辑链条。第一条主要作用链条是，本国自身资源要素的比较优势和生产技术水平决定了比较优势如何，并进一步决定我国国际贸易的结构与质量，以及在全球价值链、供应链中所处的分工地位；第二条主要作用链条是，我国国际贸易和外商直接投资对国内的制造业、金融业和劳动收入也会产生冲击，通过激励竞争、技术外溢和收入分配来改变国内经济结构。

提升国内经济循环的结构质量是重中之重，因为自金融危机以来，经济增长已经转变为主要依靠内需拉动。国民经济和社会发展第十三个和第十四个五年规划纲要（“十三五”和“十四五”）以及将来很长的发展阶段中，畅通国内经济大循环、提升供给体系的质量和水平是发展的首要方面，这有利于提升对外交流的层次。决策部署涉及各方面深化改革和健全机制，尤其是产业部门之间和城乡之间。"十四五"规划和二〇三五年远景目标提出全面实施乡村振兴战略，推动形成工农互促、城乡互补、协调发展、共同繁荣的新型工农城乡关系。

在国际经济大循环中，既有的国际分工既存在高收入经济体对低收入经济体的"涓流效应"，即发达经济体对新兴经济体自上至下的技术外溢效应，但同时国际治理秩序又对其产生阻碍，即存在渗透障碍。"涓流效应"的理论逻辑在于新兴经济体由于发展落差，可以利用后发优势吸取先进技术并实现创新。发展的不均衡、经济的不平等是常态，在一定程度上，不均衡的收入分配可以激励人力资本和物质资本投资，进而扩大投资引致的增长，最终对社会所有成员的福利产生有益的改进；微观企业的生产研发行为深刻地嵌入国际经济循环中，创新决策与生产效益不仅仅内生于企业本身特质。

以美国为首的部分发达国家基于自身利益，接连采取限制贸易措施对本土产业进行保护。在生产全球化大背景下，部分发达国家以邻为壑的行为使得发展中国家的经济转型升级面临颇多阻力。渗透效应的障碍还来自各经济体之间发展的不均衡，以及低收入经济体自身缺乏健全的制度、基础设施和资金。

以中国为代表的新兴国家是世界经济复苏的主要动力，基于规模庞大的市场能够回溯消费者细分偏好提供定制化服务，在技术更新上具有后发优势。作为世界第一大贸易进出口国，中国可承担全球价值链"双循环"体系中连接两个环流的枢纽角色，以此强化对接和连通机制，一方面疏通世界经济循环对国内循环的"涓流效应"，吸收和创新先进技术；另一方面导入由内向外的反向传导和反馈机制，由低收入国家向高端、高收入国家传导技术创新、产品和商业模式。"一带一路"等发展道路能够促进中低收入经济体互通有无，基于在人力资本和资源上的比较优势提高在国际贸易中的竞争优势。

三　中国经济结构转型的发展重任

中国作为重要的新兴经济体，通过摸索创新创造了经济起飞和繁荣的奇迹。即使在制造业高度发达的今天，中国仍然需要承担发展这一历史使命——经济持续增长、消除贫困并促进自身与世界经济的共同繁荣。

经济转型的本质，是通过结构调整和制度变革实现再平衡和结构升级，高质量发展离不开结构转型。我国经济结构转型有巨大空间，同时面临的问题十分复杂、任务十分艰巨，发展不平衡和体制性摩擦带来的结构性失衡并存。

要实现到2050年把中国建设成一个社会主义的现代化强国，必须调整且利用各阶段结构。在这个关口，政策制定者和理论研究者们需要思考当前时期的形势变化，发展方向、发展战略同样需要相应的调整。经济学研究者们，包括产业经济学、发展经济学和世界经济学等方向的研究人员和政策制定者，也需要与时俱进，面对新情况解决新问题。掌握新形势、新特征，理清新阶段经济结构转型的作用机制，了解国内市场和对外经贸往来存在的扭曲，基于理性思维去拓展理论并且为发展战略指明改革方向。

第二节　国内外既有的经济结构转型研究

中国发展战略的理论框架和政策思路需要与时俱进，不断地进行丰富和调整。本节梳理结构转型理论发展的三个阶段并进行评述，从要素禀赋结构这一经济结构的根本出发，阐述各种结构化思想，并重点介绍新结构经济学的理论内核和实践案例的指导意义，以及张军教授领衔构建的“国家理论”研究体系。

以结构化思想去看待经济发展，笔者理解为：经济转型中涌现的种种矛盾是息息相关的，想要在某个领域内解决局部性问题需要牵一发而动全身，协同调整和同时改革多个领域的经济问题。即狭义定义下各个领域的结构特征之间，存在相互传导作用机制，构成和推动宏观经济结构升级。

具体体现在经济领域的方方面面：结构化研究大致可分为国内产业结构、国内贸易结构、对外经贸往来结构和金融治理结构等方面。国内产业结构包括各大产业占比和要素禀赋充裕度等，其中工业结构研究主要为轻工业、重工业和高技术细分产业构成份额等；对外贸易结构研究主要涵盖构建更加公平合理国际秩序的"新时代"和"一带一路"涉及范畴的经贸结构等内容，贸易结构还可以进一步分解到贸易伙伴国、贸易方式、企业性质和产品质量构成这些中观微观层面。从多个维度深度拆解经济的结构性特征，有利于微观经济体和宏观政策方向的调整转变。

一　结构经济学发展的三个阶段

（一）传统的结构经济学理论

发展经济学早期的主流发展模式是一种结构主义范式，其目的是把贫困国家的产业结构转变成与高收入国家相似的模式。一般来说，结构主义学者会建议政府通过公共部门的干预来应对市场失灵并提倡使用进口替代战略。一些国家通过上述方式取得了初期的投资导向型成功，但随即遭遇反复的危机和停滞。

20 世纪七八十年代以后，发展的主流观点转变为新自由主义华盛顿共识。该共识主张私有化、自由化及稳定化，并把发达国家已建立起来的理想化市场体系推介到发展中国家。按照华盛顿共识进行的改革并没有取得理想的成果，20 世纪八九十年代甚至被一些经济学家称为许多发展中国家失去的十年。

纵观过去数十年，许多遵循主流的发展范式的国家的经济发展并未如预期那样顺利，而另一些不被主流范式看好的国家却纷纷创造了经济奇迹。因此，发展中国家正在呼唤新的理论框架和政策思路。

（二）赶超发展战略主张非均衡发展

中国等国推行的以重工业优先发展，其他产业、金融政策和贸易政策相应倾斜的发展战略属于赶超发展战略。短期来看，可以解决资金、技术和管理要素不足的问题，避免通过扭曲政策带来的问题。为了调动资本要素对优先产业的企业进行补贴、筹措资金，发展中国家的政府往往通过行政措施集中资金——给予优先领域企业市场垄断地位，抑制利率，控制工资水平（林毅夫等，2009）。这些扭曲抑制了正确的激励机制，极易导致资源配置不当和经济效率低下，限制了产业结构的可持续发展。

（三）新结构经济学理论

新结构经济学针对发展中国家从经济起飞到经济结构转型升级的动态过程构建了逻辑完整的理论体系。以要素禀赋结构及其决定的该国比较优势为动态包容性增长的指导原则，分析其内生决定的适宜技术和适宜产业，并进一步分析产业结构及其决定的贸易结构、金融结构等配套制度安排和政府服务。产业结构的动态发展体现在，通过发展适宜产业来积累资本要素进而改变要素禀赋结构，有助于下一步发展资本密集度更高的产业以此实现产业升级。总之，这是一套逻辑自洽的产业结构动态发展理论框架。

全新的新结构经济学“在客观分析的基础上推动发展经济学的反思，为发展经济学界的研究以及发展中国家和国际发展机构的政策制定指出了一个新的领域和方向”（江山，2013）。

二　结构转型的理论内核和“国家理论”

（一）结构转型的理论内核

至少有五个根本性作用因素驱动转型：更民主和更负责任的政府；更明智的经济政策；债务危机的技术，不断改善的与捐赠过的关系；新技术的扩散；以及新一代政策制定者、活动家和商界领袖的涌现（Cameron，2011）。在过去的二十年间，许多国家强劲的经济表现与反弹并不是偶然的，而是他们持续努力的必然结果。

将比较优势作为经济发展的指导原则是减少贫困、实现动态的包容性增长的最好办法（林毅夫，2012）。发展路径是从要素禀赋结构决定的比较优势出发，甄选适宜的有自生能力的产业战略，并且制定有针对性的相匹配的资金融资政策、贸易开放战略。期间，政府和市场也要设置与自身发展水平及禀赋结构相一致的发展阶段性任务与策略。在市场充分发挥配置资源的基础性作用时，政府也必须积极起到改进基础设施、补偿外部性和包容产业多样化发展的作用。

（二）技术跨越创新的方法："生产率近乎一切"

诺贝尔经济学奖得主克鲁格曼就反复强调，产业要升级，经济要发展，关键在于企业的技术能否得到提升。他指出，如果企业技术跟不上去，无法实现集约式增长，增长就会停止，"生产率不是一切，但在长期中近乎一切"。

一国人均国民总收入如果无法继续快速爬升，就无法顺利迈进高等收入发达国家行列。研发的实现需要增加教育投入、提升人力资本，说到底，就得提高劳动大军的素质。按国家财政预算，2010 年我国教育支出只占国内生产总值（GDP）的 4%；2012 年以来，教育部落实教育优先发展战略地位，坚持国家财政性教育经费占 GDP 比例"不低于 4%"；2020 年占比已经达到 4.22%，正在追赶发达国家 5% 的比例。

在经济起飞阶段吸引跨国直接投资并引导产业集聚，有助于一国避免陷入"比较优势陷阱"、被锁定在国际分工价值链的低端环节，并且有助于我们进一步理解完善开放经济下的技术吸收和产业区段转移等相关理论。

三　结构转型的实践案例和指导意义

在这一逻辑自洽的产业结构动态发展理论框架的指导下，武汉大学经济学院、建筑设计学院以及制造业等领域的中国专家对塔吉克斯坦等"一带一路"倡议沿线国家因地制宜地提供产业发展规划方案。笔者也曾参与塔吉克斯坦（以下简称为"塔国"）中塔工业园区实际规划设计方案的分解分析，中塔两方专家对中塔工业园区的规划和阶段性成绩表明了新结构经济学对于后发国家在经济迈步和可持续性产业发展方面具有现实指导意义。

短期来看，中国资金相对充裕，国家开发银行的基金和丝路基金投向有潜力的项目，可谓双赢。长期来看，对塔国直接投资的中国企业带来技术溢出、人力资本积累和推动政府服务完善等效应，利于后发国家的长远发展。经济起飞初期，自身摸索技术、市场和管理方式涉及太多风险，而中方在制造业、建筑业、采矿冶金业方面具有成熟的技术和管理模式，对当地劳动力的专业培训能加速技术扩散和人力资本积累进程。

规划思路概括为，我们先从宏观层面的比较优势出发，确定塔吉克斯坦适宜发展的产业区段；随后，对工业园区进行区位和功能规划，并为微观企业的落地营运构建制度服务框架，结合政府因势利导的作用和国际资本、贸易市场的作用，构建功能较为完善的软硬件基础设施尤其是产权系统。中塔产业园区的稳步建设和已有的成绩，不仅有利于塔国的制造业迈步和持续发展，对广大的后发国家群体的经济起飞和产业承接也具有重要的启示。

第一，塔国的要素禀赋作为最基本的起始条件决定产业构成状态。塔国矿产资源、农畜产品、青年劳动力、能源供应等要素禀赋相对充裕，但资本要素短缺，因此生产结构单一；在国际分工中承担矿产资源、农产品等原材料供应和劳务输出的角色。对于这样产业结构相对单一的内陆发展中国家而言，通过遵循比较优势获得经济发展的方法会更为稳定和可持续。塔国可以发展劳动力密集型或资源密集型制造业，才能将宏观经济的比较优势转化为微观企业的自生能力。

第二，产业结构进一步决定贸易结构，工业起步有利于塔国将比较优势转化为产品的国际竞争优势，跨越比较优势陷阱。塔国生产的冶金产品、农业加工品相较于原材料，附加值更高，在亚欧地区存在广阔市场。只有建立起自己的优势产业，在全球价值链分工中争取主动地位、提高盈利水平，才能避免被锁定在低端环节。基于自然资源优势先发展冶金工业，然后循序渐进地构建较为完整的轻工业、农业和服务业。

产业发展次序为：在工业园区可以形成有色金属冶金产业、有色冶金循环经济产业、有色金属产品下游产业链、矿山冶金配件产业；同时兴建相关配套服务业、本国特色企业所需的软硬基础设施，以帮助企业降低交易费用；积累资金并逐渐为产业升级提供环境。整个国家将潜在比较优势转变为显性可盈利的比较优势，相关产业链则成为该国的国际竞争优势。

第三，在可持续性产业发展接触各种约束因素的过程中，政府发挥了因势利导的重要作用。塔国首先甄别与该国潜在比较优势相一致的产业给予一定支持，随后为鼓励外资企业和生产要素进入，消除软硬基础设施瓶颈、提供信息以及鼓励产业集聚。

由于政府提供整个经济赖以发展的秩序框架尤其是产权系统，因此如林毅夫所说，"再怎么强调政府政策对经济增长的重要性都不会过分"。各方面制度安排皆由塔国的政府部门牵头，其中基础设施和劳动力的技术水平对生产的约束非常突出，靠市场力量显然不能有效解决。塔国政府提供的制度性服务能快速地改善现实条件，集中精力为产业园区创造营商环境，得以在资本要素不充裕的既有状态下，建设几平方千米的工业园区，保证水电等配套设施优先稳定地供应给生产型企业（赵祚翔等，2018）。

第四，规划中不仅体现了有为政府的重要性，还体现了发挥市场力量的理念。中塔工业园的规划中，政府指引发展方向，同时利用国际市场的力量，降低生产贸易成本，保障经济有效运转。塔国规划产业园引入中国的国际直接投资，借助国际货物流通渠道打开销售市场，实现"一带一路"倡议的互通有无、互利共赢的共同发展目标。

第三节　本书研究框架和思维方法

党的十八大以来，以习近平同志为核心的党中央对经济形势进行科学判断，基于新发展格局对发展理念和思路作出及时调整。在进入"新时代"的背景下，本节根据本书的研究目的，梳理了本研究的总体框架结构。首先介绍本书研究的思路框架，从理论到实证，分层次分维度地形成研究思路，构建研究框架。随后介绍了本书主要的研究方法，包括理论文献的整理、发展模式解读和多层次多技术实证分析等方法。最后指出了本书对于学科体系和战略实践的理论价值和现实指示。

一　研究视野：立足国内，放眼国际

当今中国面临着产业升级、人口老龄化、国际贸易冲突加剧等一系列国内外挑战，而在此之前的发展中国家，尤其是处于发展中阶段的人口大

国从未同时遇到过如此严峻的考验，促进经济结构转型成为当前中国应战之关键所在。传统西方经济学理论建立在对发达国家经验总结的基础之上，并不完全适用于当下中国所面临的结构性挑战。而中国特色社会主义发展理论从发展中国家的转型实际生发而来，形成囊括宏观运行机制和微观发展基础的发展经济学体系，引起了新一轮理论探索。中国特色哲学社会科学这种探索正是深深扎根于发展中国家的实践，尤其是中国改革开放的经验教训之上的。

所有研究中国经济结构转型的经济学理论至少重点研究四个主要问题：开放经济下的产业结构、贸易结构、金融结构以及国际交往。从全球视野对这几个问题进行内部剖析、理清相互作用机制是本书的重点研究任务。这几个领域之间存在相互推动的内生动态机制，产业结构是随着一国要素禀赋结构演变的，符合禀赋结构决定的比较优势的产业结构是具备国际竞争力的；一国产业结构的演变需要相应的基础设施提供保障，其中软性基础设施，尤其是金融结构、知识产权法律体系有着重要的支撑作用。

本书首先从宏观收入分配视角分析了对外经济发展战略的经济影响，并由此对中国经济发展提供可借鉴性政策意见的启示。在劳动收入视角下，基于开放型经济背景，着眼于劳动收入占比来对贸易开放战略模式进行具体的研究，运用实证方法着重分析了经济发展、贸易开放、发展战略三大类因素对劳动收入造成的影响。基于比较优势、着力于要素比例及质量提升的发展战略是促进产业递进和转型发展的关键。随后，分别从“供给方”和“需求方”两个方面来看待解析产业转型、贸易开放二者与金融深化之间的关系。

放眼国际社会，旧国际分工秩序难以为继，新型的国际分工秩序尚待建立，中国有能力也必须构建一个全新的、以中低收入国家和新兴经济体为主的产业生产价值链。“一带一路”倡议突破了既有的国际合作价值观，是我国提出的重要的国际治理方案。在经济与金融全球化深化发展的大背景下，尽管世界资金整体相对充裕，但是“一带一路”沿线的大部分低收入国家依然无法获得国际资本青睐。本书将重点探讨“一带一路”在实现资金融通中如何控制风险、保证借贷的安全性的问题。接着分析在“一带一路”倡议下各国应当如何切合倡议中的发展需要和沿线国家的实际情况，通过改革、完善现有国际金融体系和资金融通架构，推动“一带一路”沿线地区的金融发展和资金融通。

本书的研究目标是在比较地区差异、产业差异和城乡差异时理清结构转型机制，寻找结构扭曲与发展失衡的方面，需要控制好其中的相互内生作用。解释变量和被解释变量往往存在相互作用、共同决定的关系。本研究希望通过实证技术，准确刻画理论机制预期，真实地进行量化估计。研究产业结构与贸易结构、城乡结构之间的关系，以及各自之间的引领拉动机制。

围绕剖析经济结构转型机制的研究目标，本书主要完成了以下几方面的研究工作：从宏观、中观、微观各个层次，从产业、金融、贸易、城乡等各个领域以及不同研究视角出发，设计具体的分析思路、研究方法和写作框架，对错综复杂的作用机制条分缕析。

主要的研究内容与对象是生产部门结构、要素资源结构、人口结构、消费需求结构、供给侧结构、教育结构和就业技能结构，以及各种产业结构、收入结构、对外贸易结构、金融结构的决定机制及其相互之间的内生动态传导机制。

总体思路框架兼顾国内发展转型和国际治理地位提升，本书并非简单照搬西方经济学界的发展思路。技术进步速率和生产要素禀赋的市场势力存在巨大差异，中国等后发国家的发展路径不同于西方发达国家，且深受政府制定的发展战略影响。在过去与当前发展的客观现实下，笔者以“新结构经济学”理论、新古典经济增长理论、新增长理论、比较优势理论、资源禀赋理论、收入分配理论、产业发展理论、后发优势理论，以及国际分工理论、新新国际贸易理论、国际投资理论、国际金融理论和构建“互利共赢”的国际分工和全球价值链理论为依托，进行总结与反思。通过提出建议为中国以及其他后发国家各领域的经济转型指出发展方向。

（一）立足国内经济发展状态

本书首先对研究阶段的时间节点进行划分，在后文章节中分阶段概述各个发展领域中国内经济发展和国际经贸往来的特征。十八大以来，以习近平同志为核心的党中央高瞻远瞩、统揽全局、把握大势，提出一系列新理念新思想新战略，引领了我国经济发展取得历史性成就、发生历史性变革。因此，我们将 20 世纪 90 年代至 2012 年划分为第一个研究窗口，中国经历了工业化中期到后期的历程；将 2013 年至 2020 年作为第二个研究窗口，即进入“新时代”。我国经济已由高速增长阶段转向高质量发展阶段，开启了新一轮经济转型，加快产业结构调整和优化升级是推动经济高质量发展的主要途径和重要任务。

金融深化对产业转型具有“供给促进效应”，即金融深化通过丰富和完善服务，通过资本形成和资本要素配置两大功能提供产业转型空间。金融资本和产业资本相互融合转换，有效的金融资产可以准确反映市场产业资本的经营现状和供求稀缺程度，金融效率提升是实现资本生产要素市场化流动的保证；贸易升级以及产业转型对金融深化又具有“需求引领效应”，即对新的贸易产品、商业模式的需求能够倒逼金融系统改革，贸易开放的现实需求必然会促使金融行业创新和体系的升级完善。

城镇化质量与产业结构升级密不可分，形成正反馈的良性作用。具体而言，一方面，劳动者人力资本的积累可以为地区发展技术、资本高度密集的高新技术产业提供源源不断的人才供给；另一方面，产业结构升级通过人口要素流动、资源优化配置和收入分配等渠道拉动城镇化建设。城镇化建设和居民增收提高了对高技术产品和服务的内需，又通过居民消费需求结构、投资结构改变来引领和保持产业兴盛和提升居民生产质量。

本书还以家户为单位，从微观层面分析了中国产业结构技能变化对城乡家庭教育及人力资本投资的影响。新中国成立以来，我国的教育事业得到快速发展，国家层面对学校教育的投资不断增加，尤其是义务教育阶段的教育投入为产业结构转型升级打下良好的人才基础。但教育发展结构不均衡问题仍然十分明显。伴随着我国经济的快速增长，在产业结构升级的过程中，劳动力市场就业技能的供给和需求结构不断优化。利用家户微观数据，对本地就业技能结构变化和家庭子女教育决策的影响开展实证分析，发现不同水平技能就业结构对农村地区家庭的子女教育决策具有差异性——高技能职业需求占就业市场需求比例越大的地区，家庭对子女教育投入越高，即就业技能的需求结构优化刺激了城乡家庭对子女的教育投入；教育投资的积极性增强，将为产业结构转型升级打下良好的人才基础。

（二）放眼国际环境，统筹内外发展

从国际贸易角度出发，需要打破传统国际分工束缚，建立新型国际分工秩序。新兴经济体需要在技术和服务的增值上获得更高的议价权、控制权。中国在全球具有的强大产业竞争力使得中国有能力且必须构建一个全新的、以中低收入国家和新兴经济体为主的产业生产价值链，在"一带一路"的区域内建立一个命运共同体。经济全球化和区域一体化、集团化浪潮不可阻挡，国际间产业结构变动相互推动，中国在国际分工与合作中优势产业得到长足发展。中国也应该利用自身规模优势、地缘优势以及与沿线国家良好的经济政治关系，积极开展产业转移等战略对接，通过产能合作互利共赢。

技术含量和国际分工地位提高能够为中国提升国际竞争力、在未来争取经贸规则的制定权和话语权提供战略支持；为践行"一带一路"倡议、与沿线国家多层次对接发展提供方向。总之，本书为中国统筹内外发展实践提供理论指导，经济结构研究框架如图 1－1 所示。

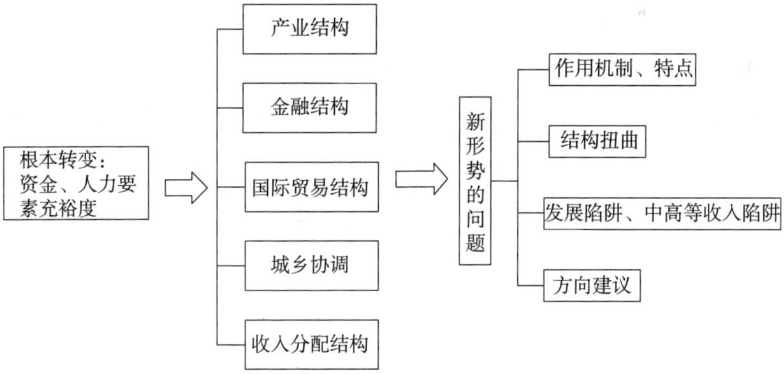

图 1－1　本书经济结构研究框架一览

"一带一路"下的全球价值链和国际分工秩序与以往有所不同和创新，逐渐形成并且需要与之配套的世界经济循环和国际分工理论。这部分的剖析路径是：首先，梳理后发优势理论和国际分工理论，并基于优势互补的

结构性思想对“一带一路”方略阐释其经济学内涵及基础；然后，从“一带一路”沿线地区特征出发，对中国与各区域之间的经济交往进行结构化剖析，涉及各类协定中有关产业、贸易、金融等方面的优惠政策；最后，探讨中国该如何在“一带一路”沿线国家的新型价值链体系中发挥引领作用，在国际分工中合作共赢。

二　理论机制梳理和实证分析方法

本书整理了国内外有关研究成果和学术文献，并对之进行了研读、评述和比较研究，力图把握和吸收相关领域前沿理论的最新进展，梳理理论逻辑、构筑理论基础。同时，围绕发展战略、国际贸易、技术进步、经济水平等因素，针对中国经济在发展过程中所面临的发展模式、发展战略与结构扭曲问题，进行实证分析，剖析现状、原因和不利影响，并为中国要素收入不平衡和转变经济发展方式提出几点政策建议。

（一）基于既有文献梳理理论机制

第二章从“新结构经济学”理论体系的逻辑框架入手，分析其对现有发展经济学的理论创新及可拓展空间，并运用其中理论解析中国产业结构转型、国际贸易结构与金融结构改革等三方面所面临的问题，为后续第三、四章的深入研究奠定理论基础。

立足于国内的经济发展状态，在金融深化对贸易、产业转型的研究方面，本书第三章以比较优势为切入点，结合“新结构经济学”的主要理念——自生能力、结构调整、有潜力的产业甄选和贸易开放解释理论等，剖析技术升级、要素积累、政府政策、效率提升与经济发展之间的动态作用机理。第四章基于劳动收入分配视角，运用偏向性技术进步的收入分配理论，分析要素禀赋结构和政府对内产业战略对于对外经济发展战略的经济影响。

第五章以创新理论、金融深化理论和金融自由化理论等金融发展经典理论为依据，来探讨金融深化与经济增长二者之间相互需求、相互推动的关系，并基于“需求遵从”和“供给引领”理论分析金融深化对产业升级的传导机制与影响效应。而后顺着这一脉络，将研究视角拓宽至国际环境层面，以后发优势理论和国际分工理论作为国际合作新理念的经济学支撑，在理论层面指导“一带一路”的国际分工合作，从而推动中低收入国家和新兴国家的发展与进步。

从福利增进和发展公平层面考量，金融深化、产业结构、财政政策、人口素质的发展与城乡协调发展存在相互推动的结构化关系。第六章从投资机会和收益分配着眼，梳理了这些宏观因素对城乡居民财产性收入的决定机制；在宏观层面的理论探讨之外，本书也聚焦于微观层面，在第七章以替代效应和收入效应为理论基础，阐述了本地就业技能结构变化和土地禀赋差异对农村地区家庭子女教育决策的理论机制。

第八章以国际金融理论和国际投资理论为核心构建适应“一带一路”倡议的金融发展与资金融通理论，为促进“一带一路”沿线资金融通、改革并完善现有国际金融体系和资金融通架构贡献创新思路。第九章以后发优势理论和国际分工理论作为国际合作新理念的经济学支撑，在理论层面指导“一带一路”的国际分工合作，从而推动中低收入国家和新兴国家的发展与进步。

（二）使用多项技术进行实证分析

实证层面，本书以中国省级工业增加值、就业和投资等数据为基础，尝试分析了中国省级经济发展战略特征。基于面板数据回归方法，初步揭示和解释了中国省级地方政府注重资本或技术密集产业投资的赶超型经济发展战略，并就此量化分析了此类“赶超战略”的经济影响——特别是对要素收入份额的决定作用。选取省级宏观经济的面板数据，分别使用虚拟变量模型和双向固定效应回归，检验时间、个体固定效应，通过聚类稳健下的固定效应模型，将各主要影响因素对劳动、资本要素收入及其占国民收入的份额进行回归；使用多种估计方法或工具变量进行回归，保障结果的稳健性；之后再使用面板平滑转化模型进一步分析其非线性，对各因素的效应进行量化估计。

从宏观层面出发，后文在面板数据回归的基础上构建了联立结构模型，考虑区域异质性因素的影响，重点研究国际贸易发展与金融深化发展之间具体的关系层次与作用路径，并采用稳健标准误的固定效应模型和可行广义最小二乘法来解决可能存在的异方差问题。为准确评价贸易开放对金融开放的影响程度，还可以通过引入分位数回归模型、替换被解释变量的方式进行稳健性检验，以更加全面地刻画每个分位数水平下贸易开放、制造业比较优势对金融开放的影响。

从微观层面出发，后文基于中国家庭健康营养调查数据库，由于样本数据是非平衡的面板数据，故采用面板二值选择模型进行估计，实证分析了本地就业技能结构和土地禀赋对农村地区家庭子女教育选择的影响，并进一步估计了其作用大小，同时采用生存模型进行稳健性检验，以保证结论的可靠性。

三　理论价值和现实意义

本研究有助于推进学术理论教学的本土化建构并提升其理论指导价值，此外能够充实经济发展理论并实现其对专业发展的理论支撑。本研究基于现实状况讲中国故事，能够更有针对性地运用于指导经济学研究。大学教师、高等教育的接受者以及对经济发展感兴趣的读者对这本书都会有现实的需求。

本书的理论意义在于：1. 本书基于现实状况讲中国故事，传统西方经济学理论建立在对发达国家经验总结的基础之上，并不完全适用于当下中国面临的结构性挑战。本书从结构化视角进行理论探索，而这种探索是深深扎根于发展中国家的实践，尤其是中国改革开放的经验教训之上的，完善拓展了现有发展经济学的理论。2. 本书梳理了金融深化与产业转型和贸易发展之间的理论机制，着重研究中国产业升级、对外开放战略下的国际贸易、金融深化的结构性变迁，多重维度跨领域研究中国经济结构主要问题，将为中国经济转型提供理论指导。3. 本书从宏观、中观以及微观三个层次分别剖析了中国经济结构问题，研究层次丰富、论证角度立体，将为研究者提供一些理论启示。

在现实意义层面，本书能够为实践提供借鉴与指导，为发展赋予新的内涵与内容，并探索发展新的途径与思路。关于城乡协调发展的驱动力与实现机制的研究，本书在理论构建的基础上结合数据整理与实证分析，从机制比较研究中整理、提炼出对中国城乡协调发展具有借鉴和参考价值的研究成果，同时通过量化分析确保研究结论和政策建议的应用性。

本书的现实意义体现在：1. 基于比较优势、着力于要素比例及质量提升的发展战略是促进产业递进和转型发展的关键，对结构扭曲和发展战略的研究有利于实现有质量有效益的经济增长。2. 厘清产业转型、金融深化、贸易升级三者之间的相互传导机制，有利于调整政策，推进形成相互促进、联动发展的战略效应，更好发挥金融支持作用，形成全面开放新格局。3. 放眼开放性经济，关注了对外贸易和产业结构变迁中劳动力、技术知识和资本要素的市场地位和议价能力，以及进一步产生的经济分配效应和城乡间协调性发展议题，促进贸易高质量发展是经济高质量发展的应有之义。

第四节　主要内容框架及创新贡献

本节概括阐述本书的主要内容框架及创新贡献，首先简要介绍每一章的内容并梳理了逻辑框架以便读者理解，随后对于本书的研究维度和研究层次进行了精准定位。为了细化研究问题，本书不仅俯瞰国际经贸交往，还深入省市地区层面和企业、家户的微观层面，兼顾多个经济领域的问题，拓宽了研究视野。本节最后总结了本书的研究难点、特点、创新点与边际贡献，力求最终在研究方法、分析层面和话语体系等方面有所突破。

总之，基于系统性研究中国对内对外经济发展结构和发展战略，本书期待推动中国特色社会主义经济发展的理论创新，充实新时代中国特色社会主义理论体系，拓展全球视野下的发展经济学理论、新新国际贸易理论和国际金融理论，有利于构建"互利共赢"的全球价值链和国际分工理论，并为相应的政策实践提供参考。

一　各章简介和逻辑框架

各章对研究内容的阐述力求目标清晰、指向问题关键，以各领域的理论为基础，联系实际特征进行实证分析和案例研究，尤其是2012年之后发展方略的转变以及优惠政策中的侧重点、目标和导向；理清作用机制的传导链条，力求得出富有启发性和指引性的政策建议。

为使读者对中国经济的发展阶段产生直观的了解，第二章对中国发展战略变迁进行了梳理。着重介绍最基本的发展条件——要素禀赋结构决定了经济体的生产方式和主要产出品的范畴，经济发展中物质资本、人力资本的积累与产业结构变迁息息相关、互为动力，并运用新结构经济学理论分析中国经济结构转型面临的特有情况。

随后几章依次介绍了中国在产业、金融、外贸、全球视野下的国际合作与国内治理领域的主要特征和结构传导机制。第三章着眼于中国产业结构升级，首先就经济转型与工业化阶段划分的国内外研究文献进行评述。侧重中国国内的产业结构及其对经济社会和谐发展的深远影响，其中技术进步对于二三产业扩张和各产业提质增效起决定性作用。

第四章研究中国对外开放战略下的贸易结构和对内产业赶超战略对国民收入分配和国民福利均衡的影响模型。中国产业的要素偏向型技术进步源于产业发展战略和资本要素的市场势力，又对要素所有者产生初次分配效应。放眼开放性经济，关注了对外贸易和产业结构变迁中劳动力、技术知识和资本要素的市场地位和议价能力，进一步产生的经济分配效应以及城乡间协调性发展的议题。

第五章介绍金融深化发展与前述实体经济结构之间的相互作用以及金融扶持实体产业的优惠政策。首先展现和分析了金融深化的结构性变迁，随后梳理了金融深化与产业转型和贸易发展之间的理论机制。引进外来资金、金融深化和开放，与实业存在“金融引领产业、贸易结构升级”和“产业需求倒逼金融创新”的双向作用：一方面金融行业作为“源头活水”，对产业转型产生“供给促进效应”；另一方面，产业更迭和贸易行业转型提出的融资避险要求，又对金融行业发展产生刺激革新的需求效应。

第六章将视野转向金融结构对城乡结构的影响，聚焦于各省市人均财产性收入水平呈现的地区差异以及背后的根本原因，重点解析金融发展对家户投资收益的影响、各省市人均财产性收入水平的地区差异和城乡间发展机会的巨大差距。城乡居民财富积累的速度差距拉大，需要从金融设施建设、教育水平和财政政策方面对农村予以更大的扶持，促进城乡融合。

第七章从家户层面的教育投资行为出发对城乡人力资本结构进行实证研究，研究从教育到人才结构再到产业结构转型的关系，分析了产业结构变化对家庭教育投资影响的理论机制，实证分析地区就业技能结构份额对地区家庭子女教育选择的影响。

本书将视野从国内经济结构转向当前国际环境，探析对外经济交往的结构化变迁。第八章遵从中国经济发展所处的国内外环境，以贸易品为切入口，从宏观到微观、从规模到收益、从种类到质量等方面进行了多层次多维度的分析，进而揭示中国国际贸易的结构性特征本质上体现的比较优势，和在全球价值链、供应链中所处的分工地位。在全球化视野下，国际贸易和国际投资的开放反过来也会冲击中国国内的产业发展、劳资关系（劳动与资本要素的市场势力）以及收入分配和城乡发展的均衡程度；因此，以发达国家为中心、发展中国家缺乏话语权议价权的国际治理体系，扭曲了中国的国内经济。最后在推动国际秩序治理的背景下，结构化调整改革国际合作模式和国内治理机制，建立多层次的国际融资体系、破解发展中国家融资难题，提出对内对外经济发展转型升级的政策建议。

第九章基于中国提出的“一带一路”倡议，为互利共赢这一国际合作新理念落地提出建议。国际形势波诡云谲，国际治理现状急需改革，以新的时代为背景研究分析发展问题，中国的新思维新理念极力打破新兴经济体面临的发展困境，为建立新型国际分工秩序、在全球价值链中获得议价权、进行发展战略对接提供了具有可行性的方案。

显然，内外共同发展的思路需要保持——提升出口质量和内循环双管齐下。外向型贸易大国，一旦出口不振就会导致经济低迷，造成就业形势严峻，从日本等国发展中可以吸取经验教训。全面深化和推进金融体制改革，服务于产业转型，是为了助推贸易结构与产业结构、金融结构之间相互引领、促进升级。

二 提升研究层次，细化研究议题

以上研究需要在比较我国城乡结构、贸易结构、产业结构和金融市场相关数据的基础上总结其一般性规律，整理和提炼彼此之间引领拉动具体机制的特征性事实。相关的困难在于需要搜集、整理的资料文献浩如烟海，如何在系统规划、科学分类的基础上开展研究。受限于数据可得性，以往的数据研究停留在跨国跨省的层面。

我们通过俯瞰中国与“一带一路”沿线地区的经贸往来结构，并整理了海关进出口产品信息、产业经营数据以及城乡家庭的教育和就业调查数据，将研究维度和研究层次从国际社会、国家整体、省级宏观深入微观层面，细化了研究问题。进行回归分析时，本书不仅能够在省级层面剖析技术创新、产业结构升级与收入分配机制，也能讨论家户、企业这些微观个体的教育、投资和贸易等决策动因。

具体来说，在克服数据搜集匹配的问题上，本书不断尝试和创新。有关数据的收集和整理是开展实证研究、验证理论预期的基础，期间存在数据收集困难、获取成本高、需要筛选质量等客观挑战。针对产业、贸易、金融和对外交往各领域的概念逻辑，力求整理关键指标反映趋势特征，甚至进行量化实证分析。

研究中购买并处理了企业层面的贸易产品信息，在微观层面整理数据来研究技术进步、贸易创新。我们可以详细考察产品出口到发达国家与非发达国家的占比；同时对产品结构即技术含量进行详细分类，比如首先可以分为加工贸易品、资本品和原材料三大类。这三类产品的价值含量不同，附加值存在差异，生产供应模式及其对就业、环境和分配的影响迥异；我们还可以按企业所有制进行划分——外资企业、国营企业和民营企业三大类，观察不同所有性质企业对生产效率和国际竞争力的影响，以及如何决定经营效益和能否“走出去”。

三　难点、特点与出版贡献

本书力求在研究方法、分析层面和话语体系等方面有所突破和推进。目前产业、贸易和金融范畴内，有关经济增长、福利分配、丝绸之路沿线的国际合作等单一领域的研究，不够系统深入、未兼顾内外协调发展；这几对因素间的结构性问题说明其间并不存在单一传导机制，产业结构和贸易结构是嵌入全球价值链环节的，与国际分工地位相互决定，因此对内对外发展战略也是相互影响的。

本书研究的难点在于相关的传导机制错综复杂，特点在于统筹研究了中国对内对外的发展战略和经济结构，构建了系统性的中国经济结构研究，在学术层面上具有领域推进性；创新点在于基于中国本土数据用结构化思维看待、联结和分析各领域的发展质量问题，弥补了国内相关研究的空白。系统性论著的出版，对结构性研究的深入推进具有开拓性价值。

（一）机制传导错综复杂

选择顺应比较优势平衡发展还是调度资源进行赶超，是宏观经济政策领域历久弥新的议题。其中市场因素和政府规划的直接和间接作用机制错综复杂，是本书撰写面临的难点。以初次收入分配结构的影响因素为例，产业结构变迁、技术进步和制度冲击起决定作用并进一步影响居民福利分配。现实中各种传导机制错综复杂，理论解释莫衷一是，冲击因素纷繁复杂：1. 经济发展伴随着产业结构的变迁，中国各省市从迈向工业化到进入后工业化、服务业兴起的过程中，劳动收入份额必然经历先下降后上升的过程；2. 经典国际贸易理论斯托尔帕—萨缪尔森定理讨论的是生产中要素配置不变情形下贸易开放对一国要素收入分配的影响，而现实中技术进步却存在要素偏向即生产要素配置会发生变动。20 世纪 70 年代开始，对技术进步的认识与生产函数的改进，促进了对偏向型技术进步的考虑。偏向型技术进步（factor biased technological progress）理论基于现实，认为技术不仅扩张某些生产要素的生产率，还改变着要素投入的边际生产率；3. 20 世纪末 21 世纪初，针对发展中国家的经济追赶及其经济制度研究的兴起，收入分配研究引入了对制度和政策的考虑，发展战略和政策制度对经济的公平与效率影响巨大，成为新的研究重点。

针对这一重要的结构传导作用，建立统一的理论框架并用实证检验分辨各因素的净效应实属必要。第四章等章节以技术内生的经济模型为基准研究经济发展水平的影响，考虑中国改革发展的历史阶段来分析开放经济下对外开放战略中技术引进、贸易结构的影响，同时重点考察政策冲击下对内赶超发展战略对于开放经济收入分配的影响。

（二）出版目标与特点

本书统筹研究了中国对内对外的发展战略和经济结构，构建了系统性的中国经济结构研究，在学术层面上具有领域推进性。结合经典理论、计量技术和经济现实，既能满足专业人士的学习研究需求，又能为发展战略调整改革建言献策。

写作特点一是统筹分析中国对内产业转型与对外开放程度提升，探寻结构性特征和结构性问题。灵活综合运用新结构经济学以及经典的国际贸易理论、全球价值链分工以及国际金融理论，而非独立关注单一领域的问题和理论，本书具有开创性和系统性。

二是从宏观、中观和微观层面进行多层次分析，体现国家发展战略、省市自身特点以及家户微观主体各自对经济结果的推动作用，研究深入且全面。

三是统筹研究经济发展的速度效率与分配公平，兼顾了理论考量和现实关照。各类经济结构不仅关注其先进水平——如技术含量和国际分工地位，还重点关注了社会发展的协调性和可持续性——如城乡之间和劳动者之间的收入落差、发展差距。

（三）对学科理论的贡献

本书一方面结合现有的文献和新形势构建发展结构转型的系统性基础理论，充实新时代中国特色社会主义的发展理论；另一方面则是放眼国际，结合中国倡议“一带一路”的背景和内容，归纳出全球视野下实现互利共赢国际分工的实践道路。

主要任务其一是完善理论架构。充分分析现有文献和经济学理论，从中国全面深化改革和“一带一路”高质量发展的具体措施和内容中抽象提炼经济行为和背后的经济学原理，并通过理论分析论证其内容的科学性。在此基础上，将经济学各学科领域的基础理论归纳汇总，形成一个系统的理论支撑架构。

在理论贡献上，本书系统性研究中国对内对外经济发展结构和发展战略，有利于推动中国特色社会主义经济发展的理论创新，有利于拓展全球视野下的发展经济学理论、新新国际贸易理论和国际金融理论，有利于构建"互利共赢"的全球价值链和国际分工理论。此外，本书还能够为经济学领域内师生的教学与研究提供内容参考和选题启发。

主要任务其二是在基础性理论架构的基础上，为实践提供指引。进一步结合"一带一路"倡议中的创新思维和习近平总书记的治国理政思想，构建起新的和谐发展的中国式现代化和"互利共赢"国际合作理论支撑，讨论其科学性、可行性和国际合作收益分配秩序。

在政策实践上，将理论逻辑落地为政策调整创新。回顾前期实践经验教训，梳理总结政策制度，为制定适合当前形势的政策树立道路自信、理论自信和制度自信；为中国提升国际竞争力，占据未来经济贸易规则的制定权和话语权提供战略支持；为全球合作规则深度重构期深入推进"一带一路"倡议、与沿线国家多层次对接发展提供方向。总之，本书能够为中国统筹内外发展的实践提供理论指导。

第二章 “新结构经济学”与中国经济结构*

中国进入社会主义新时代，社会主要矛盾已经改变，经济发展也进入了中国特色社会主义新时代。中国当前正面临“百年未有之大变局”，产业升级、人口老龄化、国际贸易冲突加剧等国内外挑战多重叠加，世纪疫情等突发性问题的冲击进一步加剧了这些挑战。发展中国家，尤其是发展中的人口大国从未同时遇到过如此艰巨的挑战。传统西方经济学理论建立在对发达国家经验总结的基础之上，并不完全适用于当下中国面临的结构性挑战。

“新结构经济学”构建了一套建立在要素禀赋结构决定的比较优势基础上的包含宏观运行机制和微观发展基础的发展经济学体系，引发了发展经济学的新一轮理论探索，而这种探索是深深扎根于发展中国家的实践，尤其是中国改革开放的经验教训之上的。在中国经济面对“百年未有之大变局”和世纪疫情冲击的大背景下，“新结构经济学”无疑提供了克服当前困境的一种重要思路。

本章将从介绍“新结构经济学”理论体系的逻辑框架入手，分析其对现有发展经济学理论的创新及可拓展的空间。在此基础上，运用“新结构经济学”的基本理论，分析当前形势下，中国产业结构转型、国际贸易结构与金融结构改革等三方面所面临的问题，为后续章节深入探讨这些结构性问题做一铺垫。

---

* 本章由复旦大学经济学院、苏州国际发展集团有限公司博士后许晨撰写。

第一节 “新结构经济学”的逻辑框架

“二战”后，随着西方殖民地纷纷在政治上取得独立，广大发展中国家开始探索自己的经济发展道路，发展经济学应运而生，专门研究发展中国家如何实现经济增长（发展）。发展经济学思想理论大致经历了“结构主义”（20 世纪 40 年代末至 60 年代初）和“新古典主义复兴”（20 世纪 60 年代中期至今）两次重要思潮的演变，提出过“大推进”战略、“进口替代”战略、贸易保护和“华盛顿共识”等发展战略。实践这些政策建议的国家或地区的经济发展效果并不如理论预期，很多国家或地区甚至陷入了发展停滞的状态。其中最为典型的是南美国家，在实行“进口替代”战略后，非但没有实现工业化，反而出现货币危机，进而陷入了所谓的“中等收入陷阱”。反倒是未执行发展经济学理论政策建议的东亚地区，通过出口导向政策积累了大量资本后进行产业升级，实现了经济长期高速增长，并最终实现工业化。这一事实让发展经济学理论遇到重大挑战。2008 年全球金融危机爆发以来，巨大的经济结构失衡问题进一步促使经济学家对以往的经济发展理论作出深刻反思。以林毅夫为代表的学者提出了“新结构经济学”（区别于“结构主义”经济学），试图在已有的历史经验中总结出发展中国家实现发展的原因。这一理论涉及比较优势、要素禀赋和经济结构等经典概念，但其内涵又与之有所区别。在其理论体系中还包括了经济发展的基本动力——技术创新，也包括了政府和市场的关系问题，整个体系不可谓不宏大。这一理论体系为我们思考中国问题乃至全世界发展中国家经济发展和结构转型的问题提供了一个重要思路。

经济理论的发展有其内在的脉络，正如 Lin（2011）所指出的，像所有研究探险一样，经济发展思想一定是一个连续不断的融合、发现、继承和再创新的过程。“新结构经济学”在扬弃了新古典经济学理论方法与基本观点的基础上，更加关注被经济学家所忽视的各国的禀赋结构与发展阶段。并且要提出基于国家的研究路径，这种方法是严格的、有创新性的并且与发展政策高度相关。因此，在实践上，“新结构经济学”致力于帮助发展中国家实现持续和包容性的增长（sustainable and inclusive growth）。而在方法论上，“新结构经济学”将新古典主义的方法与各国的结构差异相结合。“新结构经济学”理论体系的逻辑框架如图 2－1 所示。

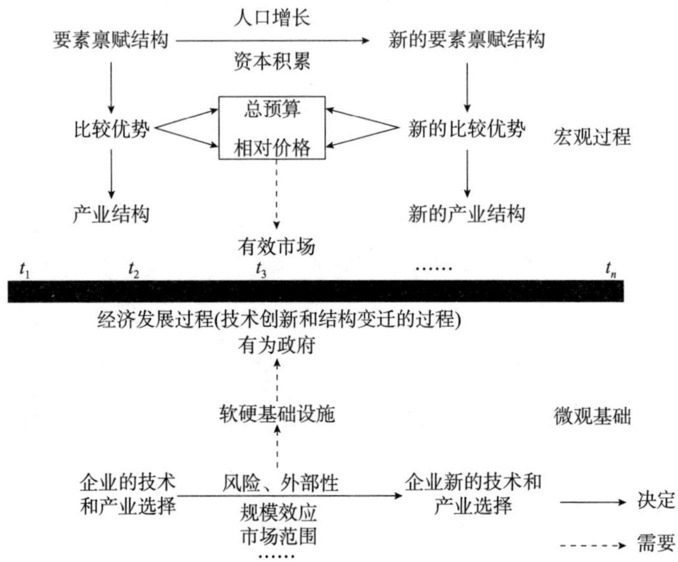

图 2－1　新结构经济学的逻辑框架

注：本图根据林毅夫（2011）、Lin（2011）、林毅夫（2012）、Lin（2013）、Lin et al.（2013）、林毅夫（2013）和林毅夫（2017）等文献整理而得，作者使用 Visio 软件绘制。

“新结构经济学”认为经济体的最优产业结构内生于由要素禀赋结构[①]决定的比较优势，这是其理论的核心观点。并且，要素禀赋结构是随发展而不断变化的。由要素禀赋结构决定的比较优势当然也在不断演变。因此，一个经济体的最优产业结构在不同的发展阶段是不同的[②]。不同的产业结构还意味着最优企业规模（optimal firm size）、生产规模（scale of production）、市场范围（market range）、交易复杂程度（transaction complexity）和风险性质（nature of risk）等差异。因此，每一产业结构需要相应的软硬

① 要素禀赋可以定义为自然资源、劳动力、人力资本和物质资本的相对充裕程度（relative abundance）。

② 西方经济学往往假定一国的比较优势不变，忽视了一国的发展阶段是时间的函数，用静态的眼光在观察世界。而“新结构经济学”则用发展的眼光看待问题。

基础设施（soft and hard infrastructure）[①] 支撑其运行和交易。

不同于西方经济学中将经济体分为发达和欠发达的简单二分法，"新结构经济学"认为经济发展过程是一条频谱（spectrum），即一个连续发展的过程。经济发展阶段可以被不断划分，且不同的发展阶段是相对的，不存在绝对的发达或者不发达。考虑到各个阶段产业结构具有内生性，即产业结构由自身禀赋结构决定。同时，内外部经济环境、制度、文化背景、市场规模等因素也影响着一国的产业结构。因此，不同国家在同一发展阶段，产业政策和所需的基础设施也不尽相同。发达国家的历史经验不一定适用于发展中国家，发展中国家照搬发达国家的做法也不一定有效。但是，从根本上来说，最优产业结构内生于由要素禀赋结构决定的比较优势，发展中国家的经济政策要符合其比较优势，否则发展结果就会南辕北辙。

在发展的每一个阶段，市场应该是资源配置的有效机制（主要通过价格机制调节总预算和要素相对价格），有竞争力的市场是经济发展的前提条件。除此以外，经济发展作为一种从一个阶段向另一个阶段转变的动态过程是需要产业多元化和产业升级以及相应的软硬基础设施支撑的。产业多元化和升级是一个创新的过程。在这一过程中，前沿企业（pioneering firms）为其他企业创造了公共知识（非竞争、非排他的）。它们给其他企业的交易成本带来了巨大的正外部性[②]。然而，这些外部性却很难被前沿企业内部化。因此，除了需要有效的市场机制外，政府需要在产业多元化和产业升级以及基础设施的改善过程中扮演积极的、促进性的角色，这种政府被称为因势利导型（facilitating）政府。所以与结构主义不同，"新结构经济学"认为政府需要根据要素禀赋结构决定的比较优势来促进经济发展[③]，而非直接配置资源。

对于发展中国家而言，由于经济发展是一个连续的过程，处于较低发展阶段的国家具备后发优势（advantage of backwardness）。具体而言，后发

---

① 硬基础设施包括电力、交通和通信系统等物质基础；软基础设施则包括金融体系及其管理、教育系统、法律框架、社会网络、价值观念以及经济中其他无形的要素。

② 前沿企业通常面临生产规模扩大、风险增加等困难。

③ 政府的作用同时应该受到限制，有为政府不同于乱为政府，具体参见林毅夫（2011）。

国家可以通过引进先发国家的先进技术和产业实现资本积累并促进要素禀赋结构升级，从而推动产业结构转型。同时，先发国家往往会付出很多试错成本（沉没成本），而后发国家借鉴其历史经验，可以避免类似的错误，大大缩短了产业发展的周期。

对于如何甄别具有比较优势的产业，“新结构经济学”提出使用“产业甄别和因势利导”的策略，由政府和企业共同决定应该发展什么产业，而非政府越俎代庖决定一个国家的产业发展方向。具体如何实现这一点，林毅夫提出了政府在一国经济发展中的“增长甄别和因势利导框架”（Growth Identification and Facilitation Framework，GIFF）的“两步六法”[①]。政府应当扶持那些有自生能力[②]的企业。

这样，“新结构经济学”构建了一套既有微观基础又有宏观经济运行机制的发展经济学理论体系。

第二节 “新结构经济学”的创新与可拓展空间

自20世纪80年代末“新自由主义”（“华盛顿共识”）盛行以来，发展经济学的理论创新止步不前，很少有理论像“新结构经济学”一样从如此宏大的角度分析经济发展的逻辑机制，“新结构经济学”重启了经济发展理论创新的热潮，并引发激烈的争论。2008年国际金融危机后，尤其是在当下中国经济发展进入转型攻坚期、整个世界面临“百年未有之大变局”和世纪疫情冲击的背景下，经济发展理论的探索十分迫切。“新结构经济学”启发了经济发展的思路。当然，像任何新生的理论一样，“新结构经济学”仍有许多可以拓展的空间，并有待时间的检验。

一 “新结构经济学”的创新

“新结构经济学”是在现有发展经济学理论基础上发展起来的，它对

① 参见林毅夫（2012），第136—138页。

② 自生能力指在自由、开放、充分竞争的市场中，一个正常管理的企业获取社会上可接受的预期正常利润率的能力，可参见林毅夫（2017）。

现有理论的概念与逻辑框架进行了创新。同时在方法论上，它也突破了新古典经济学的静态世界观，以一种发展的眼光看待经济发展。

（一）构建了一套实现经济发展的完整逻辑体系

"新结构经济学"通过对现实世界的深刻观察和翔实的数据分析归纳了包括宏观和微观两部分的经济发展理论，将要素禀赋结构、比较优势和产业结构升级、政府、市场等经济发展的关键变量融合到一套理论体系中，而非像"新自由主义"那样一味地神化市场化、私有化和自由化的作用，忽略甚至贬低政府在经济发展中的角色。在"新自由主义"盛行的环境下，这是一种理念上的突破，它客观地分析了市场与政府在经济发展中的作用，给发展中国家经济发展提供了另一种区别于"华盛顿共识"的道路选择（或者说模式选择）。在这种道路中，市场机制是实现资源有效配置，进而决定产业结构的关键。而政府则为创新行为外部性的内部化提供了保障，同时，也可以为经济结构转型提供必要的软硬基础设施。因此，"新结构经济学"是有效市场和有为政府有机结合的理论体系。

（二）提供了一套动态看待经济发展的方法论

主流西方经济学理论在方法论上是个体主义的、静态的，缺乏系统地、动态地思考经济发展的思维。而"新结构经济学"在方法论上更偏向于系统论和动态论。"新结构经济学"不仅包含宏观经济演化过程，而且包括经济发展的微观基础（企业），既涉及有效市场也包括有为政府。宏观上，要素禀赋结构决定比较优势，进而决定最优产业结构，而这需要有效的市场机制来发挥资源配置作用才能实现。同时，在微观上，企业的创新活动推动技术进步和产业结构变迁，支撑其发展的软硬基础设施也需要同步改变，有为政府则充当了提供基础设施的角色。在"新结构经济学"看来，经济发展过程是要素禀赋结构变迁的过程，一国的比较优势、产业结构、创新能力、软硬基础设施都会随之发生改变，否则就会陷入停滞。因此，"新结构经济学"以发展的眼光看待经济现象，这与主流理论重视边际分析（微小的细节优化和单一的变量改进）的传统是大异其趣的。

（三）设计了一套可操作的发展策略

“新结构经济学”的思想核心是经济发展应当遵循要素禀赋结构决定的比较优势，进而实现产业升级，政府在此过程中可以起到因势利导的作用，并提供软硬基础设施以帮助企业克服负外部性、减少交易成本。“新结构经济学”还具体提出了“两步六法”这种可以让发展中国家甚至发达国家付诸实践的产业甄别策略，这一点在以往的经济学理论中极为罕见。相对于“大推进”战略、“进口替代”战略和“出口导向”战略，“新结构经济学”的“两步六法”可以使政府和企业共同决定未来产业的发展方向，这与以往其他政策由政府单方面主导相异。

二 “新结构经济学”可拓展的空间

“新结构经济学”目前已经完成了理论体系大厦框架的搭建，还需完善其内部结构，否则就显得“骨瘦如柴，没有血肉”（张曙光，2013）。结合发展中国家实际，尤其是中国发展面临的问题与当今世界总体形势的变化，“新结构经济学”至少可以在如下方面加以拓展。

（一）经济发展的关键内容

“新结构经济学”旨在为发展中国家实现持续的、包容性的增长提供一种方案。现代经济增长是建立在劳动生产率水平持续提高带来的收入水平上升基础上的增长。因此，“研究现代经济增长，实际上就是研究收入水平和劳动生产力水平如何不断提高，以及这种结构性变化是怎么引起的”（林毅夫，2017）。经济结构变迁是现代经济发展的本质特征。由于产业结构内生于要素禀赋结构所决定的比较优势，因此，发展中国家收入水平的提高就取决于要素禀赋结构的优化。经济发展是一个技术创新、产业迭代和结构优化的过程。因此，“新结构经济学”至少可以在如下几个方面进一步阐述。

1. 经济发展的标准问题

怎样才算实现了经济发展？“新结构经济学”所指的经济发展显然包含经济增长。而且是那种超越发达国家经济增速的增长，或者是持续多年的高速增长。既然如此，那么"新结构经济学"更应该说是研究快速带来收入水平和劳动力生产水平提高的结构变化是由什么因素决定和推动的。换句话说，相同要素禀赋条件下，为什么有些国家经济增速高，而有些国家则较低，这背后是否存在更为根本的决定性因素，或者更为复杂的作用机制？图2－2中不同类型、不同发展阶段的国家或地区经济增速差异明显，而相同发展水平的国家或地区也并没有完全相同的经济增速。"新结构经济学"在某些方面或许并不完备，如它缺乏对要素禀赋升级速度的回应。

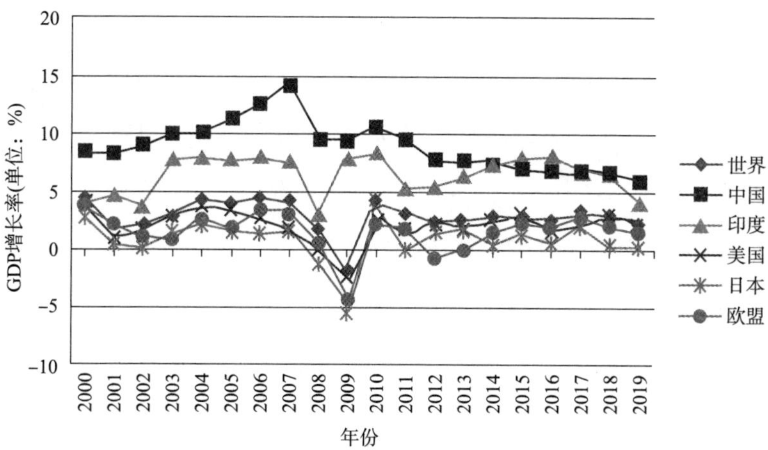

图2－2　不同国家或地区的GDP增长率

注：数据来源于世界银行数据库。

2. 要素禀赋的异质性衡量问题

"新结构经济学"所指的要素禀赋结构通常用人均资本或者劳均资本（*K/L*）表示。但是，资本的异质性在此处没有体现。资本至少可以分为人力资本和实物资本，其质量在各国又千差万别，这些差异的衡量是比较困难的。"经济增长理论中的资本是同质的，而产业升级涉及的是异质资本"（余永定，2013）。促进产业升级的是创新和技术进步。实际上"新结构经济学"所指的禀赋结构更多的要依靠一个经济体内生的演变。那么究竟是禀赋结构决定了产业结构还是相反？禀赋结构和技术进步的关系是什么？这些都是需要进一步讨论的问题。

3. 界定最优的产业结构的问题

“新结构经济学”潜在假设最优产业结构是要素禀赋结构的一个函数(二者至少是一种映射关系)。那么其对应的机制是什么?同样的禀赋结构是否会衍生出不同的产业?实际上,“按要素禀赋结构配置决定产业发展的理论和实践并未解决产业如何升级的问题”(余永定,2013)。这便又回到了技术进步和禀赋结构的深层关系上来。另外,不仅资本具有异质性,产业也具有异质性。诚然,中国中低端制造业的发展可以用“新结构经济学”理论解释。但中国同时也发展了很多尖端科技,拥有为数不少的高科技产业,如特高压输电设备、大型港口机械(龙门吊)、高铁和5G通信设备等,中国在互联网行业上(至少在应用层面)显然与美国等量齐观,比欧洲和日本更胜一筹。这种现象并非简单地用遵循要素禀赋结构决定的比较优势与否能够解释的。

4. 经济增长中的公平性问题

当前,“世界财富分配已经严重失衡”(Piketty et al.,2017),国与国之间(表现为南北问题)、国家内部(表现为阶级分化问题)的财富分配失衡已经触发了反全球化的浪潮,一些国家甚至因为财富分配问题出现了政治动荡。作为对发展中国家经验总结的“新结构经济学”强调帮助发展中国家实现持续的和包容性(普惠性)的经济增长。但是,在“新结构经济学”理论框架中对分配问题的讨论甚少。

5. 创新的根本动力来源问题

“新结构经济学”认为技术进步是产业升级的推动力。技术进步来源于创新。西方发达国家的经济发展史表明,创新的来源是一个非常复杂的过程,而大规模的创新需要一系列因素共同促成,如较大的市场规模、良好的法律环境和支持创新的科研体制等①。作为后发国家,当然可以通过直接引进先进技术和产业,实现快速发展。然而,越接近技术前沿,获得技术转移就越困难。而面对先进国家的技术封锁,后发国家怎样才能实现

① 工业化初期的创新往往来自一些意想不到的发现、发明,而随着工业化程度的加深,创新成为一件越来越体系化的事情,变得日益昂贵。

创新。在赶超先发国家中，按照"新结构经济学"，必然会到达一种竞争状态，那么后发国家凭什么超过先发国家①。"新结构经济学"认为创新或者说产业选择是企业和政府共同决定的。显然，这大大忽视了创新的不确定性和复杂性。"新结构经济学"应当对创新的基本条件进一步深入挖掘。

（二）微观基础和宏观运行机制的拓展

"新结构经济学"的微观基础是有自生能力的企业。自生能力的定义非常苛刻，几乎可以说自生能力需要一个完全竞争市场作为其运行环境，需要有着良好的企业管理。这对于大多数企业是很难做到的，企业管理向来是一件极具艺术性的事情，良好的企业管理模式也是学术界在不断探讨和争论的。"新结构经济学"侧重于从经济学角度解释发展问题，强调企业应当选择符合比较优势的产业和技术，然而，企业选择何种产业与技术，并不仅仅是一个经济学问题，企业管理方面的考量也影响着企业的发展路径选择。因此，"新结构经济学"对企业管理同样应该给予关注。

同时，"新结构经济学"对垄断问题的讨论较少。它假设了新古典完备的市场经济条件，但即便按照新古典的理论，垄断也是不可避免的，市场失灵并不罕见。随之而来的便是效率损失的问题。结合宏观层面而言，政府与哪些企业合作，在微观基础上都不存在任何解答。因为按照新古典主义经济理论，政府是不应该帮助那些垄断性企业的，更进一步说，政府应该避免垄断。可是，如果政府与企业要想合作确定产业发展方向，似乎完全竞争市场或者垄断竞争市场的存在便是不合意的。另外，企业数量众多，政府怎样在那么多的企业中进行选择？如果当技术处于低端时还能依靠无差别的产业政策的话，接近技术前沿时，与个别企业合作便是不可避免的了。这对现代国家治理能力提出了很高的要求。

"新结构经济学"以有效的市场机制和具备强大的现代国家能力（state capacity）的有为政府作为宏观经济机制良好运行的前提，而对有效市场和有为政府是如何产生的却鲜有提及。有效市场和有为政府究竟是经

---

① 实际上，"新结构经济学"只强调发展中国家具备后发优势，但发达国家同样具备很强大的先发优势。那些实现后发优势的经济体凤毛麟角，大多数经济体反而陷入了"低端锁定"。

济发展的因还是果，这个是一个根本性的问题。如果不能说明有效市场机制怎么建立，有为政府的现代国家治理能力如何形成，那么“新结构经济学”对发展中国家的指导意义便少了很多。毕竟，发达国家的国家能力是有其漫长的演化过程的[①]。中国现代国家能力的形成也同样有着非常复杂的历史背景。国家能力过弱的国家也无法发展经济，比如王勇和华秀萍（2017）指出，不少发展中国家政府过于弱势，连基本的社会安全保障都做不到，遑论发展经济。

第三节 “新结构经济学”与中国经济结构转型

中国经济发展模式从高速增长逐渐向高质量增长转型。同时，中国正面临“百年未有之大变局”和世纪疫情的冲击。在这样的背景下，经济结构转型成为中国经济发展的关键。作为世界上最大的发展中国家，中国发展的不平衡不充分问题异常复杂。而作为世界上最大的社会主义国家，在当今由资本主义国家主导的世界格局中，中国的经济转型必然会受自身制度的影响而具有高度的独特性。由社会主义制度衍生而来的是公有制和国有企业改革的问题。这些问题是“新结构经济学”，或者说所有研究中国的经济学理论都需要回答的。在本节最后，我们将简单概括当前中国经济结构转型中的三个主要问题：产业结构、贸易结构和金融结构。

一 “新结构经济学”与中国经济发展中的独有问题

中国作为最大的发展中国家、最大的社会主义国家，自 1949 年以后取得了举世瞩目的经济和社会成就，成为世界经济史、社会发展史上的奇迹。目前，中国经济发展进入新时代，正处于建设社会主义现代化强国，实现中华民族伟大复兴的关键时期。结合中国国情和具体发展阶段，“新结构经济学”（包括其他经济发展理论）在解释中国经济发展、吸收

① 这方面的研究在制度经济学中已经很多，可参见 Dincecco（2009）、Johnson and Koyama（2014）、Besley and Persson（2010）、Acemoglu et al.（2015），他们对欧美日现代国家能力的形成做了深入分析。

中国发展经验和指导中国经济发展时至少应注意如下三个方面的问题。

（一）中国的复杂性问题

中国幅员辽阔、人口众多，发展不平衡不充分问题突出，这也注定中国有着比其他国家更复杂的结构性问题，因此很难用单一的词汇概括中国的特征，更难说中国到底具备何种比较优势。中国人口虽多，但人均受教育水平却比大多数发展中国家要高，人口素质普遍较高，人力资源丰富。同时，由于中国彻底的社会革命，妇女解放较发展中国家和大部分发达国家更为彻底，女性参工率位居世界前列。中国自然资源极为丰富人均却不高。但如果我们只考虑省级层面，资源大省的人均并不低。此外，中国产业链较为完整，产业门类非常齐全，低、中、高附加值产品一应俱全。由于中国人口流动极为频繁，要素禀赋空间配置条件极佳，因此，单纯用禀赋结构来决定产业结构并不完全合理。上海拥有全国乃至全世界最充足的资本和最一流的人才，而中西部偏远地区的禀赋结构与上海相比截然不同，但是由于要素流动自由，并不是说中西部地区非要复制从低端产业向高端产业逐步升级的发展路径，而更有可能的是，要素禀赋结构相对落后地区的产业与要素禀赋较为先进地区的产业协同发展、互相配合，形成一个完整的国内产业分工体系，产生更为复杂的经济结构，衍生出更多的新产业，甚至，落后地区的产业可能实现“弯道超车”。

（二）中国的社会制度问题

中国是世界上最大的社会主义国家，其社会制度、经济基础和价值导向与资本主义国家有着本质的区别。十九大报告指出中国已经进入社会主义新时代，社会主要矛盾已经发生变化。而解决主要矛盾的方法是建设社会主义现代化经济体系，完善社会主义市场经济体制是其中的重要内容。显然，中国的社会主义市场经济体制中的市场内涵要比“新结构经济学”中作为价格体系和资源配置基础性机制的“有效市场”的含义更为丰富。“新结构经济学”对有效市场的论述与对有为政府类似，是外生给定的，并没有回答如何建立一套有效市场，在将“新结构经济学”理论运用到中国实践的过程中需要进一步进行理论深化和创新，并将市场的内涵进行拓展。此外，中国经济发展显然遵循了整体论和系统论的方法论，现代化经济体系不仅包括市场经济体制，还包括供给侧改革、创新型国家建设、乡村振兴战略、区域协调发展和全面开放格局等内容。作为指导经济发展的经济理论在这些方面所做的探讨需要更为深入，尤其是要注意社会主义制度这个根本前提。

（三）中国经济的所有制结构与国有企业改革

"'新结构经济学'在方法论上是新古典主义的"（王勇和汤学敏，2021），这不可避免地使其暗含以私有企业为微观基础的假设。但是，所有制问题在中国经济结构转型中是一个根本性问题，任何试图指导中国经济发展的理论是不可回避的。"新结构经济学"并未就此做深入论述，那么其在中国的运用价值也会大打折扣。十九大报告提出深化国有企业改革，发展混合所有制经济，培育具有全球竞争力的企业。事实上，所有反对发展国有企业的理由，如"委托—代理""预算软约束"和抑制竞争等问题在大型私有企业中也屡见不鲜。相反，市场失灵、自然垄断的情况下公有企业表现优于私有企业①，原因在于公有制企业更加注重社会效益。如何平衡公有制企业和非公有制企业的发展，是"新结构经济学"必须解决的理论问题。尤其需要解决的是党和政府在国企中的角色的问题②。

二　中国经济发展的结构性问题分析

产业结构是一国经济结构的主要方面。按照"新结构经济学"的理论，产业结构是随着一国要素禀赋结构演变的，符合禀赋结构决定的比较优势的产业结构是具备国际竞争力的，反之，则不具备自生能力，在国际贸易中将处于劣势。一国产业结构的演变需要相应的基础设施提供保障，其中软性基础设施，尤其是金融结构有着重要的支撑作用。

---

① 参见张夏准（2009），第96、102页。

② 国有企业的所有制结构、现代管理制度、市场布局、市场化主体地位建设以及与竞争者的关系（垄断问题）在所有企业中都存在，但国企问题最根本的是国企与各级党组织、政府之间的关系。

（一）产业结构

中国是世界上工业门类最为齐全的国家，也是产业链最为完整的国家，很多行业从上游、中游直至下游已经形成了全产业链。由于中国拥有庞大的国内市场，因此具备非常明显的规模优势，可以快速将生产成本降低。规模效应带来集聚效应和范围经济，进一步增加了中国产业结果的多元性。然而，产业规模巨大、产业链完整、产业多元性强并不意味着产业结构合理。事实上，中国的产业结构有着很大的改进空间。

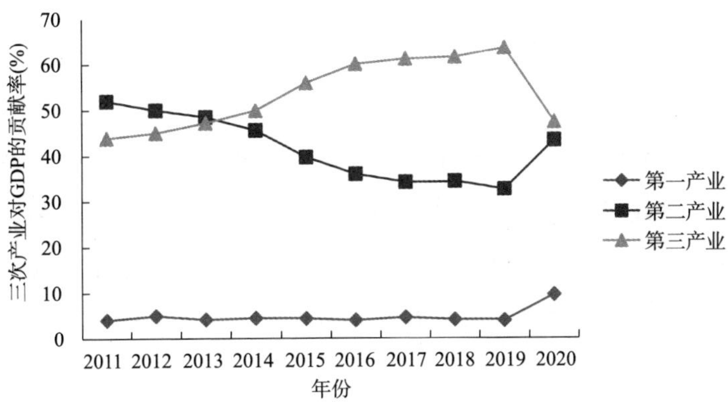

图 2-3　中国三次产业对 GDP 贡献率的演变趋势

注：数据来源于国家统计局。

中国近年来不断出台优化产业结构的政策（如供给侧结构性改革）。从图 2-3 可以看出，目前，三次产业结构中，第一产业对 GDP 的贡献率保持相对稳定，在 8% 左右；第二产业对经济的贡献率逐年下降，第三产业则逐年上升①。这表明，中国的产业结构正在不断优化。

尽管在政府的大力调节下，中国的产业结构整体上不断改进，但仍然存在以下长期性问题：

第一，缺乏高端品牌，难以有效整合产业链优势。中国长期以来的经济发展依靠代加工推动，缺乏自主品牌，尤其缺乏高端消费品牌。这不仅导致了中国难以有效获得产业链下游的高额利润，更加导致了中国难以优

① 2020 年，受到"新冠肺炎"疫情的冲击，中国的产业结构优化过程遇到了暂时的困难（第三产业受到的冲击尤为巨大）。同时，由于中国迅速遏制了疫情，而其他国家疫情恶化，中国在下半年出口猛增，第二产业占比有所回升。

化产业链条，缺乏以龙头品牌带动全产业链发展的能力，进而导致中国的产业即便规模很大，也缺乏关键零部件产品、生产要素的定价权和行业发展规则的话语权。

第二，缺乏核心技术，产业链安全存在隐患。中国在产业升级过程中不断迈向科技最前沿，但是，核心技术往往掌握在发达国家手中。它们掌握了最高端、最前沿的科技，具有强大的先发优势，对不断追赶科技前沿的国家采取技术封锁，阻碍其产业升级。中国在升级产业结构的过程中，已经不可能通过所谓“市场换技术”的方式来推动。而当前阶段，社会创新能力与发达国家仍然存在差距，创新的环境依然有待改善，创新的体制机制需要不断完善。

第三，成本约束加强，国际竞争力有所下降。经过多年的发展，中国经济的“人口数量红利”已经消耗殆尽。同时，随着工业的发展，环境承载能力也出现下降，环境约束增加了传统制造业企业的成本约束，降低了其市场竞争力。在要素成本和环境约束的双重压力下，中国不得不进行产业升级和经济发展模式的调整。同时，东南亚、非洲等国的工业化造成中国低端产业开始外流，中高端产业又尚未形成显著的国际竞争力。中国的产业升级已经迫在眉睫。

（二）贸易结构

贸易结构是国内产业结构在国际市场中的延展，贸易结构反映了国内产业结构。全球价值链地位是衡量一国贸易结构的重要指标。Koopman，Wang and Wei（2014）对全球价值链地位的衡量包括前向和后向全球价值链地位两部分。前向全球价值链地位占比越高，说明一国的中间产品越具备国际竞争力，从而全球价值链地位越高。

前向全球价值链地位衡量的是一国（或地区）出口产品中本国增加值（domestic value－added）所占的份额，前向价值链地位越高，表示最终产品中本国增加值占比越高，产品竞争力越强。前向全球价值链地位与总的全球价值链地位成正比。从图 2－4 可以看出，中国在加入 WTO 以后，前向全球价值链地位明显下降，2005 年以来则在小幅范围内波动，总体而言较为平稳。2007 年以后，除美国以外的贸易大国，前向全球价值链地位都有所下降。韩国下降幅度最大，并且在各经济体中已下降为倒数第二，2012 年之后有所回升。日本的下降幅度仅次于韩国，并且始终没有好转的迹象。其前向全球价值链地位已经从各国第一下降到2014 年的第四位。与韩国相反，2012 年之后其前向全球价值链地位降幅加剧。英国和德国的前向全球价值链地位长期来看是下降的，但是下降幅度较为缓慢，2013 年以后甚至出现了小幅回升的趋势。美国和法国的前向全球价值链地位表现得较为平稳，美国甚至呈现出了小幅上升的趋势。

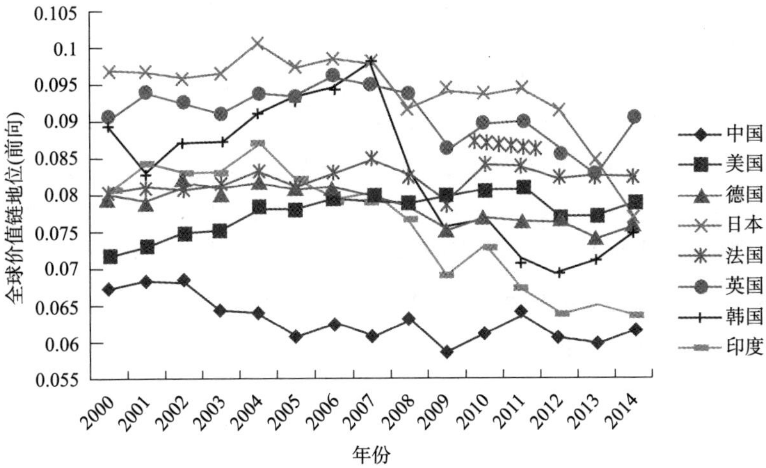

图 2 - 4　主要贸易大国全球价值链地位（前向）

注：数据来源于 WIOD（2016），根据 Koopman，Wang and Wei（2014）和 Wang，Wei and Zhu（2013）对全球价值链地位的定义计算（数值无量纲），图 2 - 5 数据来源同。

与前向全球价值链地位相反，后向全球价值链地位衡量的是本国出口产品中国外增加值（foreign value - added）所占的份额，后向全球价值链地位越高，说明本国产品中包含越多的国外中间产品，国际竞争力越弱。后向全球价值链地位与总的全球价值链地位成反比。从图 2 - 5 可以看出，中国在加入 WTO 以后，后向全球价值链地位迅速上升，2004 年以后趋于稳定，2007 年以后则快速下降。与中国形成鲜明对比的是，其他贸易大国的后向全球价值链地位或多或少呈现出上升的趋势。其中韩国后向全球价值链地位本就很高，2007 年以后更是迅速提高。日本的后向全球价值链地位在 2000 年时与美国相差不多，但是其上升的幅度却仅次于韩国，2014 年以后已经超过中国位居第四。英国、法国和德国虽然有所上升，但幅度较为平缓。法国和德国的后向全球价值链地位在2014年时已经超过中国。美国的后向价值链地位上升的幅度最小，且始终保持最低的位置①。

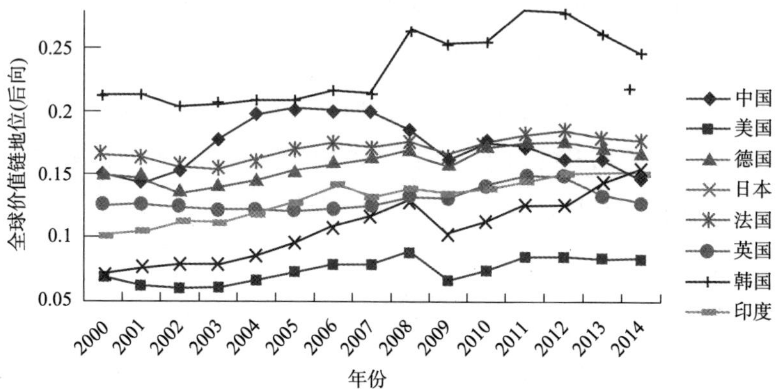

图2－5　主要贸易大国全球价值链地位（后向）

中国与世界主要贸易大国全球价值链地位的对比分析表明：

第一，中国在全球价值链中地位的上升主要是由其后向价值链地位的下降造成的。即中国出口产品中国外增加值的比重下降是造成中国在全球价值链中地位上升的主要原因。这也印证了中国经济发展模式从“打工”向“创业”的演变趋势。

第二，其他主要贸易大国在全球价值链中的地位或者停滞不前或者出现下降。国际贸易体系确实出现重大变化，这也是“百年未有之大变局”的经济根源。

第三，中国虽然缩小了与其他发达国家在全球价值链中的地位差距，但与最发达的美国无论是前向还是后向全球价值链地位都存在显著差距。美国相对中国的优势仍然巨大。

因此，中国的贸易结构仍然存在很大的改进空间。

（三）金融结构

“随着人均收入大幅提高，各类要素成本也水涨船高，中国的经济增

① 关于中国与主要制造业大国全球价值链地位演变的趋势，以及图2－4的具体分析可参见许晨、王今朝和金志达在《经济学家》2022年第4期上发表的《中国在国际贸易体系转型过程中的战略政策探索——基于全球价值链批判视角》一文。

长模式必须从‘要素投入型’转向‘创新驱动型’”（《径山报告》课题组，第3—4页）。创新是实现产业转型升级的必由之路。然而创新同时意味着风险，当前中国以银行为主体的金融体系的特点是追求稳定、短期的收益，对风险有着天然的厌恶。要想为创新活动提供充足的资金，中国的金融结构必须克服追求确定收益、短期收益与创新带来的巨大不确定性之间的尖锐矛盾。

按照“新结构经济学”的逻辑，产业结构升级需要相应的金融结构支撑。当前中国金融结构的调整需要重大创新，摆脱银行“独大”的局面，充分发挥资本市场直接融资的功能。创新，尤其是重大创新往往具有较大的长期性、随机性和风险性。这意味着中国的金融创新要发展长期资本，如母基金（fund of fund）和股权投资基金（private equity）等创新性金融工具，全面优化中小企业融资环境，增加中小企业融资渠道。此外，风险管理是金融业发展的重要内容，金融体系需要培育适应创新活动的风险管理体系，克服创新过程巨大的信息不对称问题①。最后，“新的金融结构并不意味着对风险的无条件容忍，而是需要在明细责任的前提下容忍失败”（《径山报告》课题组，第10—11页）。

---

① 当前，中国金融业正从分业经营走向综合经营，2020年9月11日，中国人民银行发布《金融控股公司监督管理试行办法》，旨在规范当前已经出现的金融综合经营中的问题，如互联网金融控股平台（如蚂蚁金服）引发的系统性金融风险。

第三章 中国的产业结构升级及其联动效应

在中国经济处于优化经济结构、转换增长动力的改革攻关期，如何通过完善宏观调控、防范金融风险、健全财政货币政策来规划协调产业结构升级，并基于中国故事提出新理论新路径，仍有待摸索探寻。

改革开放后，东部地区利用优越的地理和市场条件，制造业迅速发展，从中部进口的农产品和从西部进口的矿产品不断增加，形成了产业梯度。近年来，中部省市利用实施中部崛起战略的机遇，积极促进产业递进升级，在整个国家中部崛起战略布局中具有举足轻重的地位：铁路、水运物流便利，劳动力资源丰富、中高端人才充裕，金融市场渠道通畅；已有一系列国家自主创新示范区、国家现代服务业试点，而且正在致力于“智慧城市”建设。“新时代”十年中，我国经济由高速增长阶段向高质量发展阶段过渡，产业的递进升级与经济转型是促进提高在全球价值链分工中的增加值、消弭国内收入分配的结构性差距、实现与发达地区经济收敛的关键；生产部门的结构与要素资源结构、城乡治理和收入分配结构以及民生问题相互制约、相互作用。因此，针对产业递进和转型发展战略问题进行研究具有重要的理论与现实意义。

第一节 厘清与深化中国发展的理论基础

中国已进入新型工业化阶段，经济发展模式和产业转型战略需要继续探索，研究在发展中全局性规律性的东西，实现升级路径的筹划。吸取国际经验后，中国实事求是制定各个阶段产业结构建设目标，摸索发挥出自身在人才红利上的比较优势（蔡昉、江小涓、黄泰岩等，2022）。继续摸索促进技术进步与创新的发展路径可以以本土生长的发展经济学和结构转型体系为理论基石，把握人口结构、消费需求结构对供给侧结构的促进作用。

一　新结构经济学与“国家理论”作为基础理论

源于中国现实形成的发展理论体系是一切政策与措施的基础，面临产业递进升级与转型发展重大调整的关键时刻，进一步厘清和深化中国发展的战略重点与理论基础显得尤为重要。新结构经济学与复旦大学张军教授领衔的“国家理论”课题是本土研究的成果，切合实际且具有突破意义。

新古典增长理论认为，欠发达地区可以实现向发达地区经济收敛，在既有技术与要素组合条件下，发达经济体可能已经进入资本边际报酬递减阶段，经济增速逐步放慢。欠发达地区通过结构赶超战略，可以缩小与发达地区的产业技术结构差距，资本存量是触发经济增长的关键。Lucas（1990）、Acemoglu（1995，1997）等学者通过研究认为，改善工人技术、人力资本有助于经济收敛。

林毅夫在20世纪90年代以来，采用新的逻辑框架，基于比较优势与企业生存能力的逻辑思路，结合要素禀赋与技术选择的关系一以贯之地解释了包括发展中国家经济发展、转型经济体以及中国经济发展在内的经验和教训。继而提出产业（技术结构）、发展战略、资本积累、金融结构等都内生于比较优势的观点，应当将产业递进、经济发展、要素禀赋及比例结构的提升动态关联起来。经济发展战略只有基于要素禀赋及比较优势，才可能通过资本积累改变要素比例结构，进而改变比较优势，逐步发展资本技术密集产业，产业结构渐进地内生优化；相反，盲目着眼于技术差距的赶超战略由于违背比较优势只会扭曲经济制度，阻碍经济发展。

关于要素结构与比较优势的关联性，不妨借鉴对外贸易发展中的逻辑与作用机制来阐述。按照赫克歇尔—俄林（Heckscher－Ohlin model）的有关理论（H－O 理论本质上是关于地区经济发展的，其原始表述并非专门针对国际贸易，相反主要阐释了要素禀赋、比较优势与地区生产与贸易结构的关联性），基于比较优势构建的生产及贸易模式，势必使得本地区密集使用自身相对丰富的生产要素的产业具有竞争优势，这就是熟悉的 H－O 效应。与此同时，基于比较优势构建的生产和贸易模式还会伴随地区内关键性要素禀赋及构成的改进而发生调整——比如，本地区由于经济发展、人力资本积累以及经济剩余转化而产生更多的资本形成，势必导致密集使用这些要素的产业及贸易模式的发展，此所谓罗伯津斯基定理的效应（Rybczynski Theorem）。

笔者认为，基于比较优势、着力于要素比例及质量提升的发展战略是促进产业递进和转型发展的关键，为此，我们可以将我国产业递进和转型发展战略的理论逻辑归纳为“要素结构优化——比较优势升级——产业递进及转型发展”，具体的逻辑与实施思路参见下图：

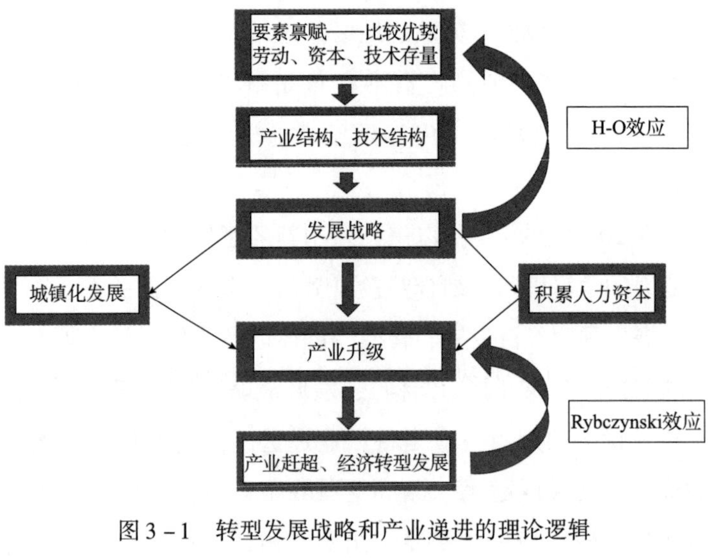

图 3－1　转型发展战略和产业递进的理论逻辑

注：笔者根据经典贸易理论和产业发展理论绘制的机制传导图。

从图示的战略逻辑来看，产业结构递进升级、经济的转型发展与要素供给、劳动者人力资本积累、要素禀赋结构的升级密不可分。国家产业的递进升级需要考虑升级后的产业必须具有持久的竞争优势，同时，产业发展、主导产品、技术结构都是内生于要素禀赋结构的。

因此，各地区经济发展的目标需要定位在要素禀赋结构的提升上，因为只有该结构提升了，产业和相关企业具有生存能力（在竞争市场上预期盈利为正的能力），才能在面对市场竞争压力时有能力、有动力提升其产品、服务和技术水平，这也是为什么在制定我国发展战略时必须考虑本地要素禀赋与比较优势的原因，图示上半部分主要揭示了这种内在联系性。

复旦大学文科资深教授张军教授牵头研究的构建经济发展的“国家理论”课题，将为构建中国原创的宏观发展经济学理论做出贡献，产出成果值得长期关注。该课题组从国家的视角构建驱动经济增长的整体性秩序框架，运用经济学范式分析国家能力、技术官僚以及政策形成的逻辑，对包括中国在内的后发国家总结经济发展模式，提炼形成国家能力、组织结构、政治激励和秩序以及发展战略方面的理论体系（张军，2022；张军、奚锡灿、张延人，2020）。

理论构建的阶段性成果如下：奚锡灿博士分析秩序建构对国家治理的基础性作用，发现秩序源自产权保护，但中国则具有早熟的大一统国家制度与官僚体系，由此形成了驱动经济增长的“整体性”秩序框架；张延人博士从巨型组织中的激励问题分析规模对国家治理的重要意义。外部激励会随组织规模扩张而失效，为了提高组织运行效率，国家必须促进自我激励，鼓励个体在巨型组织中实现效用最大化；陈硕教授认为马尔萨斯陷阱在历史上表现为人口增长却没有改善人均生活水平，进而约束了中国创新。中国为驱动创新经历了艰苦的探索并最终取得了巨大成功。

该理论如果能够持续地完善，应用边界不断拓展，将形成经济改革发展的原创性重要理论。

二　各产业的产值贡献和就业结构

1978—2018 年全部工业增加值如下图 3－2 所示，1952—1979 年之间该指标体量太小，故在图中略去。1985 年工业增加值开始迈步前进，2000 年和 2016 年之后大幅度地跃升。

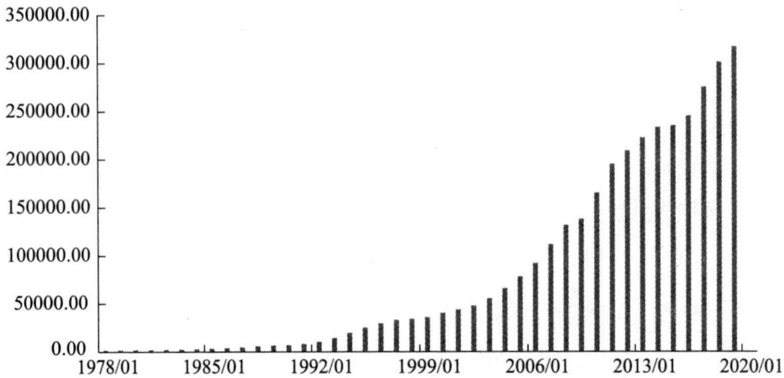

图 3－2　1978—2018 年全部工业增加值（亿元）

数据来源：本章图表整理自历年《中国统计年鉴》和各省统计年鉴。

新中国建立后三次产业就业人员占比如图 3－3 所示。1962 年后我国第一产业就业人员占比呈现明显的下降趋势；而第二、三产业就业人员占比均呈现整体上升的趋势，但在 1978 年前上升速度较为平缓，1978 年后增速加快。这与改革开放带来的经济发展方式转变有关。第二产业就业人员占比增速大于第三产业就业人员占比增速，源于当时中国正在经历建设完善工业体系阶段。2011 年年底统计，第二产业就业人员首次超过了第一产业就业人员，2015 年年底第三产业就业也超过了第一产业就业。2015 年，中央财经领导小组第十一次会议提出推进“供给侧结构性改革”，这

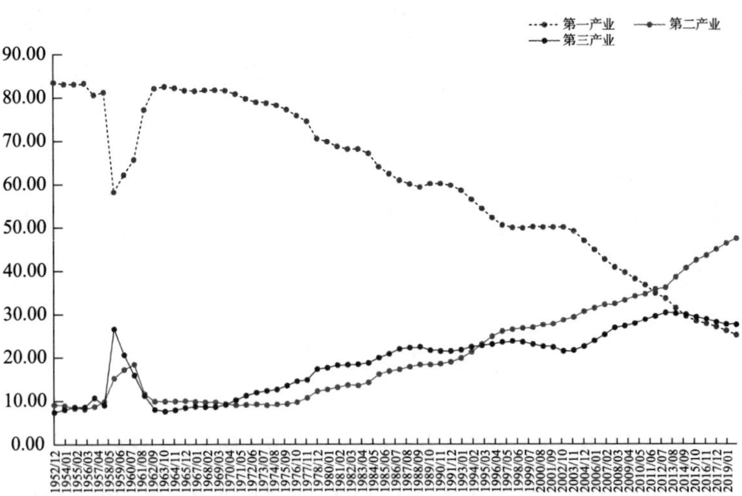

图 3－3　1952—2019 年三次产业就业人员占比（%）

从提高供给质量出发推进结构调整，进一步保证了第二产业对就业的吸纳容量。

具体产业对国内生产总值（GDP）的贡献率指其增加值增量与 GDP 增量之比，按不变价格计算。1978—2020 年各季度三次产业对 GDP 的同比贡献率如图 3 -4 所示。第一产业的贡献率从 1978 年—1992 年第四季度之前都相对波折，自 1990 年后相对较小且贡献占比较为稳定。而第二产业贡献率在 2000 年之前 GDP 累计同比贡献率占据主要地位，2012 年后占比下降，逐渐低于第三产业。第三产业贡献率基本呈现为向上的趋势，2000 年有较大地跃升随后继续平稳向上，2013 年之后即进入“新时代”时期后更是逐渐取代第二产业成为主要的 GDP 贡献者。

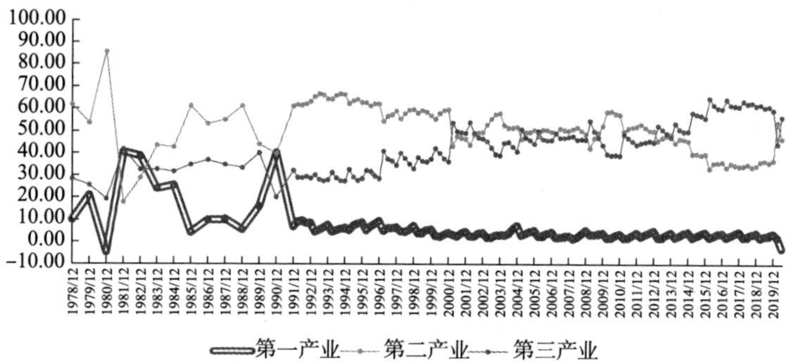

图 3 -4　1978—2020 年各季度三次产业对 GDP 的同比贡献率（%）

由下图 3 -5 可以看出我国服务贸易进出口总额从 1982 年开始总体上呈现出较快的增长趋势，2004 年开始增速加快。可能源于国际金融危机的

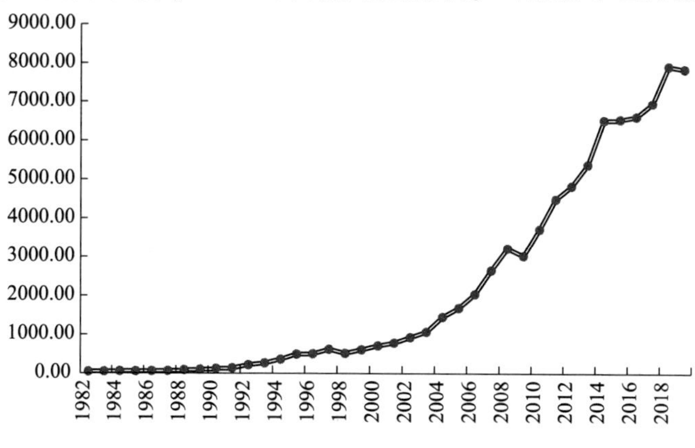

图 3 -5　1982—2018 年中国服务贸易进出口总额（亿美元）

蔓延，2008—2009年间陡然下降。随后服务业贸易规模继续呈向上趋势且增长幅度较大，2018年总值逼近8000亿美元。

由图3－6可以看出，进出口金额中的一般贸易和加工贸易在1981—2007年间都呈缓慢增长的趋势，2008—2009年迅猛下降，随后在2009—2014年呈上升趋势，二者在2014—2016年出现下降，但一般贸易在2016年后恢复上升。说明在受到国际经济危机冲击时，加工贸易首当其冲、企业遭受更大生产波动，对就业和增收传递风险。而且，2007年后一般贸易取代加工贸易占据主导地位，2009年和2017年一般贸易能够复苏反弹、提振外贸景气程度，显示我国产业结构联合贸易结构升级的必要性。尤其是一般贸易中技术含量高的项目，作为新增长点带动产业的整体升级并能维持宏观经济稳定。

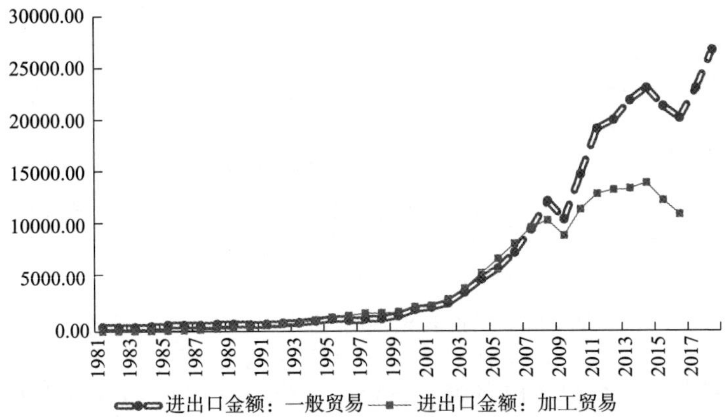

图3－6　1981—2018年一般贸易和加工贸易进出口贸易金额（亿美元）

三　城镇化与产业结构之间动态推进

既然产业递进与经济转型发展的关键是要素禀赋结构的提升，重视劳动者人力资本积累以及借力于城镇化发展就可以充分发挥要素供给改进对产业递进和地区经济发展的推动作用（罗伯津斯基定理）。城镇化与产业结构升级二者之间存在相互推动的内生动态机制，具体而言，一方面，劳动者人力资本的积累有利于导入技术和资本密集度更高的高新技术产业；另一方面，城镇化的发展可以为地区经济、产业的发展提供源源不断的劳动力供给。考虑到新型城镇化发展过程中劳动者整体教育程度、人力资本的提升，根据罗伯津斯基定理的作用机制，产业转型可以重点关注制造业前沿和新型服务业的发展。

从固定资产投资（Fixed Asset，FA）来看，传统制造业在经济发展中的作用逐渐让位于高技术产业和服务业。世界范围内工业化国家经济起飞期的共同规律是靠高投资率拉动经济增长。2012—2018 年中国省级固定投资占比趋势如图 3 –7 所示。

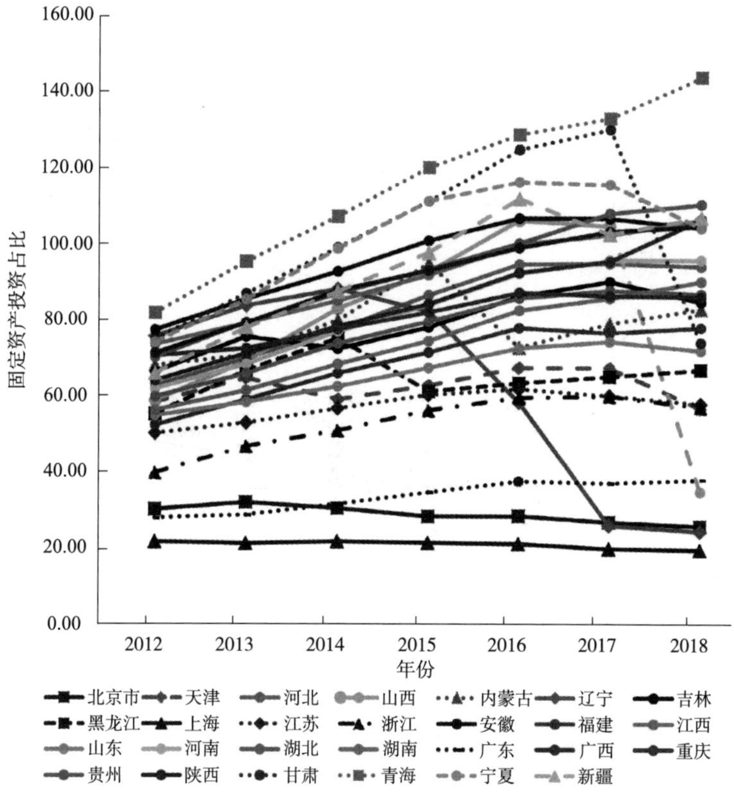

图 3 –7　2012—2018 年中国省级固定投资占比趋势特征

从上图看，固定投资占比水平与经济发展程度或许存在负相关，全社会固定资产投资增长速度呈下降趋势。可能的解释为，经济越发达的地区，其经济增速越高，产业结构多元化且较为完备，从而不会产生较高的固定资产投资依赖度；然而在欠发达地区，其经济发展更加依赖于制造业和房地产业等固定资产投资占比较高的行业。辽宁、山西、内蒙古和甘肃在2015—2017年固定资产投资占比经历了下降，可能是北方省份追求产业结构转型的结果，从之前的高度依赖制造业和基础服务业的单一结构转变为更加完备的多元化结构。与此同时，与生产性建造和非生产性建造相关的建筑业施工面积增速趋缓，有利于健康可持续发展。

2012—2018年中国省级第三产业占国民生产总值之比的趋势如图3－8所示。2016年左右愈来愈多的省份超过了50%的水平，形成第三产业主导的经济结构。后工业化时期第三产业蔚然生长，从供给侧来看是信息科技进步的必然结果，从需求侧来说，当人民的物质消费到达一定层次之后是精神消费需求的蓬勃增长。

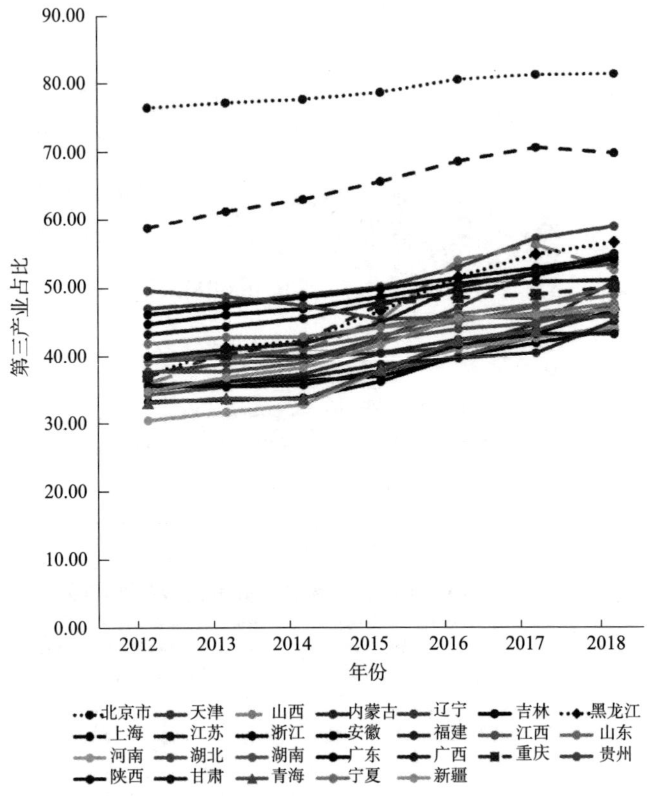

图3－8　2012—2018年中国省级第三产业占比趋势特征

2012—2018年中国省级人口城镇化的趋势特征如图3－9所示，城镇化率（Urbanization rate，UR）整体呈平缓上升趋势。其中北京、上海、天津作为经济较为发达的直辖市，第三产业占比较高，吸纳就业的能力较强，且城镇面积占总面积比例较大，因此城镇化率明显高于其他省份；2012—2018 年全国各个省份和地区城镇化率差距明显缩窄。

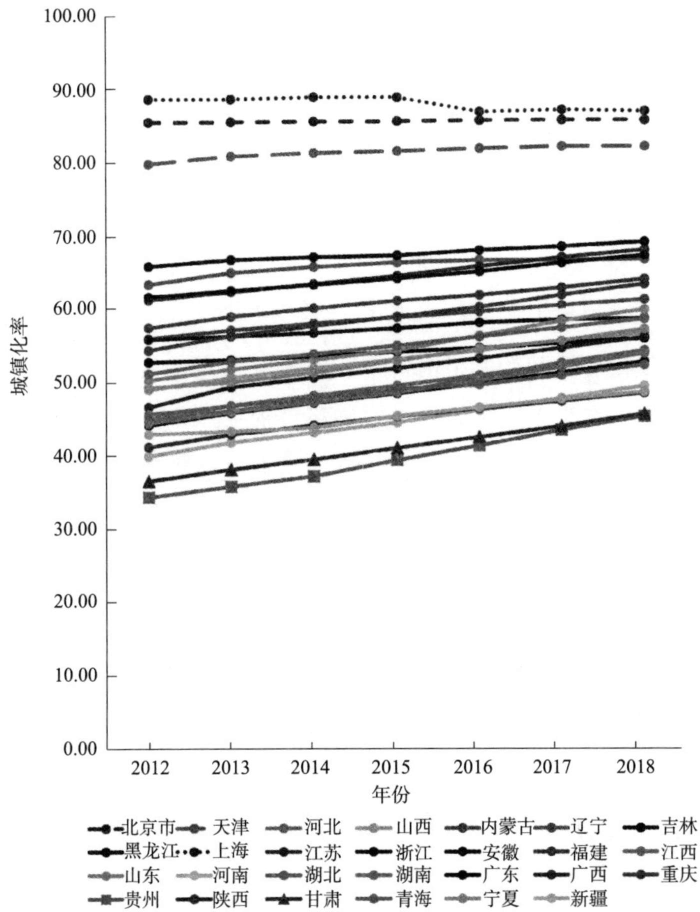

图 3－9　2012—2018 年中国省级城镇化的趋势特征

2015 年上海的城镇化率水平略有下降，其原因可能源于该人口统计指标受到户籍制度的限制。首先，上海城镇化水平较高，吸纳了较多的外来务工人员，由于高额的房价和落户限制，外地人难以落户，加之上海本地居民的生育率降低，人口自然增长率降低，造成了上海市城镇化率稍有回落；其次，全国各地积极调整产业结构，拓宽了当地居民的就业选择，且各个省份和地区的城市开始崭露头角，可以通过较低的成本入户购房。这些因素使得上海对于外来务工人员和高等人才的吸引力下降。城市户籍人口增长和生育速度不及农村户籍人口。

十八大之后全国各地的均衡发展也可以解释全国范围内城镇化率差距的缩窄。总体来看，全国各省份城镇化率稳中有进，且差距不断缩窄。这种变化体现了我国在新的发展阶段呈现出了协同发展、均衡发展的新态势，产业结构的转型，就业吸纳能力的提升不仅仅存在于发达地区。

全国范围内看，自从经济发展进入了新时期新阶段后，全国第三产业占比增速得到了明显提升。2013 年，我国第三产业增加值首次超过第二产业，成为拉动经济发展的主要动力。企业也需通过提高竞争力、价值链提升实现转型，这需要第三产业的支撑。

结合城镇化趋势和产业结构转型二者相互推进的内生机制，对改善城乡居民收入水平和生活质量，助推更健康环保低碳的产业有所启发。第三产业比重持续上升是大势所趋，表明第三产业在经济发展中的主导作用将进一步呈现。服务业超过制造业，成为我国经济增长的主要驱动力。这意味着中国经济正在从工业主导型经济向服务业主导型经济转变，这一趋势将对中国经济增长、就业和各个方面产生长远而持久的影响。大力发展第三产业，特别是养老、健康服务业、信息消费、文化创意和设计服务等将为我国新发展阶段经济增长提供新的潜力和空间。

第二节　后进经济体赶超的理论与实践

中国特色社会主义进入新时代，要满足人民日益增长的美好生活需要，社会发展和产业布局出现了一系列新情况新挑战。本节在总结工业化发展阶段以及其间面临的发展陷阱和转型任务基础上，梳理评价经济收敛的理论路径和实践政策。

一　发展阶段划分及当前挑战

总结经济发展阶段和工业化阶段划分方法，有助于为经济现状找准定位；随后揭示产业结构转型升级的必要性和面临的陷阱；各个阶段的经济社会环境不同，需要政府和市场的协作配合，挖掘战略机遇。

（一）经济发展阶段、工业化阶段

Rostow（1959）把人类历史划分为 5 个阶段，起飞阶段的必须条件是资本积累率较高和主导产业的快速发展。Hoffmann et. al.（1958）将工业发展划分为四个阶段。依据其提出的 Hoffmann 系数，即消费品工业净产值/资本品工业净产值，工业化中期阶段以后部门结构改变，资本品工业超过消费品工业占主导地位。Kuznets（1971）认为，18 世纪以来资本主义社会的现代经济增长包含六方面特征。最突出的就是经济结构的迅速变化，第一产业向第二产业转变，第二产业向第三产业转变。

经过几十年的奋斗，我国经济在 2020 年基本实现工业化，由高速增长阶段转向高质量发展阶段。在全面建设社会主义现代化国家的新征程上，主要目标任务包括，“经济高质量发展取得新突破”、“构建新发展格局和建设现代化经济体系取得重大进展”、“改革开放迈出新步伐”、“社会主义市场经济体制更加完善，更高水平开放型经济新体制基本形成”、“居民收入增长和经济增长基本同步”等。

（二）中等收入陷阱、比较优势陷阱

工业化中期阶段挑战之一是“中等收入陷阱”（Middle Income Trap），2006 年由世界银行提出。一个经济体突破人均 GDP3000 美元的阶段后，先前快速增长积累的矛盾将集中爆发，体制机制更新进入临界状态。加上发展战略失误、外部冲击，发展中国家极易出现经济增长回落、发展停滞状态。2019 年人均 GDP 超过 1 万美元，意味着我国正式进入中高等收入国家，整体上跨越了这一陷阱，但是依然面临其他经济增长陷阱。

我国各层次人力资源丰富，但若过于依赖较便宜的劳动要素，仍然有落入比较优势陷阱的危险，阻碍技术升级，要素禀赋、产业结构固化，最后优势产业反而被淘汰。当然，还有许多国家面临创新停滞难题、关键技术“卡脖子”陷阱以及困扰后工业化国家的人口老龄化、人口萎缩问题。

（三）转型模式，对抗双重压力

中国产业梯度转移中面临约束条件收紧和地位失势风险。所以务必探索产业转型模式，深度挖掘资本、技术、人力和结构后发优势，筚路蓝缕，开辟蹊径。转型面对的两重压力具体是：

1. 资源、环境约束收紧

快速增长的同时积累了诸多弊病，原有经济结构不平衡、不协调的问题凸显，资源使用效率和效益不高，环境约束收紧。可持续发展必须靠新兴产业来拉动，需要向科技进步、劳动者素质提高、管理创新转变（“三个转变”）。“十四五”期间逐步纳入石化、化工、建材、钢铁、有色、造纸、电力和民航8个高耗能行业。当前要加大对高耗能产业布局的规划和管控，提高清洁化、集约化、现代化水平。

2. 产业承接失势隐忧

东部沿海制造业门槛上升，为降低要素成本，中高端制造业、代工生产（OEM，Original Equipment Manufacturer）和产品组装企业有向欠发达地区转移的动机（“雁阵模式”）。外资趋向撤资后投向东南亚国家，比如30年后仍以年轻劳动力为人口主体的印度（那时我国人口老龄化严重）。仅保留产业链上的高端链条，容易出现“产业空心化”症状——制造业产出、行业增加值和就业人数下降。

二　整理评述经济收敛的理论路径

比较评鉴学术界提出的各种经济收敛方法，本节以林毅夫强调的比较优势角度为切入点，结合其衍生出的生存能力、结构调整、贸易开放解释理论，对制造业结构调整、产业升级路径的文献进行梳理，为中国制定产业政策提供依据。

（一）新古典经济增长理论

Griffin（1999）将发展战略分为六类：货币主义、开放经济、工业化、绿色革命、再分配和社会主义战略。发达经济体可能进入资本边际报酬递减阶段，经济增速逐渐放缓。经典理论中的两对发展战略是：从经济开放度来看可分为出口鼓励和进口替代两类发展战略，从部门发展优先次序来看可分为平衡和不平衡两类发展战略。

平衡发展战略是指通过国民经济各部门的相互配合、相互支持、全面发展从而实现工业化或现代化的一种战略。非平衡发展战略包括了轻工业和重工业优先发展战略，主张发展中国家应将有限的资源选择性地集中配置在某些产业部门和地区，首先使这些部门和地区得到发展，然后通过投资的诱导机制和经济结构间的驱动效应，带动实现整个经济的发展。

20 世纪 90 年代以前，西方经济学家大多支持不平衡的发展战略。平衡发展战略有 Rosenstein – Rodan（1943）的大推进理论（Big – push）和 Nurkse（1953）的贫困恶性循环论，主张后进国家通过对所有部门同时大规模投资，促进经济发展跃出贫困陷阱。不平衡战略有 Hirschman（1958）的联系效应论和 Rostow（1990）的主导部门论，强调的是主导产业的带动作用。

进口替代作为一种内向工业化战略，实质是以本国生产的工业制成品来满足国内需求，争取逐步实现工业化的时间；出口促进即出口导向型战略，作为外向型工业化战略，发展面向出口的工业，并将其产品投入国际市场，用工业制成品的出口来代替农矿初级产品的出口。这两者往往被结合起来，基于扩充国内市场需求，扩展贸易品的广度和深度。

20 世纪 50 年代，经济学家宣扬的结构赶超战略也属于不平衡类型，与优先发展“内向型”重工业或进口替代产业相结合，集中引进先进技术。轻、重工业优先发展战略则分为优先发展重工业战略与优先发展轻工业战略，分别对应我国不同阶段发展的不同需求。

这些理论并未充分揭示经济赶超、结构升级的内在机理。结构赶超战略直接针对技术结构差距，其他理论针对各项生产要素的重要性，“大跃进”式地追求技术结构、要素积累水平相同，没有明晰各政策、要素促进经济转型的整个传导机制，即“牵一发而动全身”的过程。

（二）“顺/逆比较优势”及赶超战略的逻辑

20 世纪 90 年代，林毅夫提出了自生能力的概念，随后逐渐建立“顺/逆比较优势”赶超的逻辑。他将现有的经济技术结构、适宜的发展战略、资本积累、金融结构，都归因于比较优势这一点上来。经济状况和相应的政策措施、赶超路径都内生于当前相对静止的比较优势（要素禀赋）。但随着经济发展，资本积累和深化，比较优势本身又是动态变化的。政策含义是，政府应顺应当前生产要素状况，实施顺应比较优势的发展战略，产业结构渐进地内生优化，逐渐升级与发达地区产业出现重叠、匹敌竞争甚至取代的现象；而违背比较优势发展战略只会扭曲经济制度，阻碍转型进程。

自生能力的概念有待理论和实证研究继续分解和细化，既包括同一产业内企业层面的要素密集度、资源配置，也包括不同产业间竞争能力的比较。引进适宜技术或自主创新后，能否盈利还需要其他条件。计划转化为产值所必须的政策支持、信息平台、融资渠道、市场机制、消费者支付能力、熟练工人使用，以及联动作用、传导路径，都需要挖掘细化。

三 对比研究转型政策及模式

通过分析国内外学术研究总结的后工业化时期的发展模式，给中国等后发国家现代化进程提供启发。本小节的意义也在于给产业转型提供分析案例和经验教训。

（一）几种发展模式的概念

“华盛顿共识”“北京共识”和“中国模式”这类不同国家发展模式的概念都是西方学者提出的。“华盛顿共识”是1990年Williamson（1990，2000）对拉美国家已经和建议采用经济调整政策的总结。其核心内容是，主张政府角色最小化、快速私有化和自由化（毛增余，2004），历史表明它根本无法帮助拉美摆脱经济停滞困境。2004年美国《时代》周刊提出的“北京共识”及引申出的“中国模式”，指中国摸索出的适合本国国情的路子。但二者涉及的讨论宽泛，不限于经济学领域，目前尚无明确的内涵。

曾铮（2011）根据经济发展的源泉、体制、特征三方面，重点总结了东亚、拉美、印度、欧洲和美国四种基本模式。四种基本模式对我国具有借鉴意义：欧美是先发国家；东亚的新兴市场国家，曾经与我们经历同样的经济发展过程；拉美和印度采取不同发展方式。其他的分类，比如赵宏（2009）概括的“盎格鲁—撒克逊”模式、“莱茵”模式和以瑞典为代表的民主社会主义模式，不限于经济范畴的比较。

（二）政府作用：产业政策制定

当工业体系基本建立、宏观经济与国民收入均达到一定层次时，产业升级需要寻求突破，创新和技术进步是经济发展的持续动力。其中，政府应定位为“超然”的秩序维护者（autonomous government），还是更多地与私人部门互动，值得研究。

以上几种模式的重要特征之一是政府在发展战略中的作用。有学者认为“华盛顿共识”政策主张的失败原因之一，是定位为“超然”，未成为有帮助的政府（facilitating state）。但是如果仅关注特定产业部门，易于被强势的利益集团“绑架”，造成资源错配、制度扭曲。这启示我们，产业政策扶持范围最好量化、科学化，政府应将关注重点放在有利于技术进步的具体活动上。

经济转型时期更强调财政政策与货币政策协调配合，国有企业改革、财税改革至关重要。对内政策以稳增长政策为主，同时政策工具不断创新，非常规政策有力地补充了常规型政策。从加大财税金融政策扶持、完善技术创新和人才政策、营造良好市场环境、推进重点领域和关键环节改革等方面，提出了进一步促进战略性新兴产业发展的政策措施。对于几十万亿的地方债务，中央政策表示各地自行化解，要建立市场化、法治化、系统化的债务违约处置机制；对无关经济安全的国有资产进行资源整合和价值利用，在防范债务风险快速积累前提下保障经济修复、稳定增长的资金需求。

总之，工业化产业资本积累时期，“出口导向”战略和基于廉价劳动力上的比较优势，以扩张贸易规模、交易范畴的外延性扩张为主。但是出口企业缺乏议价权，价格竞争又容易受到发达国家的垄断指控和反倾销制裁，发展模式不可持续。因此，面对国际劳动密集产品竞争日益激烈的局面，中国逐步取消对加工贸易的出口退税，同时调整扭曲的产业结构贸易结构，以多样化出口品代替初级产品出口，更加有利于经济环境绿色健康发展。

在高新技术产业的引领突破下，确立以科技进步为主的经济发展战略，鼓励并扶持高附加值的产业与产品出口，走向内外需求均衡的发展模式。

第三节 产业结构升级的战略重点

经济起飞的重要基础是较高的资本积累和主导产业的快速发展。为了构建现代产业体系，根据前述“要素结构优化——比较优势升级——产业递进及转型发展”的战略构思，中国既需要激发活力带动上下游产业增长的高科技制造业作为先导，也需要消化利用大量劳动力的新型服务业作为主打。我国经济结构继续优化，2021 年第三产业增加值占国内生产总值的比重为 55.6%，但是相比较于一般发达经济体的 70%—80% 的比例水平还有差距。所以，本节力求提出一些甄别适宜技术、适宜服务业的量化的遴选指标以资参考，从而提高扶持对象筛选的科学性。

一 量化重点发展技术及产业的选择标准

如何甄选、模仿或引进适宜本地的高新技术，是实现产业递进和转型发展的关键。因此，在促进产业递进和转型发展的过程中不能忽视自身经济发展的阶段性，尤其不能脱离比较优势而盲目追逐先进的技术——以前是重工业，现在是高新技术等产业。

具体而言，由于现有技术、人力资本与新引入技术的差距，可将产业递进与技术进步的成本记为赶超投资成本 CIC（Catch - up Investment Cost）。从培育企业自生能力与遵循比较优势的战略逻辑出发，高新技术的选择应当确保企业在竞争市场上预期收益为正；并且只有当某一技术的 CIC 下降到一定范围内，才可能促进自主创新或有利于引入该类技术。从操作层面来看，可以从软硬设施、创新投入、市场前景、区域集群等维度划定 CIC 上界 CIC^*，控制技术赶超的成本及风险，对范畴内高科技产业重点扶持，可以帮助疏通技术引进或创新渠道，量化了扶持对象筛选标准。

按照林毅夫的理论逻辑，可以将技术选择指数 TCI（Technology Choice Index）定义为制造产业 i 的资本劳动比率与整个经济体的资本劳动比率之间的比值，即

$$TCI_i = (K_i/L_i) / (K/L)$$

通过 TCI 指数来测度各产业的要素组合与当地比较优势的吻合程度，该指标的比值越偏离 1 说明其产业发展越偏离比较优势，过多地使用了资本或劳动要素。

具体到本地区的产业发展问题上，理论预期为：为了消化吸收经济转型、产业升级、城镇化进程中富余的新农民、工人，充分发挥资本的边际产值，TCI 在 1 附近的产业具有发展潜力。通过划定 TCI 区间，定量筛选适宜中国的新兴制造业和服务业并拿出相应的产业政策，可以早日实现吸纳富余劳动力、保障就业、居民增收的目标。

二　战略新兴产业的递进路径及配套政策

产业跃进的表现从产品生产链的角度来看，是从下游追溯至上游的过程。中国在产业梯度转移中，既要掌握产业链上的高端链条，即技术密集程度高、产品价值增值高、利润丰厚的环节，又要利用高新技术的引领和辐射作用，促进传统产业提质增效。如图 3 - 10 所示，这是由产业链低端走向高端，从被动等待订单、分得微薄利润到掌控生产线的过程。

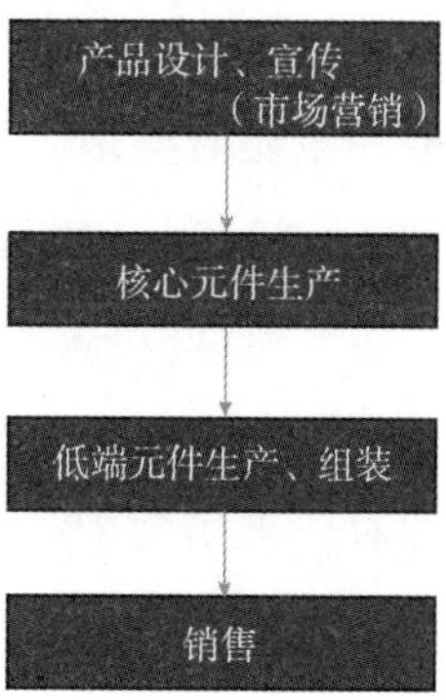

图 3 - 10　生产价值链上分工地位的提升

党的十八大报告提出，以全球视野谋划和推动创新，加强高新技术引进、国际间技术合作，有助于提高引进吸收再创新能力。以创新驱动发展为目标，整合国内外科技资源，推进自主创新和科技进步。

在长时期内，研发创新和产业集群是驱动经济发展的“双轮动力”。

战略性新兴产业作为我国现代经济体系建设的新支柱，是破解经济社会发展不平衡、不充分难题的关键产业。应着重打造一批具有自主知识产权的应用创新成果，树立一批口碑好附加值高的拳头产品、明星品牌；同时引导产业链相关生产要素的集聚，打破知识壁垒，加快产业新旧更迭和动能转换，鼓励企业逃离同质低端竞争。

中国国民经济和社会发展五年规划划定重点扶持产业，制定产业发展路线，提出各方向的标志性目标和阶段性目标，这些细化的目标使得总体目标能够更好地“落地”。

“十四五”时期发展战略性新兴产业以集中优势资源实施重大攻关、打造世界级产业集群为主导路径，以提升产业创新能力、坚持开放融合发展为发展方向，以筑牢产业安全体系、破解产业发展“卡脖子”问题为核心任务。引导互联网、大数据、AI 等信息技术与实体经济在更深层面上融合，筑牢现代化经济体系基础，促进粤港澳大湾区、长江经济带、长江三角洲区域、京津冀等国家重点区域内的世界级产业集群发展。

（一）考察自生能力，探究技术突破创新

中国的比较优势有，依托重点高校，人才资源长期储备充足，且依托“一带一路”和国内外广袤的市场、便捷的基础设施，大规模生产降低了单位生产成本。全面考察经济环境还需要结合金融渠道、投资环境、市场竞争以及政策扶持，对中国的发展阶段、比较优势、制度环境进行综合评估。

即使有部分高科技先导产业，资本技术密集度特别高，相应 TCI 很高而且差异明显，但为了防止现有技术结构、生产要素投入结构固化，继续依赖廉价劳动力，落入“比较优势陷阱”，应鼓励高科技产业先行提高资本技术密集度。同时，我们也要吸取日本研发新能源技术上的教训，其忽视了市场规模和对能源市场的影响力，选择氢能源一步到位的路线，结果在新能源领域尤其是汽车行业陷入困局。

要打造国家自主创新示范区、战略性高新技术产业（刘哲，贾晓芬，2021），必须探究技术创新模式。不同于近代社会的偶然性经验创新，现代科技创新主要是在科学指导下有步骤地实现的（林毅夫，2002），是非

常复杂昂贵的过程。在现有技术和引进技术的基础上，技术创新路径应该是：技术演进更迭（evolution）为主，即小幅度地创新改善；当知识技术、人员经验、学习效应积累到一定程度时，创意贯通起来，关键技术革新（revolution）会自然地内生地闪现。

如图 3 - 11，部分技术含量较低企业可以通过由内而外的路径来升级技术。从零件生产，到部件组合、功能性模块的技术整合、集成创新，然后逐渐掌握或改造产品的集成生产，由代工生产（OEM）到有自己的注册专利、独立品牌。互联网技术突破本质上类似，企业先从承包代码编写开始，到软件功能制作，到最后设计开发出信息产品。

图 3 - 11　企业层面技术演进更迭的过程

（二）分析产业跃进路径

单纯地引进技术设备、大量投资，不可能使企业产生自生能力。所以还需要细化整个产业跃进的路径，即怎样将先进技术市场化、产业化，形成产业集群，用新产业淘汰旧的生产模式。

在创新驱动发展战略的指引下，努力夯实产业发展的安全基础，力争到 2025 年实现产业关键核心技术自主可控。加强基础研究、应用基础研究，找准并开展关键共性技术的研究突破；突出集成电路（Integrated Circuit，简称为 IC）、人工智能（Artificial Intelligence，简称为 AI）、生物医药等领域亟需采取重大工程的联合攻关形式，精准实施“卡脖子”攻关计划。

除了顺应比较优势战略积累的物质资本外，还需要其他条件和机制辅助。其中，人力资本（中高层人才）对经济增长的影响日益显现，与物质资本存在互补性。人力资本积累在发展战略中，通过配合技术创新，根据本地情况调整、改进、创新引进技术。

还有政府作用、市场机制。优惠财政税收政策、信息疏导，发达的市场、畅通的金融融资渠道，能有效推动技术转化为产业。配合发展关联的高新服务业，形成特色产业园区。政府角色在整个过程中，由明显干预，逐步走向放开。在地方性金融机构等经济环境完善前，政府针对重点生产部门引入资金、提供贷款优惠，甚至财政直接补贴；完善之后，退居幕后，仅限于信息分享、投资协调、弥补外部性等行动，以维持开放自由的竞争性市场。

（三）重点关注范畴，规制助推政策

为培育发展战略性新兴产业，要实施重大产业创新发展工程和重大应用示范工程。政府需要整合资源，进行制度规制和整个经济环境规制，给予重点产业有效扶持。首先，加强专利保护，培育高科技重点企业。科技的发明首创具有风险大收益小的特点，所以政府应加强专利保护，保护发明创新的激励机制，防止搭便车行为损害创新动力，同时促进技术交易扩散。技术融合加上商业模式创新催生了大量新增长点，信息技术和生物技术融合可推动可穿戴医疗设备与系统、康复工程及器械产业的快速发展。

其次，提供各类资源，协调信息分享，促进科技创新产业化，完善金融机制，疏通融资渠道。建立人才引进和培育机制，积累人力资本。“十二五”期间，为了实现产业发展路线的阶段性目标，建立和完善了电信普遍服务制度，并启动实施了宽带中国、关键材料升级换代等 20 项重大工程。在“一带一路”倡议框架下引导新兴产业的跨国合作，应积极引进国外先进技术、人才和管理经验，以开放、合作、共赢来谋取我国新兴产业层级的提升。

最重要的是，搭建科技创新组织同盟，形成高科技产业集群。关联产业共性的技术攻关项目正外部性明显，创新合作平台能分担风险、分享资源收益、集中力量，加速关键技术突破。地方政府和华为等领头企业提出的各类“应用基础研究计划”“关键技术攻关计划”意义重大。

为应对国际金融危机，“十二五”规划把扩大内需放在重要位置，以加快转变经济发展方式为主线；党的十八大后制定的“十三五”规划，提出了创新、协调、绿色、开放、共享的新理念，实现了发展理念的升华；而“十四五”规划以供给侧结构性改革为主线，为提升企业创新能力，在激励企业加大研发投入、支持产业共性基础技术研发、完善企业创新服务体系进行了具体部署。举措细致，包括建设国家产业创新中心、行业研究院和创新联合体，将符合条件的由财政资金支持形成的科技成果强制许可给中小企业使用，鼓励金融机构发展知识产权质押融资、科技保险等等。

三　建立高科技配套服务业新体系

（一）近年第三产业增长来源剖析

2020 年全国经济结构继续优化，全年第三产业增加值占国内生产总值的比重为 54%。2020 年的疫情对第三产业中的部分行业影响较大，如批发零售、餐饮住宿、交通物流等。但受益于我国近些年蓬勃发展的互联网数字经济，生产与消费的数字化升级改造的需求，第三产业中的信息技术与传播业，也就是我们常说的 IT 相关行业，还是实现了较快增长，从而带动第三产业的整体性增长。第三产业是近年刺激内需、拉动经济增长的重要引擎，但远未达到发达国家 70%—80% 的发展水平。通过分析数据，完成增长来源剖析，有利于探究服务业内的“火车头”，挖掘增长潜力。

（二）探测未来增长点，划定重点扶持产业区间

首先，发展高科技产业配套服务业，有利于产业集群的建立。在部门内规模效应和部门之间协同效应作用下，二三产业联动升级。结合国家政策导向，建议重点关注地理空间信息、数据库、信息安全和软件、云计算、物联网等产业。特别是基于虚拟信息平台、服务于实体经济的产业，比如物联网，对上下游企业有很大的带动势头（momentum）。

其次，高度契合本地人力优势，扶持新兴服务业。比如各种新兴的、种类繁多、难于归类的各种文娱休闲业，满足人们层出不穷的定制化特殊化身心需求。

最后，整体导向结合因企制宜。即使在高新技术产业内部，也会出现

自生能力不同导致的要素使用差异，资本技术或劳动密集度不同。所以，要结合定性方向与定量标准，实施不同的税收、借贷、补贴等鼓励措施。同样，需要对第三产业近年增长来源进行分解，找出是哪些技术模式在拉动就业、提高劳动要素分配和经济增长，并有重点地扶持未来新的增长点。

（三）结合服务业特点细化政策，构建产业集群

建设高科技产业配套设施时，政府应考虑服务业创新的障碍，补贴正外部性。创新的收益风险本身就不对称，再加上服务业运营模式、产品类型易于模仿、扩散迅速，发明人专利保护更加困难。故政府要注意对首先响应创新号召的企业进行补贴奖励。

不仅要把握新兴产业集群的阶段特征并推动创新网络形成，变革发展动力，优化资源配置，科学营造产业集群的创新发展环境；还要注意有意规划企业分布，将规模效应、协同效应明显的企业引导到国家现代服务示范区内。比如，建立文化创意、影视传播等文化产业基地，搭建企业交流平台，促进思想碰撞，激发创造活力，形成百花齐放、又有地方特色的文化园区。构建服务产业新体系，推动生产模式和产业组织方式创新：一是加快推动现代服务业与先进制造业、现代农业深度融合，向专业化和价值链高端延伸，培育具有国际竞争力的服务企业；二是加快生活性服务业品质化、职业化发展，加强公益性、基础性服务业供给，提升人民的生活品质；三是在坚守国家安全底线的前提下，推进服务业重点领域改革开放。

总之，调整产业结构是我国经济发展迈向新阶段的必由之路。产业结构的变动可以促进有效供给的增加，同时刺激需求。我国拥有庞大的内需市场，然而由于本国有效供给不足，并不能抓住这一庞大消费群体。因此，国家调整经济产业结构用来促进整个经济的投资创业，激发潜在增长率。

第四节　产业结构与城镇化的联动效应

党的十八大明确提出了“新型城镇化”的概念，改善民生、给居民增

收是经济发展的最终奥义，十八大“2020年居民收入倍增”（较2010年）的目标已经实现。一方面，经济规模即总产值须向北京、上海等东部发达城市看齐，保持增长势头，避开中等收入陷阱，防止进入经济增长、居民创收停滞状态；另一方面，二三次产业之间及其内部构成须日趋优化，从而带动劳动要素分配占总收入比例日益提高（进入“库兹列茨”U型曲线的上行阶段）。党的二十大将人民城市重要理念写入报告，把城市的发展放到更大的尺度当中考量。

产业结构升级通过人口要素流动、资源优化配置和收入分配等渠道拉动城镇化建设。初次收入分配中的劳动要素收入作为居民可支配收入的主要来源，其稳定增长有利于居民可支配收入的稳定提高。城镇化建设和居民增收提高了对高技术产品和服务的内需，又通过居民消费需求结构、投资结构改变来引领新兴产业发展和生产质量提升。

因此，产业结构格局与新型城镇化之间存在联动升级、正向反馈的效应。中国工程科技发展战略研究院编写的《2023中国战略性新兴产业发展报告》统计得出，2021年中国战略性新兴产业增加值占国内生产总值比重为13.4%，对产业结构升级、节能减排、提高民众健康水平、增加就业等的带动作用显著。

一　全方位、多角度阐释新型城镇化内涵

新型城镇化不同于侧重城区空间扩张的传统城镇化，本质上是用科学发展观统领的城镇化建设，以市场为主导来拉动经济增长、全民共享福利、节能环保集约式发展。从各个方面、用各种指标来全方位、多角度地阐释新型城镇化的本质，有利于我国平衡发展，顾及各方面利益，也为探究产业结构与其联动效应、怎样促进经济持续发展做好研究准备。

我国转型发展的最终目的，是改善民生，提高居民收入、生活质量和幸福指数。社会发展的目标状态——转成什么样的“型”，可以被新型城镇化所涵盖。其内涵不仅包括“高质量发展”“人与自然和谐共生”，还包括收入分配公平，居民分享改革红利、实现收入倍增（劳动要素分配比例提高），社会关系协调机制完善等。

二　中国式现代化产业体系助推新型城镇化

打造人民安居乐业的生活环境是发展的最终目的，而新型城镇化水平的相关指标，可以用来作为衡量标准，如图3－12所示。依托县城调整二三次产业结构格局通过农民就地城镇化、农民工市民化机制提高基层人民收入；通过技术升级，节能减排、改善环境，有利于建成“两型社会”；随着经济发展、市场机制建立，行政管理和社会治理也会进步。产业升级与社会治理转型具有内在一致性，二三次产业双业支撑、螺旋升级模式是县域经济的发展动能，更好地发挥县城公共设施、信息人才集聚的优势，解决地方就业问题，有利于初次收入分配均衡，产业增长点持续出现能保障居民的工资性收入稳步提升。坚持产业融合发展，可以在以下两个层次为居民增收，来实现改善民生、建设新型城镇化的目的。

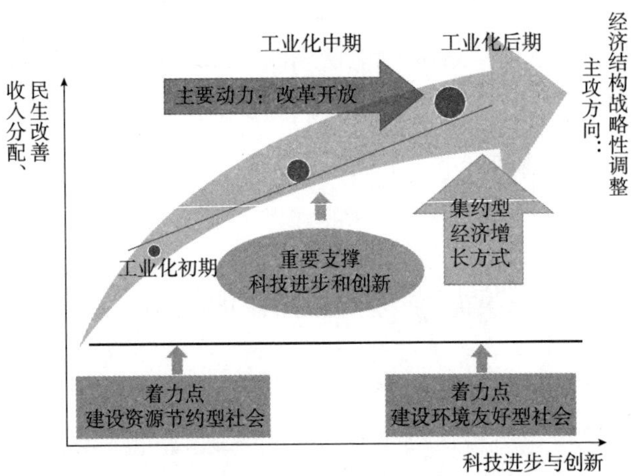

图3－12　产业升级与城乡融合发展的内在一致性

一方面，鼓励提高高层次人才收入。通过提高制造业及其配套服务业的科技含量、资本技术密集度，提高人力资本的边际产值，拉升高级管理人员、技术人才、熟练工人（技术工人）收入水平。发展高科技制造业及其配套服务业，依靠高校提供的大学生人才，提高人力资本的边际生产效率，增加高级人才、熟练工人的收入水平。

另一方面，大力发展各种形式新颖、富有创意的新兴文娱休闲产业，提供各种定制化的身体或心理服务产品。大力发展有创意、满足大众各种个性化定制化需求的新兴服务业，如文化娱乐业、各类咨询建议、脑力服务产业等，吸纳更多新生劳动力，消化和承接转型中一二产业富余的农民、工人，保障基层居民的收入和生活水平。

此外，中央财经委员会定调，坚持推动传统产业转型升级，不等同于将其当成“低端产业”简单退出。没有传统产业、传统制造，服务业就是无源之水、无本之木。总之，加快建设以实体经济为支撑的现代化产业体系，关系到不发生规模性失业返贫，满足城乡居民提升生活品质、增进民生福祉的需求。

三 新型城镇化对结构升级的正反馈效应

城镇化进程反过来也能通过扩张国内消费需求（内需），刺激经济结构改善，拉动经济长期增长。城镇化是现代化的必由之路，对推动经济社会平稳健康发展、构建新发展格局、促进共同富裕具有重要意义。经过近十年的快速发展，我国的城镇化已经步入战略转型期。

全面提高城镇化质量是新形势下的重要任务。立足资源环境承载能力、区位条件、产业基础、功能定位，选择条件好的县城重点发展，为区域协调发展、产业力量布局指明了方向。劳动力转移、居民增收后，消费水平提高，对“重大环保产业技术装备”等高技术产品和服务内需增加，不仅要求种类多样，还要求质量不断改善。这从市场需求层面提供了企业转型、自我革新的激励机制，能够抵消当前经济下行的部分压力，拉动我国经济持续增长。2013 年国务院发布了“宽带中国”战略实施方案，2020 年具有国际先进水平的宽带、融合、安全、泛在的信息基础设施网络已然覆盖我国城乡，为城乡健全要素平等交换、双向流动体系提供技术条件。城乡收入分配与产业结构和金融结构的相互促进机制，劳动力市场的技能需求结构对城乡家庭的教育投资决策的决定机制，笔者将在第六、七章进行深入探讨。

第四章　贸易开放战略对劳动收入占比的影响

中国式现代化以共同富裕为本质要求。前文有关发展战略与经济发展的理论概述讨论了政府引导的发展战略的理论逻辑，以及在投资和经济结构上调整发展战略所带来的经济绩效，而本章将分析对外发展战略的经济影响。具体而言，笔者将基于劳动收入视角分析产业发展战略和对外经济发展战略，并由此提供可借鉴性政策意见启示。在劳动收入视角中，本章着重实证分析了经济发展、贸易开放和发展战略三大类因素对劳动收入造成的影响。在既有的要素禀赋和比较优势分析框架中，将资本要素尤其是国际资本的市场势力纳入考虑，则中国劳动要素收入占比停滞不前、与理论预期和发达经济体趋势相悖的特征就可以得到合理解释了。

同时结合中国国情，为提高劳动收入份额，本章将从经济体制、经济战略和全球分工形势等几大方向探讨如何扭转中国所处的不利现状改变求大求快的思维，注重各产业协调发展，破除制度藩篱，从根本上解放生产力，最终突破阻碍生产率发展的障碍以提升中国经济实力与贸易地位。

劳动收入是各国长期关注的重点问题。二战后日本政府实施比较优势战略期间最为著名和影响最大的是池田内阁出台的“国民收入倍增计划”，其中缩减各种收入差距是“计划”的一项重要内容。进入 21 世纪以来，尤其是 2008 年全球金融危机后，全球经济缓慢复苏，劳动力市场的相关问题对各国经济发展形成挑战。进入工业化中期阶段后，虽然经济增长仍然是经济发展的主要动力，但是，保障就业和收入水平受到越来越多的关注。劳动者工资的持续提高以及劳动市场发展既是经济可持续发展的驱动机制，也是经济增长和经济发展的目的。反之，劳动收入下降则大大限制了居民消费对经济的拉动力量，极易形成中等、高等收入陷阱。

当前国际范围内收入分配“资强劳弱”局面普遍存在，要素间收入差距拉大的全球性趋势显然无法简单地由经典的宏观经济理论和经典对外贸易理论解释。本章基于开放型经济背景，着眼于劳动收入占比来对贸易开放战略模式进行具体地研究，并将其分解为三个循序渐进的问题，即：要素收入如何由多方面因素共同决定？作为供给侧的生产要素投入具有什么长期特征？发展中国家劳动要素丰裕但并未受益，是否源于外来冲击造成的经济结构扭曲？

本章针对中国赶超发展战略中的技术选择、分配效应，运用了偏向性技术进步的分配理论，强调要素增强型技术存在要素偏向，因而用常数替代弹性（Constant Elasticity of Substitution，简称为 CES）生产函数代替柯布道格拉斯生产函数弥补后者在解释经济现实上的不足；基于偏向性技术进步的分配理论，划分了技术给定和技术内生两种情况并对分配效应进行实证分析；最后，还检验了资本深化过程中要素禀赋变迁等经济发展过程、对外开放、对内发展战略这三大类因素的分配效应。

第一节　劳动收入的国际国内趋势

通过横向对比，首先，全球无论发达经济体还是发展中经济体，其劳动者报酬占国内生产总值的比例自 20 世纪 80 年代以来经历趋势性下滑（图 4 - 1）。中国每十年平均下降 5%，德国、意大利、法国和加拿大每十年下降 3% 至 4%，而日本和美国每十年分别下降 2.9% 和 2%，只有英国每十年上升了 1%；其次，可以发现我国劳动收入份额与同期发达国家水平存在明显差距。与美国、英国、法国、德国、俄罗斯及西班牙等后工业化国家相比，低 5 至 10 个百分点[①]。

---

① 中华人民共和国国家统计局：《2015 年国际统计年鉴》，https：//data. stats. gov. cn/files/lastestpub/gjnj/2015/indexch. htm，2015 年。

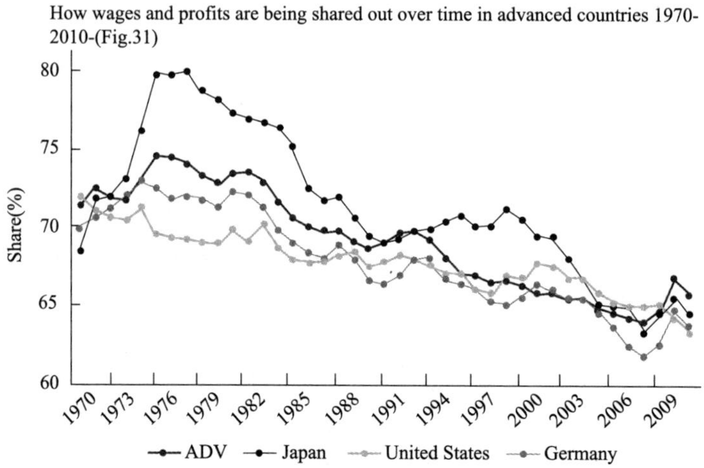

图 4－1　主要发达经济体劳动收入份额变迁（1970—2010 年）

注：ADV（advanced countries）表示发达国家收入指标，为 16 个高收入的 OECD（经济合作与发展组织）成员国劳动收入份额的平均值。

图片来源：国际劳工组织《全球工资报告 2012—2013 年：工资与平衡性增长》，日内瓦：国际劳工组织，2013 年，第 43—43 页。

纵向对比表明，我国劳动收入份额自 1996 年达到 51.76% 的高位后持续下降，目前处于历史低位。即使排除 2004—2007 年统计口径缩窄的数据（期间自我雇佣所得纳入资本收入），1993—2012 年劳动份额整体仍下降 3%。分省际来看，无论经济发展水平，多数省市近十几年都经历了劳动份额的大幅下降。下文表 4－1 按降幅大小排序各省。按照年平均值来看，最高三名依次是西部地区的西藏、广西和宁夏，最低三名依次是中东部地区的上海、天津和黑龙江。乍看之下劳动份额与经济发展水平呈负相关。

20 世纪 90 年代以来，中国经济总量增长创造的国民收入并没有成比例地落入居民口袋，工资涨幅远不及经济增长速度。《中国统计年鉴》数据显示，1978—2012 年中国经济保持年均 9.87% 的增长，而城镇就业单位在岗职工工资的年均增长速度仅为 7.64%。劳动要素在初次收入分配中地位下降是其主要原因。在收入法核算的国内生产总值（GDP）构成中，劳动收入占比由 1993 年的 48.61% 逐渐下降到 2012 年的 45.59%（见图 4－2）；同时资本所得和政府税收收入占比逐渐上升，一定程度上呈现资强劳弱局面。而中国国内需求是工资领导型，劳动收入停滞不前最终会抑制消费，拖累经济增长（黄乾、魏下海，2010）。

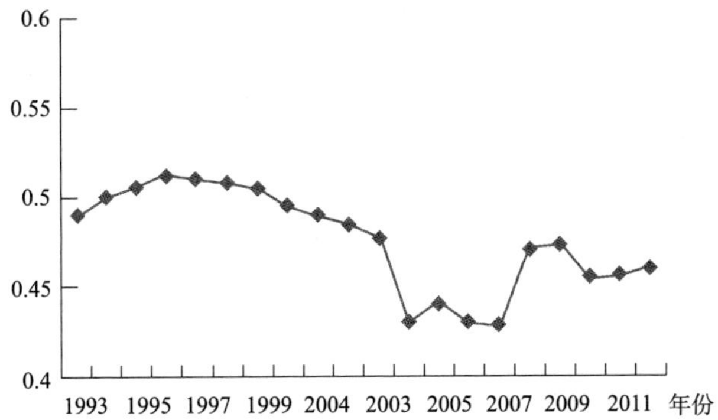

图 4－2　1993～2012 年我国劳动收入份额变化情况

资料来源：1994—2013 年《中国统计年鉴》中生产总值收入法构成数据。

表 4－1　　中国省际劳动收入份额概况（1994—2012）

地区	劳动收入份额			地区	劳动收入份额		
	平均值	标准差	变化幅度		平均值	标准差	变化幅度
全国	0.4753	0.0302	－0.0301	河南	0.5449	0.0832	－0.0382
陕西	0.5012	0.0974	－0.2012	新疆	0.5394	0.0577	－0.0359
江西	0.5342	0.0882	－0.2006	湖北	0.5207	0.0709	－0.0344
西藏	0.6474	0.0982	－0.1930	天津	0.4183	0.0700	－0.0279
内蒙古	0.5182	0.1030	－0.1759	浙江	0.4371	0.0361	－0.0133
吉林	0.5224	0.1104	－0.1553	江苏	0.4557	0.0471	－0.0117
四川	0.5250	0.0559	－0.1331	山西	0.4471	0.0671	－0.0039
安徽	0.5089	0.0483	－0.1188	重庆	0.5184	0.0308	－0.0024
青海	0.5619	0.0794	－0.1179	广西	0.6007	0.0822	0.0025
贵州	0.5591	0.0731	－0.0771	辽宁	0.4638	0.0296	0.0170
山东	0.4262	0.0499	－0.0757	河北	0.5036	0.0600	0.0172
湖南	0.5640	0.0763	－0.0720	云南	0.4655	0.0198	0.0211
福建	0.4914	0.0335	－0.0613	上海	0.3636	0.0221	0.0307
广东	0.4680	0.0424	－0.0604	宁夏	0.5640	0.0643	0.0429
甘肃	0.5002	0.0505	－0.0557	北京	0.4661	0.0290	0.0543
黑龙江	0.4191	0.0498	－0.0443	海南	0.5372	0.0510	0.0548

注：（1）数据摘编自 1994—2013 年《中国统计年鉴》；（2）“变化幅度”历经的时间跨度为 1993—2012 年。

把握收入分配的决定机制有利于实施有效措施扭转收入差距拉大的局势、保证经济活力。但是，收入分配在世界范围内的种种趋势常常背离经典的经济增长理论与国际贸易理论的预期。新古典经济增长理论认为生产要素的收入份额应为常数，与要素禀赋、资本深化程度无关；经典的贸易开放理论，从赫克歇尔—俄林模型（Heckscher – Ohlin Model）即要素价格均等化理论（Factor price equalization）到萨缪尔森—斯托尔帕定理（The Stolper – Samuelson Theorem，即 SS 定理）皆表示，贸易开放加大，有助于发达国家资本要素价格及收入份额上升、发展中国家劳动要素价格及收入占比上升。这显然无法解释全球劳动收入份额下降、后发国家工资增长步伐远低于其经济增速的现实。而考虑技术进步的内生经济增长理论基于资本与劳动要素的互补性认为劳动收入份额应该上升，研发路径完全依赖上一期的极端情形下甚至为常数。

总之，国民收入在要素之间的初次分配机制错综复杂，理论解释莫衷一是，现实冲击因素纷繁复杂。对于现实与理论的偏离，学者们也从产业结构、政府政策、技术引进等不同角度进行剖析。建立统一的理论框架并用实证检验分辨各因素的净效应实属必要。本书考虑中国改革发展的历史阶段，以技术内生的经济模型为基准，分析开放经济下对外开放战略的影响，政策冲击下对内赶超发展战略的影响；同时考虑技术引进、中国贸易结构等重要因素。

劳资分配差距持续扩大不仅累及居民增收和幸福感增加，还会因为抑制消费而减少投资，阻碍产业结构转型升级、经济向可持续增长方式转型。深化收入分配制度改革因此被中国政府列入重要议程。初次收入分配决定着分配的公平性。初次分配应符合生产要素的贡献率，即功能性分配，一旦存在结构性不均，借助税收及转移支付等再分配手段会引致大量的无谓损失。

中国改革开放四十余年，经济结构以及政策刺激面临深刻转型。对内改革发展、对外贸易开放的基本国策推动了中国发展“奇迹”的诞生，这些政策对福利分配的影响如何呢？在国内大量人口就业得到解决的同时，劳动收入在国民收入中占比反而减少，单位劳动报酬占比与劳动者地位可想而知更大幅度地下降了。通过条分缕析地分解各因素的净效应，有利于全面客观地评价政策措施。通过认清成效、消除机制扭曲，可以调整激励适应新常态，释放对要素市场、产品市场、金融市场的各项供给侧抑制，有利于发展全民受惠的包容性增长方式，向共同富裕迈进。

此外，了解技术进步和全球化的长期影响，有利于我国顺应要素禀赋的比较优势推进创新，升级产业结构，提高对外开放质量。

第二节　贸易开放影响劳动收入占比的理论概述

按要素分配是功能性收入分配，主要考察各生产要素的回报份额是否与其贡献相匹配的问题。国民收入在初次分配中分为劳动者报酬（居民部门所得）、生产税净额（政府部门所得）、营业盈余和固定资产折旧（即资本报酬，企业部门所得）这四类。劳动者报酬指劳动者从事生产所获得的全部报酬，包括工资、奖金和津贴。劳动者报酬即劳动要素的收入，为居民部门所得。生产税净额指企业在经营活动中被征收的各项税收、规费扣除生产补贴后的净额，为政府部门所得。固定资产折旧指在使用寿命对应计折旧进行系统分摊。营业盈余指生产增加值扣除前三类后的余额。固定资产折旧与营业盈余之和是资本要素收入，为企业部分获得。各要素收入占国民收入的比重即为劳动收入份额或占比（labor income share）、资本收入份额（capital income share）、政府收入占比（government income share）。下文简称为劳动份额、资本份额与政府份额。

在新古典经济学早期，要素收入分配的相关研究集中在两个层面。一是资本与劳动之间的收入分配。由于认为资本与劳动间为单位替代弹性，故而劳动收入份额为常数。二是劳动者内部的收入差距，对技能溢价即熟练劳动者与非熟练劳动者的相对报酬的研究逐渐热门起来。

随着经济现实的变迁，收入分配研究依次衍生出侧重开放经济、技术进步、制度冲击的三大类理论。20 世纪中期，南北国家贸易扩大对经济较发达国家与后发国家的劳动收入产生了相反的影响；20 世纪 70 年代开始，对技术进步的认识与生产函数的改进，促进了对偏向型技术进步的考虑；

20世纪末21世纪初，对发展中国家尤其是经济制度研究的兴起，为收入分配研究引入了制度、政策的考虑。第二节按照收入分配理论的发展脉络，先后对开放经济效应、偏向性技术进步理论、赶超发展战略梳理既有文献，笔者绘制框架图如图4－3所示，为提出本章研究思路提供借鉴。

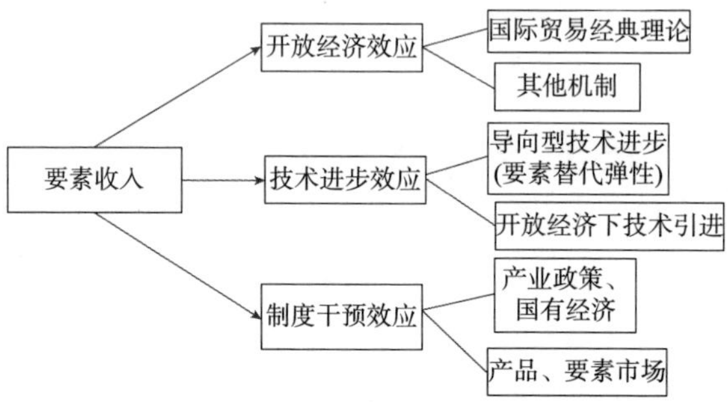

图4－3　要素收入分配主要理论发展框架图

一　开放经济的收入分配效应

随着全球化下南北贸易扩大，工业化国家与后发国家的收入分配分别向资本要素、劳动要素倾斜，20世纪中期开始学者们侧重研究开放经济下国际贸易对收入分配的影响。随后，延伸到加工贸易、国际直接投资、国际金融的分配效应。

国际贸易经典理论李嘉图模型的核心含义是，国际贸易模式取决于比较优势，各国劳动生产率的差异在贸易中占重要地位。赫克歇尔—俄林（Heckscher－Ohlin）模型论证了在给定商品价格时，各国要素价格会逐渐均等化。20世纪40年代萨缪尔森与斯托尔帕用一般性框架解释商品价格与要素价格的一一对应关系。根据经典的斯托尔帕—萨缪尔森定理（The Stolper－Samuelson Theorem，即SS定理），各国以要素禀赋决定的比较优势参与贸易，其相对丰裕要素的回报会上升。经过贸易品价格趋于一致，要素价格或回报逐渐均等化。实质上考虑的是不存在技术变迁、政府影响的理想情形。

尤其是20世纪70年代以来，经济全球化纵深发展。贸易开放对世界各国各地区乃至世界范围内的分配格局带来了深刻改变①。贸易往来、跨国投资对于各国的产品价格、生产要素丰裕度以及要素价格带来了冲击。发达国家劳动收入份额下降、发展中国家经历短暂的劳动收入份额上升，符合SS定理预期。发展中国家出口结构以劳动、资源密集型产品为主，应使得劳动报酬特别是非熟练劳动者报酬上升，技术溢价缩小且劳动收入整体上升。但长期趋势是全球化压低了发达国家、发展中国家的劳动收入水平（Harrison，et al.，2004；Slaughter，2007），有违理论预期与发展贸易的愿景。

其实，近几十年的经济开放效应深受政治经济环境的影响。20世纪初资本主义国家与殖民地及民族独立国家间（南北国家间）以产业间贸易为主，而现在国际贸易形式更加细致复杂。一方面，技术进步、外商直接投资、国内要素价格管控会因为“共振”（confounding）效应而产生内生性问题，即一些因素与自变量、因变量同时相关，混淆二者间的真实关系；另一方面，随着国际分工细化，跨国贸易逐渐以产业内贸易为主。在多个国家分担生产环节的贸易模式下各国的比较优势需要更细致地划分，剔除其他制度经济因素的作用。

我国出口的比较优势仍在廉价劳动力上，但劳动者并未受惠。中国在参与全球分工的过程中尽管经历了出口结构的动态变化，若只观察最终产品，我国出口以资本技术密集型产品为主②。但从价值链的增值环节来看，中国的比较优势仍体现在廉价劳动力上。但诸多研究表明机电产品出口受传统劳动力优势驱动的因素仍很大（张乃丽、崔小秀，2009；陆春平，2005；林浩等，2005）。值得注意的是，出口品中加工贸易也占了一半以上，外资企业及出口加工贸易构成贸易顺差的主要来源，我国在国际贸易中仍旧承担劳动密集型环节（殷功利，2012）。

考虑错综复杂的政治经济环境，学者们给出的实证分析和理论解释众说纷纭，包括出口生产的规模经济、资本在世界的强势地位、国际产业分

① 西方国家与新兴经济体的经济往来继续深化，资本品出口价格上涨，资本要素重新回到强势地位，同时其国内工会势力被海外廉价劳动力削弱，企业利润快速上升而工资增长缓慢。

② 2003年中国机电产品出口在出口品总值中占比首次超过50%，并逐年攀升。

工、出口企业的工资水平。

（1）Helpman 和 Krugman（1985）认为，规模收益递增会使所有生产要素都得到好处，甚至包括一些稀缺要素。但该说法无法解释发展中国家劳动报酬的下降。

（2）Harrison 等（2004）和 Slaughter（2007）从世界市场“资强劳弱”的格局出发，认为全球化使资本在世界范围内流动性增强，弱化劳动谈判地位，恶化了劳动收入现状。

（3）现代社会的国际分工逐渐脱离了传统的产业间贸易模式，出口结构反映的国际价值链分工受到跨国公司主导。发达国家的先进资本将产业链中的低端环节转移到后发国家，在全球地位强势。中国等发展中国家进出口结构以加工贸易为主，看似符合劳动力丰裕的比较优势，实则“为他人做嫁衣”，抑制了劳动力地位上升。

（4）还有一些学者归因于熟练劳动技术溢价提高给非熟练劳动工资带来的负外部性。当然这也可能是出口企业本身技术含量较高导致的（周明海等，2010）。

二 偏向型技术进步的分配理论

相对于发达国家自身的经济体量与南方国家的对外贸易规模较小，显然对近三十年其资本收入份额平均10%的上升解释力不足。应从经济增长自身寻找原因，要素禀赋与技术进步作为供给因素起到根本性作用。对生产函数、生产要素替代弹性的认识的突破，以及21世纪初 Daron Acemoglu（2002，2003a，2003b）自成一统的导向型技术进步理论，推动了偏向性技术进步的发展。

由于对要素替代弹性为1的质疑，以及 Cobb – Douglas 生产函数难以解释经济现实，学者们意识到不同的生产要素之间存在替代性或互补性。因此要素增强型技术存在要素偏向。CES（constant elasticity of substitution，常替代弹性）生产函数的提出①也为建立市场一般均衡、解释工资溢价与

① CES 生产函数是1961年由阿罗（J. K. Arrow）和索洛（R. M. Solow）等人提出。

收入分配提供基础。同时，技术发展确实存在要素偏向。由于技术因素逐渐内化到生产要素中，因此要素收入逐渐受到技术偏向的影响。

（一）内生性技术进步理论

内生性技术进步最早可追溯至 Hicks 的引致性创新（induced innovation）。技术创新的目的在于节约使用变得昂贵的生产要素。Kennedy（1964）从技术供给的角度，认为“创新可能性边界”决定了要素收入分配，并且在均衡状态下要素收入份额不变。

但是，偏向性技术进步（factor biased technological progress）理论基于现实，认为技术不仅扩张某些生产要素的生产率，还改变着要素投入的边际生产率。该理论从微观决策出发，将技术进步内生，增强了对技能溢价、国家间收入差距、劳动收入份额下降等现象的解释。要素禀赋作为供给侧因素决定技术进步方向，实质上契合了萨伊定律供给创造需求的思想。

（二）导向型技术进步理论

20 世纪 90 年代，Romer（1990）、Grossman 和 Helpman（1991）、Aghion 和 Howitt（1992，1998）推进了对技术内生变迁的研究。Acemoglu 的一系列论文（2002，2003a，2003b）从微观主体的行为动机出发，将偏向型技术进步理论进一步推进为“导向型技术进步”（Directed Technological Change），强调各部门利润最大化对技术的导向作用。

（三）导向型技术进步模型

核心在于，设定生产函数为不变替代弹性函数；要素增进型技术进步不等同于要素偏向型技术进步。生产要素间的替代弹性是决定技术进步要素偏向的关键。

$$Y(t)=\{\gamma_l[A_l(t)L(t)]^{\frac{\varepsilon-1}{\varepsilon}}+\gamma_z[A_z(t)Z(t)]^{\frac{\varepsilon-1}{\varepsilon}}\}^{\frac{\varepsilon}{\varepsilon-1}} \tag{4.1}$$

如果 Z 表示资本，L 表示劳动，ε 为劳动密集型产品与资本密集型产品的替代弹性。则 A_l（t）增长类似于增加了劳动投入，体现了劳动增进型技术进步，也称为哈罗德中性的技术进步；A_z（t）体现资本增进型技术进步，也称为索洛中性的技术进步。当技术进步使某一生产要素相对边际产品增加时，则称其偏向于这种要素。即$\frac{\partial(MP_z/MP_l)}{\partial(A_z/A_l)}>0$ 时，技术进步偏

向于 Z，若小于0则偏向 L。由（4.2）式可知，当 $\varepsilon>1$，两种生产要素相互替代，资本扩张型技术进步导致资本偏向型技术进步；当 $\varepsilon<1$，两种生产要素相互补充，资本扩张型技术进步反而导致劳动偏向型技术进步；当 $\varepsilon=1$，生产函数为 Cobb - Douglas 形式。

$$\frac{MP_z}{MP_l}=\frac{\gamma_z}{\gamma_l}\left(\frac{A_z\ (t)}{A_l\ (t)}\right)^{\frac{\varepsilon-1}{\varepsilon}}\left(\frac{Z\ (t)}{L\ (t)}\right)^{-\frac{1}{\varepsilon}} \tag{4.2}$$

导向型技术进步强调的是，生产厂商的利润对劳动品和资本品两部门技术、设备研发的导向作用。V_z、V_l 为两部门创新活动价值的净现值，P_z、P_l 为两部门产品的价格水平。“价格效应”“市场规模效应”影响厂商创新活动的利润及技术偏向路径。“价格效应”鼓励技术创新偏向于稀缺要素；“市场规模效应”则鼓励技术创新使用丰裕要素利用广阔的消费市场。经济均衡时，技术进步偏向取决于两种要素替代弹性的大小。

Acemoglu 等人认为：（1）资本与劳动存在互补性，因此随着资本积累，长期技术进步为劳动增进型（labor - augmenting）以及劳动偏向型的。技术研发对过去的状态依赖越大，则要素收入份额趋向于常数；（2）同时，熟练劳动者（技术工人或人力资本）与非熟练劳动者之间存在强替代关系，因此前者供给增多反而能长期引起工资溢价上升。这一观点强有力地解释了欧美国家高等教育发展对劳动力市场的影响。整个 20 世纪 70 年代，美国高等教育经历史上规模最大的一次扩张。大学生供给骤然上升使得其工资溢价在 70 年代持续下降。但是自 80 年代开始，工资溢价持续走高。这得益于长期产业间、产业内的结构调整大大增加了对人力资本的需求。熟练劳动者与资本关系愈加紧密、能强烈地替代普通工人。

（四）开放经济与技术进步的相互作用

开放经济实际上会影响一国的技术进步偏向。考虑到全球化可能会影响到不同国家研发和技术使用的类型。将偏向型技术进步理论与国际贸易理论结合，解释不同国家技术进步的方向和收入差距是另一研究方向（张俊、钟春平，2014）。

具体来说，在贸易开放的冲击下，各国较丰裕要素价格上涨，对技术进步的价格效应凸显，吸引技术偏向该要素发展。发达国家对外贸易中的资本突然变得相对稀缺；资本密集型技术可以在全球范围内获得专利收入，极可能使得其技术朝吸收更多资本要素的方向发展（Acemoglu，2002，2003）。而对于发展中国家来说，对外贸易、技术的“拿来主义”很可能使其技术进步偏离自身内生发展轨道、违背劳动较丰富的要素禀赋结构。提前采用发达国家资本密集型的技术，使得资本更加强势。

前文所述的 Heckscher – Ohlin 模型及 Stolper – Samuelson 定理讨论的是技术不变的理想情形：国际贸易通过产品价格、要素价格均等化带来的较丰裕要素收入上升。然而事实上，发达国家的产业资本、发展中国家引入的先进资本显著促进了技能偏向型技术进步。发展中国家扩张劳动密集型产品出口，本应扩张对非熟练劳动的需求且边际报酬并不下降。国际贸易、投资配合的是发达国家资本主导的比较优势，并不一定适合发展中国家的要素禀赋结构，转移资本密集型产业并非内生于其比较优势。

（五）生产函数的参数测定

近年，有关生产函数的研究中，测定各参数包括生产要素替代弹性 ε 占有十分重要的地位。对替代弹性大小的争议越来越大。熟练工人对非熟练工人间替代性非常强（$\varepsilon \gg 1$）成为共识（Angrist，1995；Card and Lemieux，2001；Acemoglu，2002），既有研究的分歧集中在资本与劳动要素的替代弹性上。

大多数学者通过测算短期数据，认为替代弹性小于 1（雷钦礼，2013）。但是根据罗长远（2009）对中国几十年长期数据的测算发现，中国的替代弹性可能大于 1。Thomas Piketty 在 *Capital in the Twenty – First Century* 呈现了大量数据。针对利润所得逐渐升高的现象，他认为资本与劳动的替代弹性实际上大于 1，否则无法解释资本迅速积累下收益颇丰的现象。而 Loukas Karabarbounis 和 Brent Neiman（2014）对劳动收入份额的全球性下跌的解释也是该弹性大于 1，愈发便宜的资本替代了劳动投入。

三　政策制度与发展战略关系分析

经济发展起步晚的发展中国家，倾向于实施带有偏向的产业政策。企图通过不平衡发展优先发展资本、技术密集的产业，以超越自身发展路径缩小与发达国家的差距。而中国作为社会主义市场经济国家，政府调控和经济制度的影响更为深远广泛。赶超发展战略，指通过扭曲产品和要素价格、以制度安排替代市场机制；提高国家调配资源的能力，突破资金短缺对发展资本密集型产业的制约，从而使产业结构达到发达国家水平的经济发展战略。

实证研究表明在发展战略的作用下，中国、印度等后发国家的市场机制受到干扰导致要素价格倒挂，收入分配扭曲加剧。赶超发展方式能通过国际贸易、外来直接投资以及技术引进产生间接影响，使得技术发展偏向于资本。国际贸易并未如期缩小中、印的要素分配差距、改善劳动者福利，反而加剧了资本的强势地位。政策人为地压低资本使用成本使得高技术发展继续依赖于或内嵌于（embedded in）资本要素的大量投入，分配时资本所有者攫取大量利润。在就业扩张时期劳动收入份额下降，说明单位报酬增速在更大程度上落后于生产效率与资本报酬的增速。中国的对外开放扩大与对内赶超发展战略超过了SS定理的效应，技术选择违背了后发国家的比较优势而偏向资本（李卓、李智娟，2014）。

发展战略和政策制度对经济的公平与效率影响巨大。顺应比较优势平衡发展抑或调度资源进行赶超，是宏观经济政策领域历久弥新的议题。1992年后中国的发展战略由注重平衡转向非平衡地赶超，既奠定了增长“奇迹”的制度基础；也极可能因为全面干预了要素价格、技术与要素的吸收配合情况（即技术的要素偏向）及产品价格，导致最终挤压了劳动收入。因为资本技术密集型产业产值高、便于征税（张全红，2010），地方政府在税收激励与政绩竞争下，争相创造宽松环境降低投资成本；常年抑制贷款利率、工资水平、环境保护费用（杨俊等，2010）；与此同时，为保障企业盈利通过一系列的税收、补贴①抬高资本品价格。简言之，在初次收入分配过程中，政策的产业偏向即开始向资本要素让渡收入分配；诱导企业加大对较稀缺要素即资本的相对投入。从而增加资本在分配中的占

① 例如，划定产业目录，给以税收优惠、土地使用费减免及各种补贴；实行低工资制度，降低环保要求；提供低成本融资贷款；为大型企业保持垄断地位提供帮助等。在一些行业和企业里，差别化所得税的制度安排一直持续到2010年之后。

比，加速资本存量积累，最终结果是倾轧劳动收入。

行业间收入差距拉大是要素收入差距加剧的主要渠道（Schwartzman，1960；Pugel，1980；Nickell，1996）。政策制度通过国有经济和垄断力量影响市场化水平，并最终影响收入分配。市场化水平越高，则劳动流动越顺畅，越有利于生产要素优化配置。非国有竞争性行业、国有垄断行业、国有竞争性行业，各自的要素回报与其贡献的偏离程度不一。林峰（2013）和张帆（2013）认为垄断行业对收入不平等有显性的贡献。

不同所有制和劳资谈判影响垄断利润转化为劳动或资本收入的比例。如果是非国有企业，且不存在劳资间谈判机制，那么垄断利润为资本所有者攫取，资本要素份额会提高甚至高于其贡献大小；相反如果是国有企业、且企业所有者“虚位”，垄断利润则转化为劳动者（包括高管）收入，劳动收入份额提高。行业收入差距过大，国有垄断行业劳动者（包括管理层）收入高于全国平均，私营企业劳动收入低于全国平均（杨兰品等，2015）。

Bentolina 和 Saint－Paul（2003）用抽象函数描述了劳动收入占比的决定方程。他们以资本深化为逻辑主线，在研究 OECD 国家要素收入份额变动时，基于理论与现实的差距，考虑了上述各主要影响因素。以 SK 曲线表述劳动收入份额 Ls 与资本产出比 K/Y 的下倾关系，其他影响因素可以分为以下 3 类：

（1）资本深化引起 Ls 在 SK 线上滑动（move along），可以用资本产出比表示，即资本存量与产出的比值；Diwan（2000）发现资本产出比对于富裕国家的劳动收入占比有促进作用、对穷国的劳动份额有反作用。

（2）使劳动收入曲线平移（shift）的因素是技术进步。他们发现全要素生产率对 OECD 国家劳动收入占比产生显著负影响，并解释为技术进步的资本增强性。Guscina（2006）同样暗含资本与劳动的替代性，用单位劳动时间或单位从业人员的 GDP 衡量技术水平，考察 18 个工业化国家的收入分配。

（3）使劳动收入占比偏离（move off）SK 线的因素林林总总。包括全球化下资本“谈判力量”的强化、经济民营化、财政支出和政府消费、人力资本和自我雇佣机会。

罗长远和张军（2009）基于这种分类方法，用抽象函数直接定义劳动收入份额：$Ls_{it} = \phi(Moveoff_{it}) * \varphi[(K/Y)_{it}, ShiftFactor_{it}]$。Bentolina 和 Saint－Paul（2003）等西方学者的研究对象为工业化国家。而罗长远和张军等国内学者侧重于对中国经济，尤其是技术进步效应和各种因素的偏离效应。

总之，劳动收入受到经济发展、贸易开放、发展战略三大类因素的影响。经济发展内涵广泛，不仅指经济总量的扩张，更侧重经济结构变迁。实际上包含技术进步资本深化、产业结构变迁、市场自由度变化等诸多因素。各因素不仅改变对生产要素的吸收能力（投入量），还改变其边际投入的产品产量与价格水平（要素单位报酬）。将既有研究中各因素的作用机制总结如下，理论框架示意图如本章图 4－3 所示。

首先，根据既有的国别实证研究，劳动收入份额随着经济发展先下降后上升而呈现 U 型形态（库兹涅茨曲线，Kuznets curve）。工业化不断推进，产业结构重心依次向二三产业转移。劳动力的跨部门转移速度慢于资本，带来劳动份额先降后升和资本份额先升后降，发展到一定水平后要素收入份额才趋于稳定（李稻葵等，2009）。本书研究的时间范畴内，中国总体向工业化中后期推进，人口城镇化率和人均 GDP 表明 2011 年后中国逐渐迈入中等收入国家行列。2013 年的统计数据表明中国大多数省市仍处在劳动收入份额 U 型曲线的下行区间及资本收入份额的上行区间。罗长远和张军（2009）运用 1987—2004 年省际面板数据发现，实际人均 GDP 每增加 1% 劳动收入份额就降低 0. 13%。

其次，技术进步和市场化水平可以改变生产要素的市场势力。不同于索洛增长模型的希克斯中性技术进步假定，技术进步既非外生也非要素中性。即通常沿着节约稀缺昂贵要素的发展方向来改变要素配置比例。发达国家资本相对丰富，技术进步通常用资本替代劳动，带来资本收入份额上升和劳动收入份额下降（Acemoglu，2003）。1972—1993 年经合组织国家技术进步对劳动份额影响显著为负（Bentolila and Saint－Paul，2003）。1960—2000 年间 18 个工业化国家的技术进步对劳动份额也有反向影响

(Guscina, 2006)。Jaumotte 和 Tytell (2007) 以信息技术设备资本占总资本比重来重新度量，发现 1982—2002 年间技术进步与劳动收入份额存在非线性关系。而发展中国家的技术进步通常是弱势偏向的，即增进吸收大量廉价劳动力（Acemoglu, 2002)。

国有企业改制和市场垄断势力增强可能是工业部门劳动份额下降的主要原因（白重恩、钱震杰，2009)。外资进入对东道国工资水平产生直接效应与“溢出效应”（邵敏、黄玖立，2010)。因为外资企业工资水平高于内资企业，所以会直接提升工人工资（Haddad and Harrison, 1993; Aitken etal. , 1996)，而“溢出效应”即其对劳动工资的外部性取决于东道国。

第三节 中国的对内赶超发展、对外开放战略的分配效应

中国等后发国家不同于西方发达国家的发展路径，而深受政府制定的发展战略影响。既有文献对“中国式发展”及其对经济平衡的影响的研究颇为丰富。分配失衡可能主要来源于对内赶超发展、对外开放制度两个方面。林毅夫（2002)、Du Julan（2013）等学者从国内赶超发展的战略出发对生产、分配、消费和出口各环节的失衡给出一以贯之的解释；张莉等（2012）研究者从外部环境出发寻找贸易条件等对国内经济的反馈机制。然而较少有研究兼顾这两个方面，本节力图以国内战略为背景，将对外贸易存在要素偏向性、要素偏向型技术进步影响要素收入水平及份额的逻辑贯通起来。

一 中国内外发展战略的确立

20 世纪 90 年代初中国的发展方式和政策制度发生明显转变（Cai, 2009; Bergsten et al. , 2009; Rodrik, 2006, 2010; Anderson, 2008)，随后的经济跃升、劳动收入趋势转变，很大程度上源于政治经济制度变革。1994 年年初我国对内赶超发展、对外全面开放的战略格局基本确立；各省

市面临的制度环境基本一致，为研究制度变迁的冲击效应提供了良好的自然实验。

（一）十一届三中全会后，注重平衡发展，劳动收入份额先上升后持平

十一届三中全会后，中国强调国民经济的均衡发展。为尽快地提高人民生活水平，改革发展以劳动密集的农业农村为重点；之后才逐步转向城市和工业，先后对应劳动收入份额的上升期和平稳期。1979 年、1980 年两年的国民经济计划突出体现了“要注意解决国民经济重大比例失调，搞好综合平衡”的要求，向地方政府颁布了发展现代农业的一系列政策措施；而对于基本建设，强调“不可一拥而上”“必须积极地而又量力地循序渐进”。分段来看，1978—1986 年，农村和城市逐步推进市场化改革，进行的经营和收入分配体制改革大大解放了生产力，这也是劳动收入提高的主要原因（Lin，1992）；1987—1995 年间，受农副产品收购价格下降和城镇通货膨胀等因素阻碍，城乡居民收入增长缓慢，劳动收入份额趋于平稳。

（二）20 世纪 90 年代初，强调赶超发展，劳动收入份额下降

1992 年后我国强调加速经济发展应成为地方政府的责任。邓小平南方讲话强调“抓住有利时机，集中精力把经济建设搞上去”“发展是硬道理”，促进经济增长成为地方政府的核心职责。GDP 成为考核地方政绩的重要依据，随后设置的中央—地方分税制度进一步刺激地方经济“做大做强”。除了“对内经济搞活”，“对外经济开放”也作为“长期的政策”贯彻推进。国际交往日益深化，中国政府顺应世界经济形势，确立了“对外开放”的基本国策和发展方略①。1993 年对外开放城市已经遍布全国所有省区，全方位对外开放新格局基本形成，我国真正迈入了改革开放的新时代。1994 年，对外开放重心从引进来转向走出去——当时的外经贸部提出并确立了“出口导向型”经济发展战略，对外贸易的角色定位从获得外汇收入变为拉动国内经济增长的重要动力。为配合战略实施，政府开始实施

① 自 1979 年国务院决定对广东、福建两省的经济活动实行特殊政策和灵活措施，我国经历了一个从沿海到内地循序渐进的开放过程。1984 年十二届三中全会首次明确了“对外开放”的基本国策，并对实践成效予以肯定。

出口累退税制，汇率经过改革长期锁定在较低水平①。物美价廉的“中国制造”打开了世界市场的大门，1994 年当年就彻底扭转了贸易收支赤字并在之后二十年保持顺差。然而贸易成就并未给劳动者带来同等的福祉，劳动收入占比反而逐年下降。

二 中国赶超发展的技术选择、分配效应

发展战略及其政策会左右技术选择及要素议价能力，在政策干预广泛的发展中国家尤为如此。

首先，内外发展战略偏向使用资本技术，导致“利润侵蚀工资”。中国的赶超战略为资本技术增强型，对资本密集产业的优待广泛地干扰了要素市场和产品市场。资本使用成本低廉导致企业加大资本投入而非吸收劳动。同时，分配环节依据要素投入及边际产出，利润颇丰。此外，我国非平衡发展思路下，城乡户籍分割日益固化“资强劳弱”格局；居民城镇化落后于人口城镇化，城镇非户籍人口的就业权利保障不完全，农民工的大量存在赋予厂商谈判的优势（张松林等，2014）。

其次，所有制改革和技术引进未能改善劳动者地位及收入水平。国有企业改制、引进民营资本和外资时，劳动者产权弱化乃至普遍缺失，分配中资本所有者占主导地位（梁泳梅，2009）；追赶思路渗透影响着产业资本投向。政府对资本密集型产业给以政策优惠，却忽视开发利用人力资本和廉价劳动力，加剧了资源错配。

再次，与对外开放相结合。资源换资金的惯用方式，通过压低劳动与环境成本招商引资。所以即便出口扩张了劳动需求，劳动报酬不一定会上涨。出口生产商及其他企业有压低工资的动机。我国工业强势农业弱势、资本强势而劳动弱势。效益好的企业在劳动市场中话语权高，即便愿意提

① 直到 2004 年、2005 年，在巨额贸易顺差的压力下，才放松汇率波动幅度、大幅下调出口退税率，但已经无法扭转贸易盈余的积累势头。2008 年全球金融危机爆发后，这两项政策再次成为重要调控手段。此外，为了给外向型经济发展创造宽松的环境，我国制造业平均工资长期维持在较低水平上。增速不仅落后于其他新兴经济体，而且远不及生产率提高速度；每年货币供给量增速高于经济增速十几个百分点，利率维持在低水平以鼓励借贷扩大生产（袁欣，2010）。这些优惠政策恰恰也符合重投资轻消费的赶超发展思路。

供高工资吸引人才和技术工人，也远低于劳动者的应得回报。其他企业竞相模仿行业标杆企业，对工资水平产生负向外溢效应。

总之，各因素对分配的净影响有待研究剥离：

一方面，考虑贸易品种类变化的实际贸易条件存在微小改善①，中国经济开放符合 SS 定理前提。我国以要素禀赋确定的竞争优势参与国际贸易且贸易条件得到改善，则贸易开放度越高越有利于改善相对丰裕要素即劳动的收入，资本收入份额随之下降；

另一方面，地方政府的赶超战略偏好扶持资本技术密集型产业，经由产品价格影响要素价格，对劳动份额有负向作用，对资本份额有正向作用。此外，对市场化水平和技术发展也可能产生重要影响。

第四节　偏向型技术进步下的收入分配模型

我们先后考虑技术内生进步下要素收入份额的平衡增长路径，以及贸易开放冲击下的收入份额变迁。最后基于理论推导，将影响因素划归为趋势因素、平移因素和偏离因素三类。用函数形式表示要素收入分配决定方程，并且用曲线表示收入份额在短期中的下倾趋势，以及在长期中技术进步、要素替代下呈现的上倾趋势。

本章理论模型的特征在于，我们同时考虑两种技术进步，即代表技术的机器设备种类数增加的横向技术进步，与质量阶梯提升的纵向技术进步。最终产品的生产函数将两种中间产品作为投入（式 4.3），其中 Y_z 为 Z 要素密集型产品，Y_l 为 L 要素密集型产品。$Z\in(K, H)$，当 Z 取 K 时，模型研究资本与劳动要素之间的收入分配；当 Z 取 H 时，则模型研究劳动力市场内部，人力资本或熟练劳动力（H）与非熟练劳动力（L）间的收入分配。在市场出清情况下，最终产品能被消费完。

$$Y=\left[Y_z^{\frac{\varepsilon-1}{\varepsilon}}+\mu Y_l^{\frac{\varepsilon-1}{\varepsilon}}\right]^{\frac{\varepsilon}{\varepsilon-1}},\ \varepsilon\in[0,+\infty) \tag{4.3}$$

① 钱学锋等（2010）基于种类变化篮子的测算方法，发现 1995—2004 年间中国的实际贸易条件大约改善了 1.36%。

其中，μ 为 Y_l 对最终产品的相对重要性，ε 为两种产品的替代弹性。两部门的生产函数分别为，

$$Y_z = \int_0^{N_z} Z^{\beta} q_{zj}^{1-\beta} x_{zj}^{1-\beta} dj, Y_l = \int_0^{N_l} L^{\beta} q_{lj}^{1-\beta} x_{lj}^{1-\beta} dj, 0 < \beta < 1 \tag{4.4}$$

N_s，$s \in (z, l)$ 表示部门 s 的技术（机器设备）的种类，q_{sj} 和 x_{sj} 分别表示 s 部门某种机器设备的质量和数量。

设 P_z、P_l 分别为两种产品的价格，w_z、w_l 分别为生产要素 Z、L 的单位报酬，p_{zj}、p_{lj} 分别为两部门第 j 种机器设备的价格。在最终产品生产利润最大化条件下，相对产品价格以及两部门的利润分别为，

$$\hat{P} = \frac{P_z}{P_l} = \frac{(\partial Y/\partial Y_z)}{(\partial Y/\partial Y_l)} = \mu^{-1}\left(\frac{Y_z}{Y_l}\right)^{-\frac{1}{\varepsilon}} \tag{4.5}$$

$$\pi_z = P_z Y_z - w_z Z - \int_0^{N_z} p_{zj} x_{zj} dj, \pi_l = P_l Y_l - w_l L - \int_0^{N_l} p_{lj} x_{lj} dj \tag{4.6}$$

（1）技术需求函数

由两部门利润最大化的一阶条件 $\frac{\partial \pi_z}{\partial x_{zj}} = 0$、$\frac{\partial \pi_l}{\partial x_{lj}} = 0$，可知对机器设备的需求函数如下，技术（设备）需求分别与两种产品的价格、要素供给正相关，与设备价格呈反相关。

$$x_{zj} = \left[\frac{P_z q_{zj}^{1-\beta}(1-\beta)}{p_{zj}}\right]^{\frac{1}{\beta}} Z, \quad x_{lj} = \left[\frac{P_l q_{lj}^{1-\beta}(1-\beta)}{p_{lj}}\right]^{\frac{1}{\beta}} L \tag{4.7}$$

（2）垄断竞争的技术研发市场

机器设备的研发市场为垄断竞争的，则其价格 p_{zj}、p_{lj} 等于制造的边际成本与（1－价格需求弹性的倒数）之比。由（1）可知机器设备的价格需求弹性为 $\frac{1}{\beta}$。为简化表达式，设机器制造的边际成本为 $(1-\beta)^2$，则其价格为 $(1-\beta)$。所以，技术（机器）需求函数为，

$$x_{zj} = [P_z q_{zj}^{1-\beta}]^{\frac{1}{\beta}} Z, \quad x_{lj} = [P_l q_{lj}^{1-\beta}]^{\frac{1}{\beta}} L \tag{4.8}$$

因此，两部门中间产品的生产函数如下所示，其中，令 $\int_0^{N_z} q_{zj}^{\frac{1-\beta}{\beta}} dj = \overline{Q_z}^{\frac{1-\beta}{\beta}} N_z$，$\int_0^{N_l} q_{lj}^{\frac{1-\beta}{\beta}} dj = \overline{Q_l}^{\frac{1-\beta}{\beta}} N_l$，$\overline{Q_s}$、$N_s$ 代表各部门的总体技术水平，前者表示当期平均的技术效率（机器质量），后者表示技术种类。

$$Y_z = \int_0^{N_z} q_{zj}^{\frac{1-\beta}{\beta}} P_z^{\frac{1-\beta}{\beta}} Z dj = P_z^{\frac{1-\beta}{\beta}} Z \overline{Q_z}^{\frac{1-\beta}{\beta}} N_z \text{ , } Y_l = \int_0^{N_l} q_{lj}^{\frac{1-\beta}{\beta}} P_l^{\frac{1-\beta}{\beta}} L dj \tag{4.9}$$

生产利润函数①对 Z 和 L 求一阶条件，可得生产要素的需求曲线，以及两种要素的相对报酬。其中 $\hat{P}$、$\hat{Q}$、$\hat{N}$ 表示两部门的相对产品价格与相对技术水平。要素相对报酬随相对产品价格 $\hat{P}$ 与相对技术水平 $\hat{Q}^{\frac{1-\beta}{\beta}}\hat{N}$ 上升而上升。

$$w_z = \beta P_z^{\frac{1}{\beta}} (\overline{Q_z}^{\frac{1-\beta}{\beta}} N_z) \text{，} w_l = \beta P_l^{\frac{1}{\beta}} (\overline{Q_l}^{\frac{1-\beta}{\beta}} N_l) \tag{4.10}$$

$$\hat{w} = \frac{w_z}{w_l} = \left(\frac{P_z}{P_l}\right)^{\frac{1}{\beta}} \left(\frac{\overline{Q_z}^{\frac{1-\beta}{\beta}} N_z}{\overline{Q_l}^{\frac{1-\beta}{\beta}} N_l}\right) = \hat{P}^{\frac{1}{\beta}} (\hat{Q}^{\frac{1-\beta}{\beta}} \hat{N}) \tag{4.11}$$

一　技术给定情形（Constant Technology）

又由 $\hat{P} = \mu^{-1}\left(\frac{Y_z}{Y_l}\right)^{-\frac{1}{\varepsilon}} = \mu^{-1}\left[\hat{P}^{\frac{1-\beta}{\beta}} (\hat{Q}^{\frac{1-\beta}{\beta}} \hat{N}) \frac{Z}{L}\right]^{-\frac{1}{\varepsilon}}$ 可解得，均衡的相对产品价格为，

$$\hat{P} = \left[\mu^{\varepsilon} (\hat{Q}^{\frac{1-\beta}{\beta}} \hat{N}) \frac{Z}{L}\right]^{\frac{-\beta}{\sigma}} \text{，} \sigma = 1 + \beta\ (\varepsilon - 1) \tag{4.12}$$

由（4.12）可得给定 $\hat{Q}$、$\hat{N}$ 时的要素相对报酬及要素相对收入份额如下，

$$\hat{w} = \left(\mu^{\varepsilon} \frac{Z}{L}\right)^{\frac{-1}{\sigma}} (\hat{Q}^{\frac{1-\beta}{\beta}} \hat{N})^{\frac{\sigma-1}{\sigma}} \tag{4.13}$$

$$\hat{S} = \hat{w} \frac{Z}{L} = \mu^{\frac{-\varepsilon}{\sigma}} \left(\frac{Z}{L}\right)^{\frac{\sigma-1}{\sigma}} (\hat{Q}^{\frac{1-\beta}{\beta}} \hat{N})^{\frac{\sigma-1}{\sigma}} \tag{4.14}$$

第一，在给定技术水平下，要素供给上升带来的价格效应必然拉低要素的单位报酬。即 Z 相对于 L 供给增加，经由 Z 产品的相对价格 $\hat{P}$ 的下降，拉低$\frac{w_z}{w_l}$。要素相对报酬与要素相对供给或某时刻的要素禀赋呈负相关，导致要素需求函数向下倾斜，体现基本供需关系。

---

① 此时，利润函数为 $\pi_z = P_z^{\frac{1}{\beta}} Z (\overline{Q_z}^{\frac{1-\beta}{\beta}} N_z) - w_z Z - \int_0^{N_z} (1-\beta)(P_z q_{zj}^{1-\beta})^{\frac{1}{\beta}} Z dj$，$\pi_l = P_l^{\frac{1}{\beta}} L (\overline{Q_l}^{\frac{1-\beta}{\beta}} N_l) - w_l L - \int_0^{N_l} (1-\beta)(P_l q_{lj}^{1-\beta})^{\frac{1}{\beta}} L dj$。

第二，静态均衡情形下，若两种生产要素相互补充，则 $\hat{w}$ 随 $\hat{Q}^{\frac{1-\beta}{\beta}}\hat{N}$ 增长而下降，技术的要素扩张不等价于技术的要素偏向（$\varepsilon<1$ 随即导致 $\sigma<1$），要素供给冲击的价格效应大于规模效应；只有当生产要素相互替代时（$\varepsilon>1$ 随即导致 $\sigma>1$），技术扩张的方向才等同于技术偏向的方向，价格效应小于规模效应。

第三，静态均衡情形下，若两种生产要素相互补充，则 $\hat{S}$ 随 $\frac{Z}{L}$ 或 $\hat{Q}^{\frac{1-\beta}{\beta}}\hat{N}$ 的升高而降低，随其走低而增长，同理要素供给冲击的价格效应大于规模效应；只有当生产要素相互替代时，$\hat{S}$ 随 $\frac{Z}{L}$ 或 $\hat{Q}^{\frac{1-\beta}{\beta}}\hat{N}$ 的升高而增长，随其走低而降低。要素供给反而引致对要素的需求（吸收）增加。

实际上，考虑长期的静态均衡，替代弹性 ε 比短期要大。技术改进、产业内结构变迁能缓慢调整，更多地吸收价格下降的生产要素。因此，Thomas Piketty（2014）与 Loukas Karabarbounis 和 Brent Neiman（2014）认为资本大量积累导致资本使用成本下降，对劳动的替代性最终导致资本所有者与劳动者收入悬殊。

二　技术内生情形（Endogenous Technology）

首先考虑技术研发的市场均衡。各种技术的研发利润为

$$\pi_{sj}=\beta（1-\beta）（P_s q_{sj}^{\frac{1-\beta}{\beta}})^{\frac{1}{\beta}}S$$

均衡情形下各种技术的研发利润应该相等，q_{sj} 都应相等因此都等于 $\overline{Q_s}$。平衡增长路径下两个研发部门满足，$\eta_z N_z^{\delta}\pi_z=\eta_l N_l^{\delta}\pi_l$，其中 η_s 为创新成本。$\delta\in(0，1)$ 为技术研发的进展对上一期依赖程度的状态参数①。将研发利润代入上式，可得，

$$\hat{N}=\left(\hat{\eta}\frac{\pi_z}{\pi_l}\right)^{-\frac{1}{\delta}}，\ \hat{\eta}=\frac{\eta_z}{\eta_l} \tag{4.15}$$

$$\hat{N}=\left(\hat{\eta}\hat{P}^{\frac{1}{\beta}}\hat{Q}^{\frac{1-\beta}{\beta}}\frac{Z}{L}\right)^{\frac{-1}{\delta}} \tag{4.16}$$

① 具体推导详见 Daron Acemoglu（2002）（25）式。

因此，相对产品价格以及相对要素报酬及收入份额可以得出。

$$\hat{P}=\left[\mu^{\varepsilon\delta}\hat{\eta}^{-1}\left(\hat{Q}^{\frac{1-\beta}{\beta}}\frac{Z}{L}\right)^{\delta-1}\right]^{\frac{\beta}{1-\sigma\delta}},\ \sigma=1+\beta\ (\varepsilon-1) \tag{4.17}$$

则，

$$\hat{N}=\left[\mu^{\varepsilon}\hat{\eta}^{\frac{\sigma}{1-\sigma\delta}}\left(\hat{Q}^{\frac{1-\beta}{\beta}}\frac{Z}{L}\right)^{\frac{\sigma+1-\sigma\delta}{1-\sigma\delta}}\right]^{\frac{-1}{1-\sigma\delta}} \tag{4.18}$$

$$\hat{w}=\mu^{\frac{-\varepsilon(1-\delta)}{1-\sigma\delta}}\hat{\eta}^{\frac{\sigma-1}{1-\sigma\delta}}\hat{Q}^{\frac{(1-\beta)(1-\delta)(\sigma-1)}{\beta(1-\sigma\delta)}}\left(\frac{Z}{L}\right)^{\frac{\sigma+\delta-2}{\sigma(1-\sigma\delta)}} \tag{4.19}$$

$$\hat{S}=\mu^{\frac{-\varepsilon(1-\delta)}{1-\sigma\delta}}\hat{\eta}^{\frac{\sigma-1}{1-\sigma\delta}}\hat{Q}^{\frac{(1-\beta)(1-\delta)(\sigma-1)}{\beta(1-\sigma\delta)}}\left(\frac{Z}{L}\right)^{\frac{(\sigma-1)[2-\delta(\sigma+1)]}{\sigma(1-\sigma\delta)}} \tag{4.20}$$

第一，前述技术不变时的情形，只要要素间相互替代（$\varepsilon>1$ 随即导致 $\sigma>1$），则 Z-密集型产品的相对价格可以随 Z 的供给冲击上升，打破传统的供求—价格关系；

第二，当要素之间为强替代弹性时，即 $\sigma+\delta-2>0$ 且（$1-\sigma\delta$）>0，相对要素报酬随 Z/L 上升而上涨，即要素需求曲线可以为上倾的（upward sloping）。

具体地，为增进理解，考虑技术研发进展对上一期状态依赖的两种极端情形（i）（ii），现实经济介于二者之间。

1. 当 $\delta=0$，研发进展完全不依赖于上一期的状态。所有变量的均衡增长路径（BGP）如下。

$$\hat{P}=\left(\hat{\eta}\hat{Q}^{\frac{1-\beta}{\beta}}\frac{Z}{L}\right)^{-\beta},\ \hat{N}=\left[\mu^{\varepsilon}\hat{\eta}^{\sigma}\left(\hat{Q}^{\frac{1-\beta}{\beta}}\frac{Z}{L}\right)^{\sigma+1}\right]^{-1} \tag{4.21}$$

$$\hat{w}=\mu^{-\varepsilon}\hat{\eta}^{\sigma-1}\hat{Q}^{(1-\beta)(\varepsilon-1)}\left(\frac{Z}{L}\right)^{\frac{\sigma-2}{\sigma}} \tag{4.22}$$

$$\hat{S}=\hat{w}\frac{Z}{L}=\mu^{-\varepsilon}\hat{\eta}^{\sigma-1}\hat{Q}^{(1-\beta)(\varepsilon-1)}\left(\frac{Z}{L}\right)^{\frac{2(\sigma-1)}{\sigma}} \tag{4.23}$$

结论：给定市场的产品偏好 μ，相对要素份额主要由研发投入 $\hat{\eta}$、生产技术 $\hat{Q}$、要素禀赋结构 $\frac{Z}{L}$ 三大因素决定，其中要素替代弹性是关键。

当 $\varepsilon>1$ 时，$\hat{S}$ 随资本的相对丰裕度（资本要素的相对供给）上升而变大，而 $\hat{w}$ 可能为上倾也可能为下倾；只有当 $\varepsilon>1+\frac{1}{\beta}$ 使得 $\sigma-2>0$ 时，$\hat{w}$

表示的要素需求曲线呈现上倾，即要素相对供给增加引致要素相对价格上升。

2. 当 $\delta=1$，技术研发进展完全依赖于上一期的状态。所有变量的平衡增长路径（Balanced Growth Path，简称为 BGP）如下，只取决于要素禀赋积累与替代弹性。

$$\hat{P}=(\mu^{\varepsilon}\eta^{-1})^{\frac{\beta}{1-\sigma}},\ \hat{N}=\left[\mu^{\varepsilon(\sigma-1)}\eta^{-\sigma}\left(\hat{Q}^{\frac{1-\beta}{\beta}}\frac{Z}{L}\right)^{-1}\right]^{\frac{1}{(\sigma-1)^2}} \tag{4.24}$$

$$\hat{w}=\eta^{-1}\left(\frac{Z}{L}\right)^{\frac{-1}{\sigma}} \tag{4.25}$$

$$\hat{S}=\hat{w}\,\frac{Z}{L}=\eta^{-1}\left(\frac{Z}{L}\right)^{\frac{\sigma-1}{\sigma}} \tag{4.26}$$

第五节　贸易开放对收入分配影响的实证研究

根据既有研究，可以构建理论模型并推导出贸易开放下的要素收入份额决定方程。假定各国存在相同的线性效用函数，对两类最终产品——劳动密集型产品 Y_l、资本密集型产品 Y_k 的消费函数如下。其中 ε 代表消费替代弹性，γ 代表 Y_l 占总消费的份额。

$$C^j=\left[\gamma\,(Y_l^j)^{\frac{\varepsilon-1}{\varepsilon}}+(1-\gamma)(Y_k^j)^{\frac{\varepsilon-1}{\varepsilon}}\right]^{\frac{\varepsilon}{\varepsilon-1}},\ for\ \forall j \tag{4.27}$$

上式对所有的国家 j 成立：当 $j=0$ 时，用 U 来代表美国等技术先进的发达国家，资本要素相对丰裕；当 $j=1$，2，3……，代表中国等发展中国家，劳动要素相对丰裕。封闭经济下，各国两类产品的相对价格如下，其中，

$$P^j=\frac{p_k^j}{p_l^j}=\left(\frac{1-\gamma}{\gamma}\right)\left(\frac{Y_k^j}{Y_l^j}\right)^{-\frac{1}{\varepsilon}} \tag{4.28}$$

两类产品的生产函数如下，其中 β 为要素替代弹性，x_k^j（i）为与资本扩张型（互补型）技术对应的中间品或机器设备，N_k 为技术（中间品、机器设备）种类，与连续扩张的 x_l^j（i）、N_l 含义同理。

$$Y_k^j=\int_0^{N_k}x_k^j\,(i)^{1-\beta}K^{j\beta}di\ ,\ Y_l^j=\int_0^{N_l}x_l^j\,(i)^{1-\beta}L^{j\beta}di \tag{4.29}$$

可得利润最大化下的中间品需求函数，其中$\chi_k^j(i)$、$\chi_l^j(i)$ 表示中间品 i 在 j 国的价格。

$$x_k^j(i)=\left[\frac{(1-\beta)P_k^j}{x_k^j(i)}\right]^{\frac{1}{\beta}}K^j,\ x_l^j(i)=\left[\frac{(1-\beta)P_l^j}{x_l^j(i)}\right]^{\frac{1}{\beta}}L^j \tag{4.30}$$

为简化计算，与 3.1 节同理，假设中间投入品价格$\chi_k^j(i)$、$\chi_l^j(i)$ 都等于（$1-\beta$），则生产函数变为下式。

$$Y_K^j=N_k\ (P_k^j)^{\frac{1-\beta}{\beta}}K^j,\ Y_l^j=N_l\ (P_l^j)^{\frac{1-\beta}{\beta}}L^j$$

则单位要素的相对收入之比如下。

$$W^j=\frac{w_k}{w_l}=\frac{P_k^jMP_k}{P_l^jMP_l}=(P^j)^{\frac{1}{\beta}}\frac{N_k}{N_l} \tag{4.31}$$

中间品利润率为 β，利润额 π 可以表示为最终产品价格和要素禀赋的函数。市场出清时中间品利润相等 $\pi_k^j(i)=\pi_l^j(i)$，由此可解出 j 国两类最终品的相对价格 P^j。

$$\pi_k^j(i)=\beta(1-\beta)x_k^j(i)=\beta(1-\beta)(P_k^j)^{\frac{1}{\beta}}K^j,$$

$$\pi_l^j(i)=\beta(1-\beta)x_l^j(i)=\beta(1-\beta)(P_l^j)^{\frac{1}{\beta}}L^j$$

$$P^j=\frac{P_k^j}{P_l^j}=\left(\frac{K^j}{L^j}\right)^{-\beta} \tag{4.32}$$

发展中国家主要引进模仿美国等发达国家研发的技术，计算可得各国的相对价格为，

$$P^j=\frac{P_k^j}{P_l^j}=\left(\frac{K^U}{L^U}\right)^{-\beta}$$

若产品市场和要素市场为完全竞争，则贸易开放前的要素相对收入份额为，

$$\frac{Capital\ share}{Labor\ share}=\left(\frac{w_k}{w_l}\right)\frac{K^j}{L^j}=\left(\frac{K^U}{L^U}\right)^{-1}\left(\frac{N_k}{N_l}\right)\left(\frac{K^j}{L^j}\right)。$$

考虑要素或产品的市场势力，又由（4.28）式可得

$$\frac{N_k}{N_l}=\left(\frac{1-\gamma}{\gamma}\right)^{\varepsilon}\left(\frac{K^U}{L^U}\right)^{1+\beta(\varepsilon-1)}\left(\frac{K^j}{L^j}\right)^{-1}$$

代入上式可得，

$$\text{Relative } Share^{\text{post-trade}} = \frac{Capitalshare}{Laborshare}$$
$$= \frac{\varphi_K}{\varphi_L}\left(\frac{1-\gamma}{\gamma}\right)^{\varepsilon}\left(\frac{K^j}{L^j}\right)^{-1}\left(\frac{K^u}{L^u}\right)^{\eta+1}\left(\frac{K^j}{L^j}\right) = \frac{\varphi_K}{\varphi_L}\left(\frac{1-\gamma}{\gamma}\right)^{\varepsilon}\left(\frac{K^u}{L^u}\right)^{\eta+1} \tag{4.33}$$

其中 φK、φL 表示要素的议价能力，体现市场势力，$\eta = \beta(\varepsilon-1)-1$。

贸易开放后，各国的产品相对价格逐渐趋于一致，即 $P^j = P^w$，相应地相对要素收入份额为，$P^j = P^w$

$$\text{Relative } Share^{\text{post-trade}} = \frac{\varphi_K}{\varphi_L}\left(\frac{1-\gamma}{\gamma}\right)^{\varepsilon}\left(\frac{K^w}{L^w}\right)^{-1}\left(\frac{K^u}{L^u}\right)^{\eta+1}\left(\frac{K^j}{L^j}\right) \tag{4.34}$$

其中 K^w、L^w 代表世界整体的要素禀赋。对于某个发展中国家 j 来说，$\frac{K^w}{L^w} > \frac{K^j}{L^j}$带来 Relative Share 下降，即贸易开放促进劳动收入份额上升。通过分解，可以发现要素收入份额变动来源于 3 个方面——要素的市场势力 $\frac{\varphi K}{\varphi L}$、技术进步偏向$\left(\frac{1-\gamma}{\gamma}\right)^{\varepsilon}\left(\frac{K^w}{L^w}\right)^{-1}\left(\frac{K^u}{L^u}\right)^{\eta+1}$、生产中要素投入组合$\left(\frac{K^j}{L^j}\right)$。

因此，贸易一方面可以改变一国的要素投入组合，另一方面也可以引致偏向性技术进步。而赶超战略及经济发展、所有制改革主要经由要素的议价能力和偏向性技术进步来产生影响。直接引进发达国家资本密集的先进技术，带来资本收入份额的上升，并不符合发展中国家的要素禀赋。

综上所述，我们可以参考 Bentolina 和 Saint - Paul（2003）的分类思想，将要素收入份额的决定因素分为三类。与其不同的是，我们侧重研究要素供给（当前禀赋结构）与相对收入份额的关系，用人均资本存量而非资本产出比反映资本深化和面对的禀赋条件。根据本章的理论推导，要素收入份额决定方程（＊）以及图示如下。

$$\hat{S}_{it} = \phi(Moveoff_{it}) * \phi[(K/L)^j_{it}, (K/L)^{us}_{it}, ShiftFactor_{it}] \tag{*}$$

1）不考虑技术变迁时，（资本相对于劳动的）要素相对收入份额对本国要素供给（资本存量/劳动）呈下倾趋势。这一趋势包括三层含义，（i）可以表示技术水平相同时，由要素禀赋导致的收入分配跨国异质性；（ii）短期国内资本或劳动力供给抑制解除、流动性增加时，收入分配变动；（iii）开放度提高时，资本流入对发展中国家分配的影响。要素供给冲击在方程表示为$(K/L)^j_{it}$，$(K/L)^{us}_{it}$。

2）随着技术内生变动，资本存量累积带来投资成本下降；再加上生产结构调整空间（弹性）变大带来要素替代性更大，使得资本替代劳动投入。(i) 技术进步下，收入曲线逐渐从 S1 平移到 S2；(ii) 单个经济体的分配格局随时间变动，则呈现上倾趋势（长期趋势）。技术进步即为方程中的 $ShiftFactor_{it}$。

3）考虑现实中各种因素一定程度上扭曲实际收入分配使其偏离 S 曲线。包括居民消费偏好、市场化水平、生产要素谈判能力、政策制度干预等。这些因素表示为方程中的 $Moveoff_{it}$。

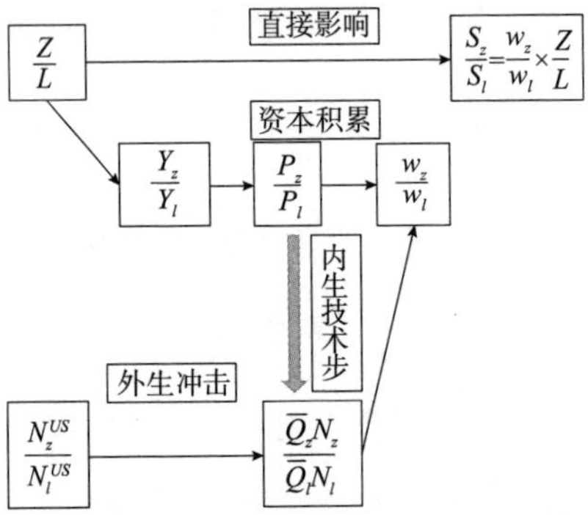

图 4－4　各要素分配效应机制图示

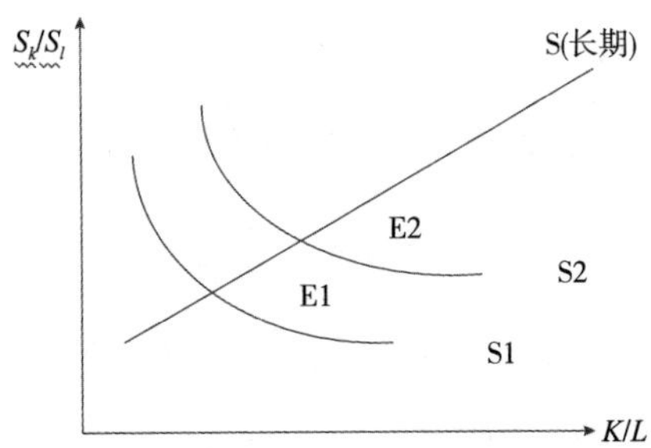

图 4－5　要素收入占比曲线

一　分配效应的实证检验

根据图 4－4 表示的各因素分配效应的作用机制，本章整理各方面的变量。检验资本深化过程中要素禀赋变迁等经济发展过程、对外开放、对内发展战略这三大类因素的分配效应。

（一）变量选取与数据描述

国民收入在初次分配中划分为劳动者报酬（居民部门所得）、生产税净额（政府部门所得）、营业盈余和固定资产折旧（即资本报酬，企业部门所得）①。劳动收入份额有两种衡量方法，一是用劳动收入比上国内生产总值，另一种是用劳动收入比上劳动与资本收入之和。由于我国税收总额

① 为简洁起见，下文将劳动收入份额（labor income share）、资本收入份额（capital income share）简称为劳动份额、资本份额，相应地政府部门收入占比称为政府份额。

不断上升，为了真实体现要素份额，采用第一种衡量方法。劳动收入份额表示为 $Laborsh_{it}$，资本收入份额表示为 $Capitalsh_{it}$，其余部分为政府所得记为 $Govshare_{it}$。所有变量的下标 it 表示 i 省 t 年的数据。

最核心的因素来自要素禀赋结构的变迁，人均资本存量与经济增长相互推进，是最重要的供给条件。各省资本存量以 1952 年为基期，单位为万元人民币。使用两种方法度量要素相对供给的变量。一方面，用资本存量与就业人口之比 KL_ratio_{it}，表示劳动者人均占有的资本存量；另一方面，为了调整劳动者质量随时间提升，将就业人口与受教育年限相乘，计算各省劳动者的总受教育年数，统一度量高技术劳动者与普通劳动者。同样用各省资本存量除以这个总受教育年数，用 Kl_ ratio 来表示。KL_ ratio、Kl_ ratio体现各省两种生产要素的相对丰裕度，毫无疑问 KL_ ratio 随经济增长上升，而 Kl_ ratio 上升则说明资本积累比劳动者素质提升（简单有效劳动增加）还要快，如图 4－6 所示。

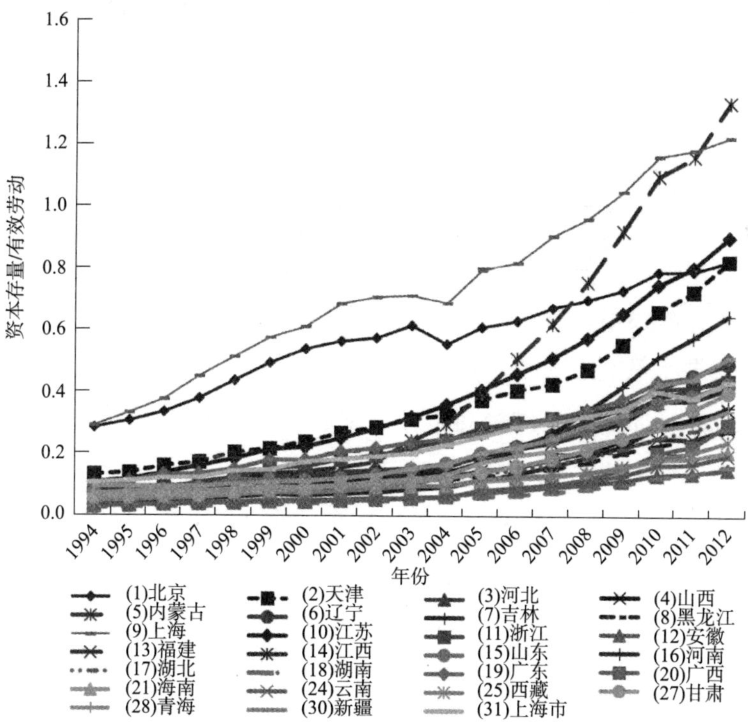

图 4－6　1994—2012 年各省每单位简单有效劳动占有的资本存量（Kl_ ratio）

资料来源：历年《中国统计年鉴》。

对外开放战略涵义广泛，涉及国际贸易、国际投资与国际金融各方面。国际直接投资存在促进或替代贸易的两种可能，国际金融对要素供给及其议价能力影响较为复杂；本章侧重考察贸易的收入分配效应，经济开放程度用贸易开放度来衡量。将进出口总额占国民生产总值的比重记为 $Open_{it}$。发展战略 $Strategy_{it}$ 可以采用技术选择指数（technology choice index，简称 TCI）度量。TCI 定义为某一部门或产业的要素密集度（生产投入的资本劳动比）与要素禀赋（经济体拥有的资本劳动比）的比率（林毅夫，2002）。通过衡量产业结构对资本要素的偏向，反映出经济发展政策的赶超程度。

$$TCI = \frac{K_i/L_i}{K/L}$$

基于可获取的数据，考虑两种计算方法。将高技术产业①的技术选择指数记为 TCI^1，等于人均高技术产业生产总值（高技术产业生产总值/高技术产业从业人员）与人均 GDP（GDP/总从业人数）的比率。将工业技术选择指数记为 TCI^2，等于人均工业增加值（工业增加值/工业企业从业人数）比上人均国内生产总值。TCI 的值越大，反映地方政府越偏向扶持资本和技术产业。一系列优惠政策通过降低要素投入成本、税负，提升产品资本技术密集型产品价格，有助于提高该产业生产总值和工业生产增加值；同时抑制对非熟练工人的需求，最终导致 TCI 变大。

经济水平用实际人均国民生产总值 $Ragdp_{it}$ 来代表，以 1994 年为基期，单位为万元人民币。考虑可能存在“库兹涅茨曲线”——收入分配公平性与经济发展水平的非线性关系（U 型），加入人均 GDP 的平方项 $Ragdp_{it}^2$。预期 $Laborsh_{it}$ 对 $Ragdp_{it}$ 和 $Ragdp_{it}^2$ 进行回归，系数分别为负和正。

用第二产业或工业增加值在国民收入中的占比表示产业结构、工业化发展水平 $Indus_{it}$。用高技术产业年均从业人数表示高技术水平，单位为万人，记为 $Tech_{it}$；取对数后表示高技术水平进步速度，记为 $Techln_{it}$。市场化程度同样涵义广泛，本节从所有制结构即国有经济控制力体现的市场自由度考虑。工业总产值中剔除国有控股工业企业产值后的份额表示非国有

① 高技术产业是国家统计局定义的产业分类之一，指国民经济行业中研究开发投入强度（R&D 经费支出占主营业务收入的比重）相对较高的制造业行业。

化水平，记为 $Nonsoe_{it}$。出口结构可由总出口贸易额中高技术产品占比反映，将其记为 Exbias；取对数后反映出口结构变动，将其记为 Exbiasln。

如前文所述，中国持续不断地扩大对外开放的层次和水平。1994 年我国正式确立并深化对外贸易发展战略及市场化改革。故选取 1994—2014 年省级行政区的面板数据，实证研究分析要素收入分配的决定机制。考虑数据的完整性和准确性，未纳入西藏和青海的数据；且未纳入四川、重庆各自或加总的数据。$Laborsh_{it}$ 和 $Capitalsh_{it}$ 来自历年《中国统计年鉴》按收入法计算的地方国内生产总值项目。TCI_{it}^1 和 TCI_{it}^2 由中国经济信息网数据库、中国经济社会发展统计数据库和《中国高技术产业统计年鉴》整理得到。$Open_{it}$、$Tech_{it}$、$Indus_{it}$、$Nonsoe_{it}$、$Heavyindus_{it}$、$Exbias_{it}$ 的数据来自中经网数据库和中国经济社会发展统计数据库。变量的描述性统计摘要如表 4 -2。

表 4 -2　　各变量数据统计摘要

变量	含义	平均值	标准差	最小值	最大值	样本数
Laborsh	劳动收入份额	0. 4941	0. 0829	0. 3145	0. 7023	513
Capitalsh	资本收入份额	0. 3656	0. 0718	0. 1703	0. 5294	513
Govshare	政府收入占比	0. 1430	0. 0315	0. 0643	0. 2662	513
KL_ ratio	劳动者人均资本存量	1. 9682	2. 6867	0. 0291	18. 5352	513
K_ lratio	简单有效劳动人均资本存量	0. 2222	0. 2623	0. 0054	1. 7400	513
TCI^1	高技术产业技术选择指数	11. 1767	4. 6796	2. 7483	31. 0384	513
TCI^2	工业技术选择指数	4. 5155	2. 4936	1. 1756	12. 4909	513
Open	贸易开放度	0. 3405	0. 42923	0. 0316	2. 3275	513
Ragdp	人均国内生产总值	1. 2036	1. 0272	0. 1527	6. 2291	513
Indus	第二产业比重	0. 4631	0. 0770	0. 1976	0. 6150	513
Tech	高技术从业人数	23. 1234	46. 2842	0. 3279	384. 2156	513
Techln	高技术进步	4. 9904	0. 5843	3. 5157	6. 5846	513
Nonsoe	非国有经济占比	0. 5287	0. 2052	0. 1012	0. 9059	513
Heavyindus	工业重化程度	0. 6665	0. 1798	0. 0020	1. 7199	513
Exbias	出口中高技术产品占比	0. 0683	0. 0683	0. 0002	0. 4113	513
Exbiasln	出口结构变动	-1. 4174	0. 5430	-3. 6489	-0. 3859	513

注：数据摘编自 1994—2013 年《中国统计年鉴》和中国经济与社会发展统计数据库。

（二）时间、个体固定效应检验

首先，使用最小二乘虚拟变量模型法（Least Square Dummy Variable Model，LSDV）检验面板数据是否存在个体效应。使用主要变量对劳动要素份额进行回归，由于R平方达到0.71，变量整体的解释性较好。表4－3使用KL_ ratio回归，省级虚拟变量多数显著不为0，则认为存在个体固定效应，而不应该使用混合回归。带入K_ lratio进行回归，该变量系数增大10倍；其余各变量显著性及系数有微小的改善，说明影响十分稳定。再使用双向固定效应回归检验时间固定效应。年度虚拟变量大多数显著；且F（18，26）＝52.00、Prob＞F＝0.0000表明所有年度虚拟变量联合显著，强烈拒绝无时间效应的原假设。

表4－3　LSDV模型对劳动收入份额回归（使用KL_ ratio）

劳动收入份额	系数.	标准误	t值	P>t
KL_ ratio	-0.0042	0.0027	-1.5500	0.1380
rategy2	-0.0141	0.0040	-3.5700	0.0020
GDPRagdp	-0.0470	0.0115	-4.0900	0.0010
Ragdp2	0.0077	0.0019	3.9900	0.0010
Indus	-0.4480	0.0557	-8.0500	0.0000
Open	-0.0365	0.0155	-2.3600	0.0300
Exbias	-0.0992	0.0631	-1.5700	0.1330
HeavyIndus	-0.0002	0.0293	-0.0100	0.9960
Techln	0.0232	0.0253	0.9200	0.3720
Nonsoe	-0.0424	0.0415	-1.0200	0.3210
_ Iprovince_ 2	0.0101	0.0217	0.4600	0.6490
_ Iprovince_ 3	0.0744	0.0163	4.5800	0.0000
_ Iprovince_ 4	0.0007	0.0231	0.0300	0.9770
_ Iprovince_ 5	0.0684	0.0260	2.6300	0.0170
_ Iprovince_ 6	0.0095	0.0149	0.6400	0.5310
_ Iprovince_ 7	0.0345	0.0212	1.6200	0.1220
_ Iprovince_ 8	-0.0147	0.0174	-0.8500	0.4080
_ Iprovince_ 9	-0.0403	0.0128	-3.1500	0.0060

续表

劳动收入份额	系数.	标准误	t 值	P > t
_ Iprovince_ 10	0. 0414	0. 0228	1. 8100	0. 0860
_ Iprovince_ 11	0. 0192	0. 0226	0. 8500	0. 4050
_ Iprovince_ 12	0. 0676	0. 0218	3. 1000	0. 0060
_ Iprovince_ 13	0. 0548	0. 0202	2. 7100	0. 0140
_ Iprovince_ 14	0. 0631	0. 0179	3. 5200	0. 0020
_ Iprovince_ 15	-0. 0053	0. 0181	-0. 2900	0. 7740
_ Iprovince_ 16	0. 1228	0. 0197	6. 2400	0. 0000
_ Iprovince_ 17	0. 0607	0. 0180	3. 3700	0. 0030
_ Iprovince_ 18	0. 0918	0. 0192	4. 7900	0. 0000
_ Iprovince_ 19	0. 0604	0. 0178	3. 3900	0. 0030
_ Iprovince_ 20	0. 1526	0. 0207	7. 3700	0. 0000
_ Iprovince_ 21	0. 0116	0. 0384	0. 3000	0. 7660
_ Iprovince_ 24	0. 1076	0. 0239	4. 4900	0. 0000
_ Iprovince_ 25	0. 0634	0. 0403	1. 5700	0. 1330
_ Iprovince_ 27	0. 0391	0. 0167	2. 3300	0. 0310
_ Iprovince_ 28	0. 0384	0. 0255	1. 5000	0. 1500
_ Iprovince_ 30	0. 1086	0. 0401	2. 7100	0. 0140
_ Iprovince_ 31	0. 0807	0. 0438	1. 8400	0. 0820
_ cons	0. 6880	0. 1167	5. 8900	0. 0000

随后，在随机效应回归后使用 Breusch and Pagan 乘子检验。结果强烈拒绝同方差的原假设，说明随机效应（random effect，RE）回归比混合回归更适宜。最后，考虑所有解释变量，使用聚类稳健下的 Hausman 检验。结果为 chi2(13) =32. 49、Prob > chi2 =0. 0020，强烈拒绝原假设，表明固定效应回归比随机效应回归更适宜。

因此，使用聚类稳健下的固定效应模型，将各主要影响因素对劳动、资本收入份额进行回归。可见资本积累对劳动收入份额有显著的负影响，对资本收入份额的正向影响不显著。经济水平对收入分配确实存在“库兹涅茨”效应。而值得思考的是，工业化进程和贸易开放度对劳动收入有显著的负效应，显著地有利于资本收入提高，有违经典国际贸易理论，在下文实证回归中进行细致分析。

表 4 -4　　劳动收入份额的主要影响因素（固定效应）

劳动收入份额	系数.	标准误	t 值	P > t
K_ lratio	-0. 08488	0. 051698	-1. 64	0. 113
GDPRagdp	-0. 06131	0. 014538	-4. 22	0. 000
Ragdp2	0. 011171	0. 002779	4. 02	0. 000
Indus	-0. 50927	0. 116666	-4. 37	0. 000
Open	-0. 03228	0. 016525	-1. 95	0. 062
_ cons	0. 805635	0. 048419	16. 64	0. 000
corr（u_ i，Xb）= -0. 1992				
Rho = 0. 34028697（fraction of variance due to u_ i）				

表 4 -5　　资本收入份额的主要影响因素（固定效应）

资本收入份额	系数.	标准误	t 值	P > t
K_ lratio	0. 063098	0. 055901	1. 13	0. 269
GDPRagdp	0. 039358	0. 017823	2. 21	0. 036
Ragdp2	-0. 00752	0. 003404	-2. 21	0. 036
Indus	0. 444411	0. 1256	3. 54	0. 002
Open	0. 039524	0. 017589	2. 25	0. 033
_ cons	0. 103732	0. 049754	2. 08	0. 047
corr（u_ i，Xb）= -0. 2427				
Rho = 0. 22620443（fraction of variance due to u_ i）				

（三）固定效应下的面板回归

我们构造回归方程（4. 35）和（4. 36），旨在考虑对内对外发展战略、经济发展水平、产业结构这三大关键作用渠道的影响，同时控制技术进步和非国有化水平等因素，μ_i表示各省潜在的个体特征。为考察各因素对劳动收入份额、资本收入份额作用的具体机制，分别对其回归①。

① 当然也可以契合理论模型将 Laborsh/Capitalsh 作为被解释变量，探究劳资分配差距的综合形成机制，回归结果本质上与表 4 -6、表 4 -7、表 4 -8 一致。

$$Laborsh_{it} = \beta_0 + \beta_1 Strategy_{it} + \beta_2 Open_{it} + \beta_3 Ragdp_{it} + \beta_4 Ragdp_{it}^2 + \beta_5 Techln_{it} + \beta_6 Tech_{it} + \beta_7 Indus_{it} + \beta_8 Nonsoe_{it} + \beta_9 Exbias_{it} + \beta_{10} Exbiasln_{it} + \text{Dummy}_t + u_{it} + \varepsilon_{it} \tag{4.35}$$

$$Capitalsh_{it} = \beta_0 + \beta_1 Strategy_{it} + \beta_2 Open_{it} + \beta_3 Ragdp_{it} + \beta_4 Ragdp_{it}^2 + \beta_5 Techln_{it} + \beta_6 Tech_{it} + \beta_7 Indus_{it} + \beta_8 Nonsoe_{it} + \beta_9 Exbias_{it} + \beta_{10} Exbiasln_{it} + \text{Dummy}_t + u_{it} + \varepsilon_{it} \tag{4.36}$$

其中，$Dummy_t$代表劳动份额统计口径的虚拟变量，当 t = {2004，2005，2006，2007，2008} 时，$Dummy_t = 1$，否则取0，以排除这5年中统计口径缩窄的影响。2004—2008年，各地区按收入法核算GDP的口径不同于之前、之后的年份。2004年之后不再对农业计算营业盈余；城镇个体业主收入从计入劳动报酬变为营业盈余。

以省级为单位对所有指标进行聚类分析下的Hausman检验，使用TCI^1、TCI^2分别得到chi2（11）=55.84及chi2（11）=52.16，远高于临界值0.00，拒绝随机效应的原假设，即面板回归应考虑各省的固定效应。

（四）发展战略回归结果

将TCI^1和TCI^2代入方程进行固定效应下的面板回归。逐个剔除最不显著的变量，得到整体拟合较优的模型，表4－6、表4－7、表4－8报告了回归结果。

表4－6　内外发展战略与要素收入份额：高技术产业技术选择指数（TCI^1）

TCI^1	$Laborsh_{it}$	$Laborsh_{it}$	$Capitalsh_{it}$	$Capitalsh_{it}$
$Strategy_{it}$	−0.0024 (0.130)	−0.0029* (0.053)	0.0034** (0.021)	0.0036** (0.020)
$Open_{it}$	−0.0431* (0.054)	−0.0401* (0.057)	0.0465* (0.062)	0.0481** (0.047)
$Ragdp_{it}$	−0.0680*** (0.000)	−0.0653*** (0.000)	0.0368* (0.056)	0.0350* (0.074)
$Ragdp_{it}^2$	0.0085*** (0.000)	0.0081*** (0.001)	−0.0043 (0.139)	−0.0040 (0.177)
$Indus_{it}$	−0.6212*** (0.000)	−0.6078*** (0.000)	0.5636*** (0.000)	0.5481*** (0.000)

续表

TCI^1	$Laborsh_{it}$	$Laborsh_{it}$	$Capitalsh_{it}$	$Capitalsh_{it}$
$Nonsoe_{it}$	0.0215 (0.566)		-0.0280 (0.459)	
$Techln_{it}$	0.1158** (0.016)	0.1000*** (0.009)	-0.1056* (0.052)	-0.1046** (0.018)
$Tech_{it}$	-0.0002** (0.030)	-0.0003*** (0.007)	0.0004** (0.015)	0.0004*** (0.000)
Exbias	-0.0034 (0.967)		0.0335 (0.776)	
Exbiasln	-0.0133 (0.457)		0.0009 (0.974)	
Dummy	0.0230*** (0.000)	0.0206** (0.011)	-0.0271*** (0.000)	-0.0241*** (0.003)
截距项	0.2764 (0.228)	0.3817** (0.024)	0.5569** (0.050)	0.5426*** (0.009)
corr（u_ i，Xb） 相应的 F 检验	-0.2534 F（11，26） =35.85	-0.1772 F（8，26） =46.35	-0.3337 F（11，26） =16.67	-0.3019 F（8，26） =21.68
Within R^2	0.4876	0.4843	0.3869	0.3850

注：（1）分别代入 TCI^1 到方程（4.35）（4.36）进行回归，并逐步剔除掉最不显著变量 Exbias、Nonsoe、Exbiasln；（2）圆括号内为 p 值或相应检验的 F 值；（3）*，**，***分别表示在 10%、5% 和 1% 水平上显著；（4）按四舍五入保留小数点后四位，下表同理。

表 4-7　内外发展战略与劳动要素收入份额：工业技术选择指数（TCI^2）

TCI^2	$Laborsh_{it}$	$Laborsh_{it}$	$Laborsh_{it}$	$Laborsh_{it}$	$Laborsh_{it}$
$Strategy_{it}$	-0.0148*** (0.009)	-0.0143*** (0.006)	-0.0145*** (0.007)	-0.0172*** (0.000)	-0.01644*** (0.000)
$Open_{it}$	-0.0486* (0.053)	-0.0498** (0.043)	-0.0457* (0.057)	-0.0414* (0.076)	-0.0398* (0.071)
$Ragdp_{it}$	-0.0515*** (0.002)	-0.0542*** (0.002)	-0.0559*** (0.001)	-0.0499*** (0.001)	-0.0535*** (0.000)
$Ragdp_{it}^2$	0.0072*** (0.002)	0.0075*** (0.002)	0.0078*** (0.001)	0.0074*** (0.002)	0.0077*** (0.001)
$Indus_{it}$	-0.4845*** (0.000)	-0.4930*** (0.000)	-0.4836*** (0.000)	-0.4468*** (0.000)	-0.4426*** (0.000)

续表

TCI^2	$Laborsh_{it}$	$Laborsh_{it}$	$Laborsh_{it}$	$Laborsh_{it}$	$Laborsh_{it}$
$Nonsoe_{it}$	-0.0163 (0.699)				
$Techln_{it}$	0.0726 (0.130)	0.0702 (0.138)	0.0459 (0.261)	-0.0001 (0.206)	
$Tech_{it}$	-0.0002* (0.051)	-0.0002** (0.018)	-0.0002** (0.033)		
Exbias	-0.0355 (0.698)				
Exbiasln	-0.0179 (0.248)	-0.0204 (0.118)			
Dummy	0.0208*** (0.001)	0.0219*** (0.002)	0.0201*** (0.006)	0.0188*** (0.009)	0.0186*** (0.009)
截距项	0.4694** (0.049)	0.4712** (0.045)	0.6171*** (0.003)	0.8319*** (0.000)	0.8270*** (0.000)
corr（u_ i，Xb）的 F 检验	-0.1371 F（11，26）=42.30	-0.1126 F（9，26）=41.22	-0.0598 F（8，26）=44.23	-0.1141 F（7，26）=46.65	-0.0601 F（6，26）=27.48
Within R^2	0.5115	0.5109	0.5045	0.5010	0.4994

注：（1）各列为分别代入 TCI^2 到方程（4.35）进行回归并逐步剔除最不显著变量的结果；（2）圆括号内为 p 值；（3）*，**，***分别表示在 10%、5% 和 1% 水平上显著。

表 4-8　内外发展战略与资本要素收入份额：工业技术选择指数（TCI^2）

TCI^2	$Capitalsh_{it}$	$Capitalsh_{it}$	$Capitalsh_{it}$	$Capitalsh_{it}$	$Capitalsh_{it}$	$Capitalsh_{it}$
$Strategy_{it}$	0.0158** (0.018)	0.0159** (0.018)	0.0155** (0.012)	0.0156** (0.013)	0.0186*** (0.000)	0.0171*** (0.000)
$Open_{it}$	0.0546* (0.055)	0.0516* (0.064)	0.0512* (0.068)	0.0552** (0.049)	0.0505* (0.064)	0.0474** (0.047)
$Ragdp_{it}$	0.0229 (0.216)	0.0223 (0.226)	0.0239 (0.209)	0.0273 (0.152)	0.0207 (0.166)	0.0275** (0.051)
$Ragdp_{it}^2$	-0.0034 (0.183)	-0.0034 (0.187)	-0.0036 (0.193)	-0.0040 (0.147)	-0.0036 (0.173)	-0.0041* (0.107)
$Indus_{it}$	0.4150*** (0.002)	0.4152*** (0.002)	0.4237*** (0.001)	0.4125*** (0.001)	0.3722*** (0.001)	0.3642*** (0.001)
$Nonsoe_{it}$	0.0130 (0.772)	0.0132 (0.769)				

续表

TCI^2	$Capitalsh_{it}$	$Capitalsh_{it}$	$Capitalsh_{it}$	$Capitalsh_{it}$	$Capitalsh_{it}$	$Capitalsh_{it}$
$Techln_{it}$	-0.0701 (0.264)	-0.0661 (0.250)	-0.0652 (0.249)	-0.0503 (0.350)		
$Tech_{it}$	0.0003 ** (0.033)	0.0003 ** (0.014)	0.0003 ** (0.015)	0.0003 *** (0.007)	0.0002 ** (0.047)	
Exbias	0.0776 (0.554)	0.1190 (0.282)	0.1174 (0.287)			
Exbiasln	0.0078 (0.773)					
Dummy	-0.0235 *** (0.001)	-0.0234 *** (0.001)	-0.0246 *** (0.001)	-0.0227 *** (0.004)	-0.0213 *** (0.007)	-0.0208 *** (0.008)
截距项	0.4119 (0.202)	0.3801 (0.167)	0.3795 (0.160)	0.3122 (0.221)	0.0769 * (0.096)	0.0862 * (0.053)
corr（u_ i, Xb）相应的F检验	-0.4147 F（11, 26）=16.52	-0.4205 F（10, 26）=16.42	-0.4149 F（9, 26）=16.95	-0.3593 F（8, 26）=26.53	-0.4322 F（7, 26）=18.56	-0.3420 F（6, 26）=19.26
Within R^2	0.4131	0.4124	0.4121	0.4084	0.4034	0.3963

注：(1) 各列为分别代入 TCI^2 到方程（4.36）进行回归并逐步剔除最不显著变量的结果；(2) 圆括号内为 p 值；(3) *，**，*** 分别表示在 10%、5% 和 1% 水平上显著。(4) 剔除 Exbiasln，Exbias 的 p 值明显变小但仍不显著；随后剔除 Nonsoe，Ragdp 及其平方仍不显著；再剔除 Exbias、Techln，优度有改善 Ragdp 及其平方 p 值下降，虽然仍不显著但接近 85% 的显著性水平。尝试剔除 Tech，corr（u_ i，Xb）下降，Ragdp 及其平方陡然变得显著，说明经济发展水平可能作为偏向型技术的中间渠道作用于资本收入份额。

表 4-6、表 4-7、表 4-8 的结果表明对内对外发展战略、经济发展水平、产业结构三类关键因素影响都比较显著，且符号符合预期。相较于高技术产业技术选择指数 TCI^1，工业技术选择指数 TCI^2 能提升模型整体拟合优度——方程（4.35）中 corr（μ_i，x）的绝对值明显下降，残差与自变量的相关性大大降低。此时 Strategy 和 Open 等变量更加显著，影响也更大（系数绝对值更大）；而其他指标的显著性或系数绝对值皆相应下降。这可能源于 TCI^2 采用的是产业增加值而非总产值，剔除了生产环节间的重复计算因而更能反映真实经济活动，因此后续实证分析以 TCI^2 为主。

具体来看，“库兹涅茨”经济事实亦适合描述中国近二十年的发展。从人均 GDP 及其平方项的系数符号可以看出，劳动收入份额、资本收入份额与经济发展水平基本呈 U 型、倒 U 型。产业结构指标 Indus 系数显著为负，说明进入工业化中后期阶段经济活动对劳动份额有向下的作用。第二产业增加值占比每上升 1 个单位，劳动份额会减少 0.4426 个单位，资本份额上升 0.3642 个单位。

使用 TCI^2 时高技术进步 Techln 对劳动份额、资本份额的解释不够显著。高技术水平 Tech 对资本份额始终保持正的显著影响。高技术从业人数增加，竟然提升资本份额而拉低劳动所得。这似乎表明中国高技术进步是资本增强型的，高技术的引进伴随着资本对非熟练劳动的替代。Nonsoe 完全不显著，不同于舆论的猜想——所有制改革不是收入差距扩大的来源之一。在不控制赶超战略因素时 Nonsoe 显著，说明所有制构成仅作为赶超战略的中间机制存在。

在理论预期之内，无论使用哪一个 TCI 指数，赶超战略和对外开放战略对劳动份额影响均为负，对资本份额影响均为正。目前看来，SS 定理发挥的作用机制在要素市场势力的干扰下发生了扭曲。在控制赶超战略对技术进步偏向性的影响后，贸易开放作用也十分显著，其对国内经济确实造成了影响。

（五）稳健性检验

基于稳健性考虑，使用不同的回归方法或工具变量进行回归。

将工业重化指标 Heavyindus 作为赶超战略 Strategy 代入回归。回归结果表明三类关键机制保持了之前的显著性水平——国内外发展战略、经济发展水平、产业结构仍然是最主要的作用渠道，且 Strategy 系数增大。工业重化指标能够揭示赶超战略的产业导向，并非所有的国家及地区在经济起飞阶段会选择以重工业为依托，重化工业企业、大规模企业因为更容易征税而受到中国地方政府青睐（Du Julan，Hongsheng Fang，and Xiangrong Jin，2013）。此外，使用变截距（LSDV）模型、两步回归等其他估计方法，关键变量的符号保持一致，实证结论比较稳健。

表 4－9　　　　　　主要解释变量的变截距回归结果

Laborsh	系数	标准误	z	P > z
GDPRagdp	－0. 20638	0. 052797	－3. 91	0
Ragdp2	0. 08363	0. 027818	3. 01	0. 003
Indus	－0. 26749	0. 205325	－1. 3	0. 193
Open	－0. 4019	0. 138139	－2. 91	0. 004
_ cons	0. 782988	0. 081129	9. 65	0
系数一致性检验：chi2 （130） = 1923. 61， Prob > chi2 = 0. 0000				

使用 LSDV 模型对主要因素进行分析。发现各省的解释变量影响大小存在异质性，即各变量影响存在非线性性。在第四节中使用面板平滑转化模型对这种非线性性进一步分析。

表 4－10　　　　工具变量法回归（Heavyindus 作为战略变量）

Laborsh	系数	标准误	z	P > z
Strategy2	－0. 01084	0. 004549	－2. 38	0. 017
KL_ ratio	－0. 00597	0. 002939	－2. 03	0. 042
GDPRagdp	－0. 05428	0. 009457	－5. 74	0
Ragdp2	0. 009377	0. 001929	4. 86	0
Indus	－0. 47466	0. 06702	－7. 08	0
Open	－0. 0365	0. 015973	－2. 29	0. 022
Instrumented：Strategy2 Included instruments：KL_ ratio GDPRagdp Ragdp2 Indus Open Excluded instruments：HeavyIndus				
Sargan statistic （overidentification test of all instruments）：0. 000 （equation exactly identified）				

将重工业化指数作为工具变量进行回归，结果如上表，且通过了过度识别检验。技术选择指数 2002 年由林毅夫提出，很好地反映了实际生产中要素配置与当前要素禀赋的偏离程度。因而作为赶超战略指标广泛地应用于实证研究，当然包括要素收入分配领域。而工业重化程度 Heavyindus 展现各地工业化发展思路的产业指向，同样有利于揭示赶超战略的本意与程度。并非所有的国家及地区在经济起飞阶段会选择以重工业为依托。亚洲"四小龙"、拉美经济体以及我国改革开放初期，进行的是工业内部的产业

升级，发展重点从资源开发型逐步过渡到初级轻工业再到重化工业。所以工业是否快速重化，与经济发展水平、第二产业占比（Indus）并不存在必然的联系，主要体现的是制度导向。重化工业企业、大规模企业因为更容易征税而受到中国地方政府青睐（Du Julan et al. 2013）。

（六）固定效应下面板回归结果分析

1990 年代以来，对内对外政策方针对经济的促进作用明显，解决了国内大量人口的就业问题。但劳动收入份额不增反减，单位劳动收入水平之低可想而知。注重增长速度的资本技术偏向型赶超发展长期侵蚀着劳动报酬；经济发展水平和产业结构演进短期内亦对劳动收入份额带来下行压力。具体而言：

首先，经济发展和工业化进程不可避免地继续给劳动者报酬带来下行压力。过去二十年和将来一段时间内我国产业重心转移、工业化深入推进，对生产要素的吸收能力有别。确实给劳动收入带来下行压力，符合理论预期。过多的农业剩余劳动力进一步加重了劳动跨部门转移负担。农业生产率不断上升而土地供给有限，大量进城务工农民因技术有限而只能进入劳动密集型产业。“70 后”（1970 年代生人）农民工只有极少数能向高级技工乃至管理层转化，绝大部分滞留为非熟练工人，工资整体停留在低水平。

其次，内外发展战略偏向增强使用资本技术，侵蚀了劳动报酬。中国实行资本技术增强型赶超战略，不仅加大资本投入，还保障资本盈利。地方政府竞相让利，对资本密集型产业的各种优待全面干扰了要素价格和产品价格，资本使用成本降低引致企业加大而非节约资本投入；劳动需求相对压缩，供过于求加剧，议价能力更加微弱。而分配时则参照要素投入份额，资本回报丰厚。非平衡发展思路下的城乡户籍分割使得国内资强劳弱格局日益固化。居民城镇化远落后于人口城镇化，城镇非户籍人口的就业权利得不到充分保障；农民工的大量供给赋予厂商谈判优势，其有能力通过非全职雇佣、缩减福利保障来降低工资成本（张松林、孙文远、程瑶，2014）。

再次，所有制改革和技术创新未能切实关注劳动者地位及利益改善。

市场化改革和技术引进在赶超发展的作用下也偏向资本。国有企业改制，以及引进民营、外资时，由于我国企业产权制度不完善，劳动者产权普遍缺失或弱化，分配中资本所有者占主导（梁泳梅，2009）；赶超发展思路也能渗透影响技术发展方向和非国有资本的产业投向。地方官员倾向于建立或引进规模大产值高的重化工业，对资本密集型产业给以政策优惠；而忽视了对大量廉价劳动力的开发利用，加剧资源错配。

南北贸易和发达国家间贸易显著促进了技能偏向性技术进步，其效应甚至大于劳动禀赋结构的影响。技术进步本应内生于要素价格即要素相对丰裕程度，但发展战略会干扰市场机制甚至使要素价格倒挂。要素的相对价格本应诱导技术进步偏向丰裕要素（Acemoglu，2002），中国应沿着吸收劳动、扩大就业的方向包容性发展。然而“拿来”的先进技术确实偏向于资本，人为压低资本使用成本使得高技术发展进一步依赖于（即内嵌于，imbedded in）资本要素的大量投入①。

二　非线性机制：PSTR 模型

依据既有文献，一个经济体的要素收入份额由经济发展水平、产业结构、市场化水平决定；对外开放程度有利于发展中国家缩小国内收入差距；而资本偏向型的赶超发展路线则很有可能加剧收入不均。不同省份间发展战略的差别很大，而且战略政策随时间变化。因此，各因素对要素收入份额可能存在非线性影响。

面板平滑转化模型（PSTR，Panel Smooth Transition Regression）能同时解决数据的截面异质性及时间异质性的影响。按赶超程度不同，可以分为高、低状态的两种机制。而且，对于赶超程度变化的个体，避免了根据某些指标事前将分类固定下来的弊端。相较于 Hansen（1999）提出的 PTR（面板门槛回归）模型，PSTR 模型允许机制转换平滑即存在连续的中间状态，更贴合经济实际。而且相较于既有的 PSTR 模型（Gilert Colletaz，

---

① 吕朝凤和黄梅波（2012）发现中国工业化发展战略带来偏向性技术冲击，造成实际经济的大部分波动。雷钦礼（2013）发现 1995 年以后，我国全要素生产率提高远落后于经济增长，经济增长主要依靠要素投入推动。

Christophe Hurlin，2005），设定基本的要素收入份额决定模型，μ_i 为个体固定效应，ε_{it}为误差项。面板的时间长度为 T，个体数为 N。

$$Laborsh_{it}=\mu_i+\beta_1 Ragdp_{it}+\beta_2 Ragdp_{it}^{\ 2}+\beta_3 Open_{it}+\beta_4 Indus_{it}+\beta_5 Techln_{it}+\beta_6 Nonsoe_{it}+\beta_7 Exbias_{it}+\beta_8 Exbiasln_{it}+\varepsilon_{it} \tag{4.37}$$

将发展战略 $Strategy_{it}$视为影响分配机制的外生变量，将模型拓展为非线性面板数据平滑转化模型。转换函数 $g(Strategy_{it};\ \gamma,\ c)$ 是观察对象 $Strategy_{it}$的连续函数，且取值标准化为 0 到 1 之间，对应第 j 个解释变量的系数取值为 β_{j0}到 $\beta_{j0}+\beta_{j1}$之间。即第 t 年第 i 个个体的 $Strategy_{it}$的值决定 $g(Strategy_{it};\ \gamma,\ c)$ 取值，从而决定回归系数 $\beta_{j0}+\beta_{j1}g(Strategy_{it};\ \gamma,\ c)$ 的大小。

$$\begin{aligned}Laborsh_{it}=\mu_i+[&\beta_{10}Ragdp_{it}+\beta_{20}Ragdp_{it}^{\ 2}+\beta_{30}Open_{it}+\beta_{40}Indus_{it}+\beta_{50}Techln_{it}+\\&\beta_{60}Nonsoe_{it}+\beta_{70}Exbias_{it}+\beta_{80}Exbiasln_{it}]+g\ (Strategy_{it};\ \gamma,\ c)\\&[\beta_{11}Ragdp_{it}+\beta_{21}Ragdp_{it}^{\ 2}+\beta_{31}Open_{it}+\beta_{41}Indus_{it}+\beta_{51}Techln_{it}+\\&\beta_{61}Nonsoe_{it}+\beta_{71}Exbias_{it}+\beta_{81}Exbiasln_{it}]+u_{it}+\varepsilon_{it}\end{aligned}$$

根据 Gonzalez，Andres et la.（2005），使用逻辑函数设定转换函数。其中一系列 c_j 为转换发生的参数，γ 为转换速度参数。

$$g(Strategy_{it};\gamma,c)\ =\ \left[1+\exp(-\gamma\prod_{j=1}^{m}(Strategy_{it}-c_j))\right]^{-1},\gamma>0,c_1\leqslant c_2\leqslant\cdots\leqslant c_m$$

应用 PSTR 模型分下列三个步骤：检验模型的非线性；确定转换变量及模型参数估计；最后进行稳健性检验。

（一）非线性检验

非线性检验的原假设为 H_{01}：$\gamma_1=0$ 或 H_{02}：$\gamma_2=0$ 或 H_{03}：$\gamma_3=0\cdots$分别表示第 1 个、第 2 个、第 3 个解释变量等对被解释变量只有线性影响。对模型在 $\gamma_1=0$，$\gamma_2=0$ 和 $\gamma_3=0\cdots\cdots$处进行一阶泰勒展开，得到辅助回归模型。检验第 j 个变量的多次项系数都为 0，等同于检验 $\gamma_j=0$。检验的统计量 $LM=\dfrac{TN\ (RSS_0-RSS_1)}{RSS_0}$，$LMF=\dfrac{(SSR_0-SSR_1)/K}{SSR_0/(TN-N-K)}$。其中，$K$ 为解释变量个数，

RSS_0 为原假设约束下的残差平方和，RSS_1 为拒绝原假设时的残差平方和。原假设下 LM 检验统计量服从$\chi^2(K)$ 分布。LMF 检验统计量服从 F(K，$TN-N-K$) 的分布。

(二) 确定转换变量，参数估计

对位置参数、转换速度的确定可采用网格搜索法、模拟退火法。本节采用网格搜索法找到参数初始值，随后用非线性最小二乘估计得到最后估计值。

(三) PSTR 结果分析

1. 首先，进行非线性检验

门槛变量个数用 r 统计，原假设为 H_0：回归方程为线性模型；H_1：PSTR 模型存在至少一个门槛变量（$r=1$）。Wald 检验、拉格朗日乘数检验（LMF）以及似然比检验（LRT）统计量如表 4-11 所示。Wald 统计量是先对无约束模型得到参数的估计值，再带入约束条件是否成立；LRT 统计量则分别计算有约束和无约束条件下的参数估计值，再计算二者的对数似然函数是否足够接近；LM 统计量则考察约束条件的拉格朗日乘子是否为零。因为如果假设约束条件成立，那么这个约束条件应该对我们的估计没有影响。各检验结果强烈拒绝原假设，说明模型只有一个门槛变量。

表 4-11　　　　非线性检验

检验方法	统计量	pvalue
Wald Tests (LM)	W = 62.0075	1.88E-10
Fisher Tests (LMF)	F = 8.2151	1.92E-10
LRT Tests (LRT)	LRT = 66.0873	2.94E-11

注：H0：Linear Model；H1：PSTR model with at least one Threshold Variable（r = 1）.

2. 然后，检验是否存在剩余的非线性性

检验中可以同时确定机制个数即门槛变量个数及其状态转换次数。

初始状态下假设只有一个门槛变量（$r=1$）、两种极端状态（$m=1$），则确定初始的转换速度及位置参数 c 为（γ，c）=(0.5，7.5476)。此时不收敛，说明如果使用PTR模型进行估计，至少有一个位置参数落在其估计范围外。而PTR模型估计的位置参数范围为1.7546到7.8229之间。

再以 $r=1$ 为原假设，$r=2$ 为备择假设进行非线性检验。Wald检验、拉格朗日乘数检验（LMF）以及似然比检验（LRT）统计量如下表所示。结合LMF统计显著性，在给定 $r\leq2$，$m=1$ 时，门槛变量的最优个数为一个（$r=1$）。

表4-12　是否存在其他非线性的检验

检验方法	统计量	pvalue
Wald Tests（LM）	W = 16.35774	0.0375
Fisher Tests（LMF）	F = 1.902092	0.0578
LRT Tests（LRT）	LRT = 16.62421	0.0343

注：H0：PSTR with r = 1；H1：PSTR with at least r = 2.

3. 模型参数估计

在 $r=1$，m = 1时，进行初始估计得到（γ，c）=（0.4043306，8.308505）。同样至少有一个位置参数估计值在PTR模型估计的范畴外。根据赤池信息量（AIC）、贝叶斯信息量（BIC），当前模型变量的个数及其变换是合适的。最终估计中（γ，c）=（0.4043，8.3086）。当 $Strategy_{it}<8.308561$ 时，赶超战略处于低状态，回归系数揭示各因素对劳动收入份额的净影响；当 $Strategy_{it}>8.308561$ 时，赶超战略处于高状态，各因素的收入分配效应受到政策干扰。大部分省市位于低状态中，而安徽、广西、贵州、云南四个省自1999年左右开始基本位于高状态中。

表4-13　$r=1$，$m=1$ 时参数初始估计

RSS = 0.9360075	Convergence = 0
AIC = −6.198492	BIC = −6.04971
$\gamma=0.4043218$	$c=8.308561$

赶超战略在两种极端状态下的回归系数如下（表4-14），过渡时期宏观经济对收入分配的影响是二者的加权。纠正异方差后转换速度的标准差，以及相应的纠正后的 t 值如下（表4-15）所示。结果表明经济自身

发展水平、产业结构、贸易开放战略这三类关键因素影响显著且符号大多符合预期；各省异质性以及时间变迁，赶超程度不同对经济演化的体制造成冲击，在高状态的极端情况下，因素影响的总方向（符号）甚至发生逆转。

表 4－14　　高低两种状态下回归系数估计

解释变量	系数 β_{j0}	系数 β_{j1}
Ragdp	－0. 107154	0. 0364878
Ragdp^2	0. 0076507	0. 1031183
Open	－0. 0540786	0. 1609836
Indus	－0. 3977413	0. 0183878
Techln	0. 0238045	－0. 0251311
Nonsoe	－0. 0051673	－0. 4239137
Indusbias	0. 013503	0. 0050651
Exbias	0. 2349099	－1. 2292525

表 4－15　　转换速度的标准差以及回归系数的 *t* 值

变量	低状态（*t* 值）	高状态（*t* 值）
Ragdp	0. 011661 (－9. 1889)	0. 08218 (0. 443998)
Ragdp^2	0. 002165 (3. 533307)	0. 035624 (2. 894652)
Open	0. 022078 (－2. 44946)	0. 234109 (0. 687643)
Indus	0. 076574 (－5. 19419)	0. 342643 (0. 053665)
Techln	0. 020285 (1. 173509)	0. 041868 (－0. 60024)
Nonsoe	0. 035394 (－0. 1459957)	0. 129863 (－3. 26432)
Indusbias	0. 027309 (0. 494456)	0. 148549 (0. 034097)
Exbias	0. 092774 (2. 532062)	0. 410258 (－2. 99629)

注：在纠正异方差基础上估计出了转换速度的标准差，随后在该标准差基础上计算出 *t* 值。

三 结论及政策建议

首先，与既有研究以及上一节固定效应下的面板回归结果一致，经济发展水平对劳动收入份额存在“U 型”效应。无论是在高低状态还是中间状态，人均国民生产总值上升短期内给劳动收入带来下行压力，但终将起到拉升作用。无论在何种状态下，Indus 反映的工业化持续，则对劳动收入起到不利作用。与资本以及相应技术对劳动的替代相关，工业化程度越高，利润“侵蚀”工资的现象越严重，当然这是经济发展自身的路径，并非人为政策导致的。第二产业的最终下降趋势以及第三产业同时上升，生产供给侧对劳动力的吸收能力提升，才是包容性发展、普惠性发展的重点。

其次，对于高技术发展来说，赶超发展思路扭曲了技术内生发展。在低状态下，高技术人员 Techln 增加和高技术产业占比 Indusbias 有利于劳动收入，说明技术进步至少是劳动扩张的甚至劳动偏向型的，即有利于提高劳动投入对生产的贡献及其单位报酬；但是，在赶超发展的高状态下，高技术人员增加反而不利于劳动增收，甚至使其总效应为负。高技术人员与资本技术高度密集的产业相配套，因此急功近利的引进发展高技术是偏向资本要素的，违背了我国要素禀赋结构内生出的技术进步路径。

第三，所有制改革在发展思路高度赶超的状态下反而加剧收入差距。低状态下，非国有经济占比扩大对劳动收入存在微小的负面影响。如前文所述，可能来源于民营企业、外资企业、混合所有制经济中，劳动报酬的政策性负担较小，资本要素和利润分配相对于劳动力和工资更强势。但在赶超发展的高状态下，Nonsoe 对劳动收入明显呈副作用。说明市场自由化过程中，高强度的资本产业偏向型政策措施主要使资本所有者、企业家受惠，分配过程中企业并不能像国有企业那样同步改善劳动者福利。政策优惠带来的收入主要流向企业家、资金供给方，不利于居民收入提升，可能存在很大的无谓损失。

第四，可以很明显地发现赶超战略对于贸易的福利效应的扭曲。在发展战略赶超程度较低时，高技术产品出口占比 Exbias 越高，由于这种出口结构内生于我国要素禀赋，因此劳动收入受惠，有利于缩小初次收入分配差距；但在赶超程度较高时，高技术产品出口占比 Exbias 越高，则越发拉低劳动收入。由于出口结构可能很大程度上来自于国内有偏向的产业激励措施，例如对高技术产业不适宜的补贴，因此违背了我国比较优势和国际竞争力，要素价格向世界水平靠拢和劳动报酬改善的效应并不会发生。

最后，安徽、广西、贵州、云南四个省长期位于赶超发展的高状态中，不利于收入差距缩小。大多数省市位于较低的赶超发展状态中，经济演进自身的路径如第三产业扩大（产业结构提升）和高技术出口比率逐渐提升（出口结构优化），都有利于要素收入公平，并最终导致居民间收入公平。长期位于赶超发展的四个省，工业的要素密集度大大超越了自身要素供给结构，将使得收入差距进一步恶化。而发展思路存在很强的路径依赖，短期内很难改变。

总体而言，资本深化对劳动收入相当不利。要想对抗这种全球趋势，我国必须减轻偏向性政策干预。让技术发展吸收更多的劳动，同时降低对不适宜产业的补贴，减轻出口结构扭曲对劳动地位的压制作用。

控制其他机制后，对外贸易扩大仍然不利于劳动收入份额及水平。贸易开放度每上升 1 个百分点，则劳动收入份额会下降 0.0398 个百分点，资本收入份额上升 0.0505 个百分点。国际贸易并没有如期缩小中国的劳资分配差距、增进劳动者福利，反而进一步强化了资本的地位。在劳动需求扩张的背景下劳动收入份额下降，反映单位劳动报酬增速更大程度地落后于经济效率和资本报酬的增长。经济开放中劳动者受惠有限并不能说明“Stolper – Samuelson”定理在中国失灵。症结在于中国的出口产品受国际资本牵制，引进的先进技术更偏重资本，不符合自身由要素禀赋决定的比较优势。

对外贸易扩张增加了对劳动力的需求，但劳动扩张型（labor – augmenting）增长并不等于劳动偏向型（labor – biased）发展。即劳动投入的扩张并不等于其边际收入相对于资本上升。违背比较优势的进出口结构利用并固化了资强劳弱的要素格局。加工贸易为主的进出口结构和城乡户籍分割等制度藩篱不利于生产要素的良性开发，大大削弱了劳动者的议价能力。

地理历史条件使得中国等发展中国家拥有大量劳动力，而资本相对稀缺。20 世纪末大量进城务工农民要求的保留工资稍高于务农收入但远低于城市工人工资及自身边际产出①。世界范围内农产品贸易壁垒削减，发达国家大机器规模化生产的粮农产品物美价廉，对传统农业国家形成巨大冲击。世界市场上农产品价格趋于一致并保持在较低水平，这意味着我国农民增收困难，农民工能索取到的保留工资下限也被迫锁定在低位。主观角度来看，国内赶超发展带来的制度扭曲进一步加剧了要素市场失灵，拉大了分配差距。

国际贸易扩大本应使我国非熟练工人工资得到改善，但出口结构受国际产业链分工牵制，违背了经典贸易理论预期。SS 定理预期资本和劳动要素在各国内进行生产配置，发展中国家劳动密集型产品出口扩张，非熟练劳动力需求扩大且边际报酬并不会下降。而当代社会，发达国家的先进资本在世界范围内取得强势地位，在全球寻找最便宜的劳动要素；将产业链中的低端环节转移到发展中国家，与其非熟练劳动力结合起来。后发国家惯用资源换资金的方式，通过压低劳动、环境成本招商引资，所以即使出口扩张增加了劳动需求，劳动报酬并不一定会上涨。在当前环境下，出口厂商及其他制造企业有进一步压低工资的动机。国内工业强农业弱、资本强劳动弱，经营效益好的企业在劳动市场中的地位非常强势。即使其愿意提供“高”工资吸引人才和熟练工人，也远远低于工人应得报酬。其他企业以此为支付标杆争相模仿，变相挤压劳动报酬，对劳动带来负向外溢效应。

以加工贸易为主的进出口结构看似符合中国劳动力丰富的比较优势，但很大程度上在“为他人做嫁衣”。产业发展和技术进步内生于要素禀赋决定的比较优势，并通过资本积累使比较优势动态变化，牵引产业结构向资本技术密集度更高的环节升级。以加工贸易为目的的外来投资和技术引进只注重开发廉价劳动力，前端设计环节和后端营销环节拿走产业链中的绝大部分利润。虽然客观上有助于东道国资本积累，但其资本报酬及人均

① 农民种田赚不到钱，只要进城务工的收入尚可，就愿意接受辛苦繁重、竞争激烈、收入远低于创造价值的工种。

资本存量水平与发达国家相去甚远。先进生产力和先进资本在世界市场上很容易取得占优地位，国际产业转移符合发达国家的比较优势；提前植入某些产业可能并不符合发展中国家的内生发展轨迹，东道国贡献大量劳动力和资源环境而资本积累有限。

长远的危害在于，加工出口的贸易模式经由要素市场扭曲使得产业模式固化，发展中国家易落入“比较优势陷阱”。中国有生产劳动密集型制成品的成本“优势”，加上资本积累不足，生产难以朝高端环节转化而停留在加工组装环节。一旦国际资本将加工出口产业转移到东南亚和非洲，我国就会面临产业失势的危险。在推行出口导向和贸易自由化过程中，发展中国家劳动收入份额整体下降。只有亚洲“四小龙”成为改善收入分配差距，成功实现产业升级的“模范生”。所以，加工贸易只能作为发展的权宜之计而不能持续推进。

总之，国际贸易对要素收入的作用并未失灵。根本原因在于对内发展战略和扩大对外贸易没有及时调整，扭曲了要素市场、产品市场、出口结构。分配差距持续扩大极易招致经济结构失衡和社会矛盾，只有扭转这一趋势才能走上持久发展和共同富裕的轨道。

劳动收入份额处于历史低位的背景下，追求公平摆在了经济发展的首位。改善劳动收入和劳动者地位不仅有利于居民收入倍增，消费潜力释放，转变为内需拉动型的可持续增长模式，还关乎一代人的幸福和尊严问题。经济发展和产业结构转移带来的压力不可避免，但最终会因为达到更高的经济水平而自行消解。关键在于改变求大求快的思维，注重各产业协调发展，破除制度藩篱，从根本上解放生产力。首先，疏解经济体制中阻碍生产力发展障碍。通过破除城乡户籍限制、推进混合所有制，加速劳动自由流动，让市场在资源配置中起决定性作用。其次，放开管控让要素价格回归正常，推进技术进步沿着劳动增强型方向实现包容性发展。同时，各级政府还可以通过发展高职高专教育提高劳动者技能，加速就业人员的跨部门转移。

第五章　金融深化对中国产业转型、贸易提质的影响

在全面建设社会主义现代化国家的实践中，金融深化是产业、贸易高质量发展的有力保障。本章对金融体系的作用机制、支撑举措进行了细致梳理。

第一节　金融深化与经济发展相互作用的文献梳理

1912 年，熊彼特（Schumpeter）在《经济发展理论》这本书中第一次提出了创新理论，该理论阐述了创新与经济发展之间的关系。其观点认为经济发展的核心是金融机构要满足企业特别是新兴企业的信贷需求，此外还认为银行要能够识别并找出具有实现产品创新和生产过程创新能力的企业家，对其提供资金上的支持与帮助，从而推动经济与技术的发展。此后，有关金融与经济两者之间关系的研究发展出许多经典理论。

一　金融发展与经济增长的经典理论研究

（一）金融发展与经济增长不存在相互作用

对于金融发展与经济增长不存在相互作用这一点，古典经济学派就提出了货币中性和信用媒介论，随着时间的推移，部分经济学家就认识到了货币对于经济增长有非常大的影响，如瑞典经济学家威克塞尔（K. Wicksell）虽然认同货币的重要性，但认为当经济良好增长，就要减少货币对其良好发展的不良影响。再比如弗里德曼（Friedman），他认为货币只能在短期内发挥其重要性，但是长期内其供给量的变化只会使物价上下波动，对于实

际的产出没有太多影响。新古典学派的学者也认为两者并无太多关系，罗伯特·卢卡斯（Robert Lucas）从理性的角度分析认为在货币量变化前，理性人就会改变了自己的行为以适应其变化，所以使实际产出和就业情况上不会发生过多的变动。

（二）金融发展与经济增长之间相互推动

在金融发展与经济增长之间相互推动这一方面，早在1970年代，欠发达国家金融问题便被R. I. Mckinnon（1973）和E. S. Shaw（1973）所研究。他们认为这些国家有着非常严重的金融约束和金融压抑现象，使得金融市场和资本市场不完全。这些现象的存在使得国家整个金融汇集能力大幅度降低，金融发展受到严重的制约。于是他们便提出了著名的金融浅化理论和金融自由化理论。

当时传统经济学家认为发展中国家之所以发展缓慢，是因为资本的匮乏。这些国家若想得到发展，就要积极引进外资，提高储蓄率，从而使资本快速积累。R. I. Mckinnon（1973）和E. S. Shaw（1973）一改这一观点，认为发展中国家的贫困原因不是缺少资本，而是由于金融抑制和金融约束导致了金融市场扭曲，筹集资金的成本增高，资本利用率低下，阻碍了经济的良好发展。因此他们主张发展中国家可以用金融自由化的方法，减少政府的干预，放松对利率和汇率的管制，确立市场机制的作用，来解决经济建设资金不足的问题。

除此之外，还有学者认为金融发展对经济增长具有重要引领作用。如Patrick（1966，1996）曾对有关发展中国家农村经济与农村金融的问题进行研究，他提出了金融与经济两者存在需求遵从模式（demand - following）与供给引领模式（supply - leading）的观点。所谓需求遵从是指经济增长会导致个人、企业、政府等经济主体对金融资本与金融服务的需求增长，需求增长后会促进金融市场与金融体系的完善。反过来，体系的完善又会促进资本与服务的需求增加；供给引领是指金融资本供给与服务供给是先于其需求的，只有供给方面得到保证（如金融机构数量增加，资产与服务变得多元化），供给才会刺激需求的增长，从而快速完成资本汇集，带动农村经济与金融体系的良好发展。

1966 年，Patrick 提出金融与增长之间的关系可能会随着时间而变化的观点。在农村发展的初期，金融发展与经济增长的关系主要是供给引领型的。因为农村金融市场不发达，金融体系不完善，金融供给量无法满足发展所需，这会严重制约农村经济的发展。但是当经济发展进入成熟阶段，金融发展与经济增长的关系变为需求遵从型的，经济增长将会引发对更多金融服务的需求。所以他认为发展中国家在发展早期应选择“供给引领型金融模式”，当经济发展到一定程度时，供给不足不再是制约经济发展的瓶颈，此时应该转为需求遵从型，通过市场的供求关系来配置金融资源。

在 Patrick 的理论中，金融发展与经济增长两者之间是相互推动的。但是金融发展究竟如何影响经济，其传导机制是什么，却存在许多争论。有学者认为金融发展通过影响资本积累从而影响经济增长。如 Beck Thorsten 和 Ross Levine 等（2000，2007）的研究结果显示：以私人部门信贷比率、商业银行资产比率和流动性负债比率度量的金融中介发展对经济增长、全要素生产率的增长具有显著影响。在这三个经济指标对经济增长的影响中，私人部门信贷比率和流动性比率对资本积累的影响欠缺稳健性，而商业银行资产比率对资本积累具有显著、稳健和正的影响。因此，商业银行相对于中央银行显得越重要，对资本积累就越有利，从而能够促进经济增长。

有学者认为金融发展通过影响收入不均从而影响经济增长。Beck Thorsten 等（2007）的研究发现：金融发展导致了平均意义上的实际人均收入的增长，但是也导致贫困人口收入的增加。根据他们的样本，他们发现金融发展对收入最低的 20% 人口的收入的影响中，有 60% 来自总量经济的增长，另外 40% 来自收入不平衡的降低。因此，如果收入不均不利于经济增长，那么金融发展有助于降低收入不均等的作用就会促进经济增长。这是金融发展促进经济增长的一个与众不同的渠道。

还有学者认为金融发展通过去杠杆从而影响经济增长。潘敏、袁歌骋（2018）的研究结果表明金融机构会通过筹集新资本、减少信贷供给等方式来降杠杆，这就会导致金融市场上的资产价格发生变化，从而给企业带来融资上的困难，进而对整个产业或者整个国家的宏观经济产生不利影响。

二　基于中国产业和地区发展的细致研究

国内理论研究起步较晚，机制的量化研究深度相对不足。然而，通过借鉴学习国外既有相关理论研究成果，国内学者结合中国具体经济情况，也进行了从宏观、产业中观到企业微观的分类研究，得到许多细致的结论。

（一）金融发展对经济整体的促进作用

宾国强（1999）研究了当时改革开放以来金融深化与经济增长的实证分析，以实际利率为切入点，高的实际利率和金融深化促进了我国的经济增长，但太高的利率会打击投资者的积极性，反而会减少利率，认为我国应该对实际利率和通货膨胀的作为调控目标，使经济稳健增长。史永东（2003）通过实证分析得出我国经济增长与金融发展在格兰杰意义上存在双向因果关系。他还发现供给引领的情况符合不发达国家的实际情况，需求遵从符合发达国家实际情况。袁云峰等（2007）认为我国金融发展与经济增长有着负面效应并且有明显的时期与区域特征；他研究了我国金融发展的资源配置效率，发现证券市场的发展优化完善了东部和中部地区，对西部地区，其显著效果较弱。

（二）金融发展对各产业领域的影响

总体上，金融的发展对于中国经济整体水平有促进作用，那金融发展对各领域的经济产业又有着怎样的影响？卫平、李江（2015）认为金融创新和工业增长两者之间是有双向因果关系的，金融创新是会促进工业经济的，不过其促进作用具有时滞性，对其影响也呈波动态势。修国义、许童童（2016）通过商业性金融支持、资本市场金融支持、政策金融支持和风险投资金融支持四个不同的角度，探讨金融发展方式对该产业的支持程度及发展影响，最后得出应从风险投资市场和资本市场两方面去切入，加大这两方面的扶持力度，从而使装备制造业在其发展过程中取得更好金融支持。

（三）金融约束制约民营经济增长

在我国现有的制度条件下，民营经济成为我国多种所有制经济的重要组成部分，同时也是中国经济增长的重要推动力量，但是民营经济在发展当中遇到的最大困难就是融资难、融资贵。民营企业常常遭遇市场信息不对称、自身的信用不足、抵押品不足等问题，所以若要使其良好发展，必定离不开金融的扶持。余力和孙碧澄（2013）认为资本市场严格准入等金融约束政策的出台使得民营企业融资困难，难以汇集资本投资成长。因此，受到金融约束民营经济会难以发展自身，从而影响了国家整体经济增长。该学者也认为提高基准利率，发展表外业务有助于发展民营企业固定资产投资，促进经济增长。

三　不同类型金融结构的经济增长效应

对于金融发展与经济增长的关系，许多国内外学者虽未形成共识，莫衷一是，但大多学者都认为金融对经济的增长是有促进作用的。但是针对什么金融结构才是适宜的这个议题，大致形成三种论断。

（一）不同发展阶段适合不同的金融结构

Aghion（2005）认为在经济发展的初始阶段，其金融体系的结构主要以间接融资为主导，当经济发展到成熟阶段，就会转变为以直接融资为主要结构的金融体系。Bolbol 等（2005）研究了埃及 1974—2002 年金融结构及其对全要素生产率的关系，然后通过将银行和基于市场的金融指标与人均收入和私人净资源流动这两个有利因素进行交互，模拟金融发展对全要素生产率的影响。结果表明银行指标对全要素生产率有负面影响，除非它们与人均收入的门槛水平相关联，而基于市场的指标的影响则因私人净资源流动得到积极加强。

（二）直接融资主导的金融体系更有优势

该观点认为以股票或债券等直接融资的方式相较于间接融资的方式对经济增长起到更大的作用，James（2009）认为股票市场的良好发展能够推动企业资金的汇集，可以促进企业的技术创新和整个产业的转型升级，从而促进经济增长。Mork（1999）研究发现银行会偏向保护现有资金的存贷状态和维持现有产业格局，并不支持企业的技术创新，因为这样打破银行可以获得相对稳定的利息收入的格局。范学俊（2006）通过对中国1992—2004年季度数据的检验中国经济发展与金融发展之间的关系时发现，虽然银行系统与股票市场两者都对经济增长有正的影响，但股票市场的影响大于银行部门，因此扩大股票市场在中国的发展对其经济的可持续发展有重要意义。

（三）间接融资主导的金融体系更有优势

该观点认为银行部门在市场资源配置和市场风险管理等方面有巨大的优势，在经济发展初期，银行系统是提供金融支持的主要力量，对经济增长起到重要推动作用。Cheng 等（2010）利用中国 27 个省份的面板数据，研究两种不同类型的金融机构——银行和非银行金融机构，发现银行系统对当地经济增长具有统计学意义，在经济上也更为明显。

第二节　金融深化对产业转型的“供给促进效应”

如第一节所述，Patrick（1966，1996）提出“需求遵从”（demand - following）和“供给引领”（supply - leading）理论。“需求遵从”理论指出经济增长会要求金融体系提供更多的金融资本和金融服务，同时也要求整个产业结构与经济结构要不断优化与完善，相关的企业技术创新和政府制度不断出台，以满足更为多元化的金融需求。“供给引领”理论指出金融结构升级会降低融资成本，提供融资渠道或选择更为多样化的金融服务，这有助于产业结构的转型和经济结构的升级。

一　金融深化对产业转型的传导机制

金融是经济发展的核心，对资本市场的资本形成和资本要素的配置起决定性作用，金融深化对转型的影响作用主要体现在这两方面——资本形成和资本要素配置。

（一）资本形成机制

资本是助推地方经济发展和产业结构优化升级的关键所在，良好的资本形成机制能够支撑区域产业结构优化升级。金融信息渠道通过如下机制促进投融资业务更为高效地办理：在经济发展过程中，金融发展通过金融机构内在的信用机制吸收存款并通过贷款转换为产业资本，流动速度对产业结构升级的作用甚至关乎企业存亡。

金融资本和产业资本相互融合转换，有效的金融资产可以准确反映市场产业资本的经营现状和供求稀缺程度，更好地实现产业资本的市场化流动。企业在生产过程中不断调整资本生产要素与各要素的配置比例，影响到产业层面的技术更新和效率提升。

在经济发展的不同时期，产业资本流向和影响呈现阶段性特点（李文艳、吴书胜，2016）。在农业经济发展时期，金融机构通过推出农业贷款、建立农产品交易市场等，加快资本积累并逐渐向工业投资流动；在农业与工业两者并存时期，工业会从低技术含量、低附加值、劳动密集型向高技术含量、高附加值、资本密集型产业流动；工业发展到一定阶段，资本积累程度较高时，第三产业便开始成长。第三产业依托互联网、大数据等信息技术，使得第三产业占国民经济占比不断扩大。金融业作为第三产业的中流砥柱，会为了国民需求以及国家发展战略对传统产业进行较少投资，对高新技术产业和新兴产业加大投入，为其提供资金支持，促进产业结构的优化。

（二）要素配置机制和风险控制

金融机构从多维视角调查披露项目信息，有利于实体经济的良性健康发展。在遴选适宜产业、挖掘具有投资价值的项目中，需要兼顾并且实现资本要素高效优质配置、系统性风险防御和项目风险把控。

2020 年出台了《中共中央国务院关于构建更加完善的要素市场化配置体制机制的意见》，其中强调要推进资本要素市场化配置，让市场在金融资源的配置中起决定性作用。通过引导产业技术、产业资金向优势产业聚集，促进资本在不同产业内的流动与优化，使具有潜力的企业获得资金上的支持，助推我国经济产业转型升级顺利完成，这也是推进资本要素市场化配置的应有之义[①]。其中市场的金融效率提升将是实现资本生产要素流动的保证。金融效率的提升主要体现在以下两个层面：

宏观层面上，主要是有关部门对金融体系的监管，对商业银行、投资银行、证券公司和证券交易市场等进行有效监督，制定相关的法律法规，出台产业扶持政策，完善监督体系，规范要素在各产业间的流动，降低流动风险。

微观层面上，作为金融市场微观主体的金融机构将接受市场的信息，分析市场供求状况，结合国家相关产业政策，遵守法律法规，对资金需求者提供多元化的、具有针对性的金融服务。帮助企业解决在融资方面的困难，加大对国家战略产业与高新技术产业的支持，使资本流向这些产业，促进国家产业结构升级。

二　金融深化作用的实证研究

金融体系越完善，金融市场越发达的国家，其资源配置的效果越合理，配置效率高有利于促进产业结构升级（Wurgler，2000），金融总量和直接融资的扩张也有利于产业转型升级（李碧漪，2014），存贷比越低则说明金融资源更多地被用于产业发展。而金融的包容性也能够促进产业结构转型，因为金融包容能够使得中小企业以及私人以低成本获得资金，享受金融服务，从而扶持新兴产业的发展，形成新的经济增长动力；并且当产业结构不断优化，技术含量更高发展时，金融包容所发挥的作用更为明显（王健、刘霞，2016）。

金融融资渠道主要有两种：股票市场和银行。股票市场和银行这两种融资方式对于产业的壮大和转型以及对经济的增长都具有促进作用，两者的发展都有利于劳动生产率的提高和经济增长。因为一个好的金融系统会将社会资源集中到有潜力有希望的产业中来，筹集所需资金，积累资本，大力发展生产力，更快刺激生产力增长和人均产出的增长。

两种不同融资方式在影响产业结构升级方面是有区别的。银行提供信

① 《让资本助推产业升级科技创新》，http：//www. acfic. org. cn/fgdt1/zjgd/202004/t20200421_233737. html，2020 年 4 月 21 日。

贷的方法能加快产业升级，而股票的作用却不明显。究其原因，是国家有相对应的产业金融政策，在放贷问题上有严格的相关规定，所以金融并不能随意对任意产业进行投资，其自主选择权受限，从而促进产业结构向符合国家战略方向转变（杨小玲，2009）。在发展中国家小企业对于私营部门主导增长极为重要，且难以通过上市募集资金，因此以银行为主导金融体系的国家中小企业密集的行业增长更快；但是银行的产业促进作用存在上限，当一个国家的经济发展到成熟阶段时，以银行为主导的金融体系会阻碍高新技术产业发展（Binh，2005）。

各种金融变量对第一、二、三产业在就业和产出以及结构转型升级方面也有不同的影响。金融规模可以提升第三产业产值占所有产业的比重，但是金融深化对第三产业就业有负面影响（陈立泰，2010）。民间金融主要通过对第二产业的推动从而推动整体宏观经济的增长，对第一、三产业无显著影响。在第二产业中，主要推动了建筑业和工业（胡金焱、张博，2013）。经济货币化有利于产业机构的升级，它会使第一产业的就业比重和产值比重减少，但是却能使第二、三产业升高。金融资源的配置效率会使第二、三产业就业比重减少，但却能够提升第一产业就业比重（曾国平、王燕飞，2007）。

三　金融对产业发展的支持结构

中国金融体系已形成基本框架——中央银行与商业银行等银行机构与非银行金融机构繁荣发展，银行间接融资同货币市场、资本市场直接融资并存，保险服务和金融衍生工具不断开放创新。走出亚洲金融风暴的影响后我国金融体制改革逐渐进入健康化、规范化和专业化的发展阶段。政策性银行更多地表现出产业扶持方向，多元化金融组织或机构包括票据市场、同业拆借市场、证券交易所，以及信托投资公司、财务公司和各种外资银行。

（一）当前发展的阶段性主题

2008 年开始，金融行业的阶段性主题是宏观审慎、微观探索和主动应对危机。中国银保监会和中国人民银行联合发布的《关于小额贷款公司试点的指导意见》为民间金融、互联网金融打开了窗口，但也为居民投资安全埋下了隐患；产业资金上强调支持实体经济。2015 年之后的阶段性主题是求新求稳、进一步开放。金融机构鱼龙混杂，但是的确为一些融资难的中小企业解决了燃眉之急。2020 年 11 月，为规范小额贷款公司网络小额贷款业务，促进行业业务规范健康发展，中国银保监会同中国人民银行等部门共同起草了《网络小额贷款业务管理暂行办法（征求意见稿）》（以下简称《办法》），统一监管规则和经营规则。《办法》要求小额贷款公司应当接入金融信用信息基础数据库等征信系统，极大地降低了居民个人和企业在融资投资时的资金风险。

金融业对外开放每年都有大动作，同时强调金融业开放和防范金融风险并重的原则：2015 年，首个由我国主导建立的国际型多边金融服务机构亚洲基础设施投资银行在北京成立；同年，央行向境外央行、国际金融机构和主权财富基金开放银行间债券市场，监管部门设置了“沪港通”“深港通”“债券通”等渠道连接打通境内外资本市场。2016 年 10 月 1 日人民币正式加入国际货币基金组织的特别提款权（Special Drawing Right，SDR），后续伴随“一带一路”倡议的实践落地，人民币国际化迈开步伐。

与此同时，金融资产单一、利率结构僵化、资源配置效率低下、金融市场迟缓等问题不断滋生和积累，成为经济发展的阻碍。金融监管协调在变革中求稳，2018 年国务院机构改革将银监会和保监会合并，由原来的“一行三会”缩为“一行两会”，由金融稳定发展委员会领导，旨在加强金融监管协调、补齐监管短板。

金融体系改革取得重大进展，使得从微观经营层面到宏观管理层面的状况取得了根本性的改善；加大开拓金融市场的力度，以拓展直接融资的范围；越来越适应各经济主体和投资者的多元化需求，拓展了企业的直接融资渠道，满足了其发展中的融资需求，同时也为投资者提供了更加多样的金融产品。过去由中国人民银行带领的垂直结构，转变成一个具有各种类型和功能互补的现代金融框架体系。

截至 2020 年 12 月 31 日，银行业金融机构法人达 4601 家，其中商业银行 1690 家，包括 6 家国有大型商业银行以及 1684 家中小商业银行；既有主要服务于城市的城市信用社、城市商业银行 133 家，又有主要服务于农村的616家农村信用社、1539家农村商业银行和27家农村合作银行；既包括传统意义上的银行业金融机构，又包括村镇银行（1637家）、贷款公司（13家）和农村资金互助社（41家）等新型银行业金融机构。

总之，我国银行业组织体系更加健全，机构种类更加丰富，服务功能更加完善。

（二）金融信贷和证券市场规模概览

到2008年，我国银行业资产总量已经超过50万亿元，比改革开放初期增长了100多倍。从表5－1中可以看出我国大商业银行存款余额逐年增长且增速很快。

表5－1　　2007—2018年中国三个大型商业银行存款余额

指标名称	中国农业银行：人民币：存款余额：合计	交通银行：本外币：存款余额：总行本部	中国银行：集团存款余额：合计
单位	亿元	亿元	亿元
2007－12	52059.45	6.20	44805.85
2008－12	—	19.16	51733.52
2009－12	—	34.89	66850.49
2010－12	88351.00	92.14	77335.37
2011－12	98496.00	16.23	88179.61
2012－12	110921.00	17.30	91739.95
2013－12	120972.00	20.14	100977.86
2014－12	130899.29	331.68	108852.23
2015－12	145115.63	348.84	117291.71
2016－12	155344.42	376.38	129397.48
2017－12	167660.61	368.82	136579.24
2018－12	173000	177.98	148835.96

资料来源：WIND万德数据库，个别数据空缺。

图5－1为2010—2018年中国金融机构本外币贷款余额按行业分类去向的变化趋势，该图显示我国金融结构向个人贷款倾斜，制造业贷款余额平稳上升后保持在一定水平，金融业和个人贷款余额自2013年以来涨幅明显，农林牧渔业、信息传输、计算机服务和软件业以及电力、燃气及水的生产和供应业贷款余额基本不变。

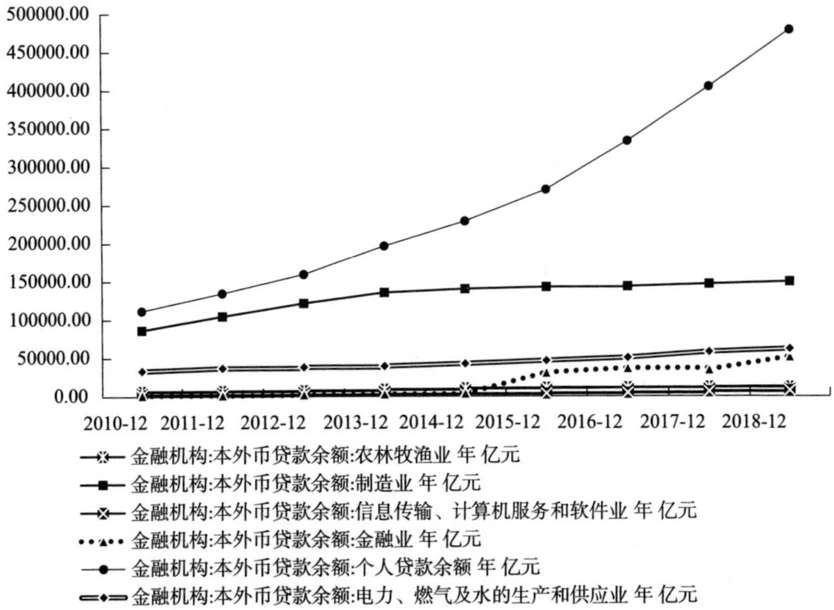

图 5－1　2010—2018 年中国金融机构本外币贷款余额

2010—2018 年中国大中小微企业主要金融机构贷款余额同比增长率如图 5－2 所示。由图 5－2 可知，我国主要金融机构贷款余额的半年度同比增长率均为正数，这说明我国金融机构贷款余额在 2010—2018 年间均呈增长趋势。我国主要金融机构贷款余额每季同比增长，小微企业多于中型和

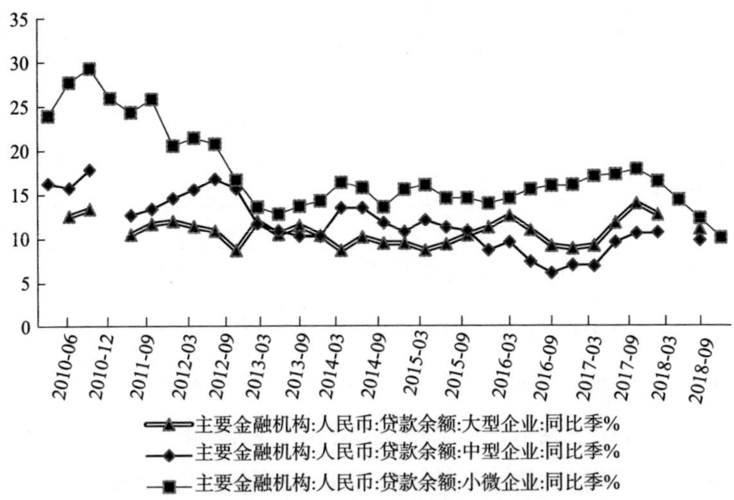

图 5－2　2010—2018 年中国主要金融机构人民币贷款余额同比增长率

大型企业，基本稳定在10—20%左右。小微企业贷款余额增长率大多维持在15%及以上，且始终高于中型企业和大型企业贷款余额增长率，其变动幅度也大于其他两类企业贷款余额增长率，增长率由2010年高达30%下降至2013年的15%，之后5年间呈稳定增长。而中型企业与大型企业的增长率大多维持在10—13%，其增长率低于小微企业，但其变动幅度更小，增长率更稳定。

由图5－3可知，在上海证券交易所和深圳证券交易所上市的公司数分别从1996年的292家、237家增长至2018年的1450家、2134家。其中深圳证券交易所自2009年开始，上市公司的数量出现了大幅增加，到2012年起增加速度有所减缓。至2013年之后，两个交易所的上市公司数量均呈现快速上涨趋势。

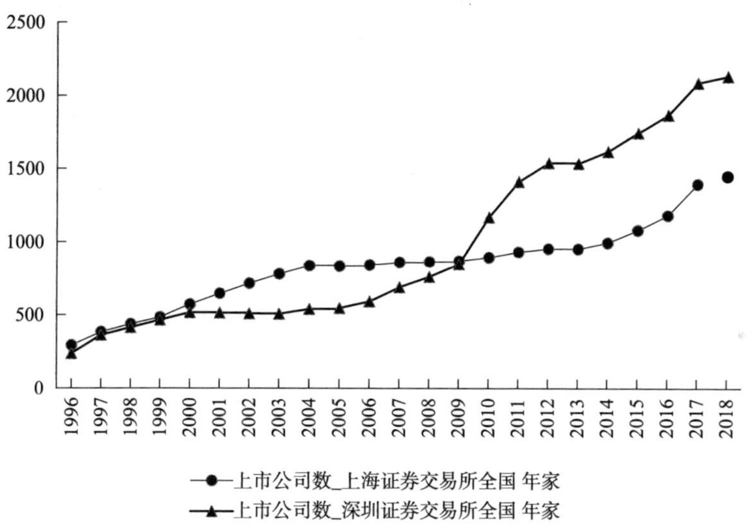

图5－3　1996—2018年上海和深圳证券交易所的上市公司数

中国证券会副主席阎庆在“2020中国金融学会学术年会”中透露，截至2020年，中国上市公司数量已达4100家，位居全球第三，涵盖了国民经济全部90个行业。虽然上市公司数只占全国企业总数的万分之一，但利润总额相当于规模以上企业利润总额的约五成。

（三）汇率形成机制改革

1979年以后，我国外汇管理体制逐渐由高度集中的计划管理向市场管理过渡。到1993年以前，这一阶段为汇率双轨期，已经基本建立健全了计划经济与市场调节相结合的外汇管理模式。从1994年开始进入汇率并轨期，我国进行了新一轮外汇管理体制改革，进一步发挥市场机制的作用，初步形成了统一、规范、有效的外汇市场，为我国加入世贸组织和实现人民币可兑换奠定了基础。

1996年12月1日，我国实现了人民币经常项目可兑换。随着2002年我国加入WTO，我国与世界各国进行的贸易日益增多，为适应新的形势，我国于2012年12月实现了人民币经常项目可自由兑换。由图5－4可以看出，人民币汇率在1994年进入汇率并轨制度后发生变化，此后虽有波动但总体渐趋平稳。

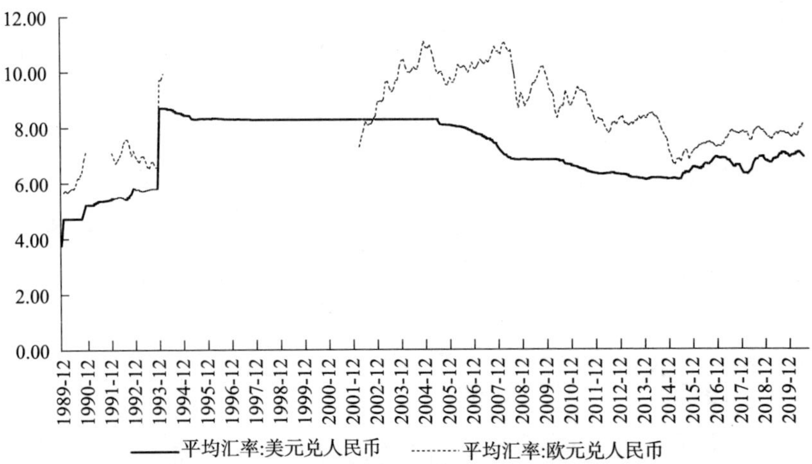

图5－4　1989—2019年美元和欧元兑人民币汇率

在2015年，中国又进行了一次汇改。当年8月11日，中国人民银行对人民币汇率中间价报价机制进行了改革，央行强调要加大参考一篮子货币的力度，以保持人民币对一篮子货币汇率的基本稳定。为应对外汇市场中存在的顺周期行为，避免市场出现恐慌，央行两次在中间报价中引入逆周期因子，并对国际资本流动加强了宏观审慎管理。关于2015年汇改后中国的汇率制度，官方的表述是“以市场供求为基础、参考一篮子货币进行调节、实行有管理的浮动汇率制度”，这一表述概括出人民币汇率的三大影响因素：外汇市场供求状况、篮子货币汇率以及逆周期宏观审慎管理。

自2017—2020年，人民币对美元汇率曾有过多次较大幅度的双向波动，运行区间在6.0至7.2的范围内。这一时期汇率区间大幅波动主要的影响因素包括中美经济增长水平差异、国际收支状况、中美利差、中美博弈趋势以及美元指数走势等，其中中美之间激烈竞争与协商合作并存的博弈态势对汇率区间方向性波动及其幅度起到了决定性作用。

四　中国代表性城市产业金融优惠政策的特点

推进政策性金融支持产业融合发展，有利于汇集资源要素，促进产业首尾相连、上下衔接，增强融合发展的内生动力和协同优势；也有利于构建现代化产业体系和经营体系，延伸重组价值链、供应链。如今各地政府通过出台产业金融优惠政策，采取多种多样的金融扶持，助力传统产业与新兴产业共同发展，有效解决产业重点领域和薄弱环节的资金、市场、技术瓶颈，全面推动产业转型升级和区域经济发展。我国各城市有关产业发展的金融政策大多主要有以下特点：

（一）优势产业与新兴产业并举，采取多元化金融扶持

我国各个城市重点支持产业发展的关键领域和薄弱环节，并重视科技创新产业，根据产业属性、发展阶段和多样化需求开展多元化金融服务，以促进产业结构优化和企业转型升级。

如江苏泰州加大对生物医药及高性能医疗器械、高技术船舶及海工装备、节能与新能源三大主导产业的信贷投放力度①：鼓励银行机构研究支持相关行业的金融产品；对银行机构当年发放的三大主导产业贷款增量部分给予最高3‰的奖励，单个银行机构最高100万元；同时设立生物医药及高性能医疗器械、高技术船舶及海工装备、节能与新能源、高端装备制造、化工产业转型升级、现代服务业等产业类股权投资子基金，优先扶持全市产业转型升级发展。

同样四川省也聚焦发展优势产业，引导金融资源聚焦该省的“5+1”

① 《市政府印发关于金融支持科技创新促进产业转型升级政策措施的通知》，http：//zwgk. taizhou. gov. cn/art/2017/8/14/art_ 46290_ 1344486. html，2017年8月14日。

产业，即支持电子信息、装备制造、食品饮料、先进材料、能源化工五大万亿级支柱产业。此外，还大力发展大数据、5G、人工智能等数字经济，鼓励发展金融科技产业①；并计划到2022年，全省工业融资规模由1万亿元增长到1.5万亿元，工业直接融资占工业融资规模的比重力争达到15%，带动实现全社会技改投资累计达到3万亿元，工业投资累计突破4万亿元；5个万亿产业的总规模超过6.2万亿元，数字经济规模突破2万亿元，以“5+1”产业为带动的现代产业体系基本形成。

上述两地区均强化对本地优势产业的金融支持，围绕支持发展特色产业的同时，也对新兴产业采取多元化的金融扶持措施，通过以点带线、以线带面，推动金融改革率先在重点企业、重点产业、重点板块取得突破。

（二）拓展产业链金融，构建便捷融资平台

为拓展产业链金融，多地实施更精准的产业发展引导和差异化支持政策，推进产业建链、延链、补链、强链，并探索产业链融资模式创新，鼓励金融机构、产业链核心企业等建立产业链金融服务平台，为上下游企业提供高效便捷融资支持。

杭州当地政府加强对“万亩千亿”新产业平台服务②。“万亩千亿”新产业平台是浙江省面向重量级未来产业，规划万亩左右空间，将来实现千亿以上产出的产业平台。引导金融机构与重大科研平台、产业孵化培育平台深化战略合作，加大对千亿级先进制造业基础研究和原始创新等项目的金融支持力度。定期组织各类股权投资基金为产业平台项目提供持续的社会化股权投资服务，促进科研成果市场化、产业化和资本化。

成都则进一步优化创新政策性金融产品：支持企业用好用活政策性融资产品；发挥成都自贸试验区金融开放创新带动优势，加强自贸试验区金融创新与西部金融中心建设联动；建设证券交易所西部服务中心、科技投

① 《四川省人民政府关于推进“5+1”产业金融体系建设的意见》（川府发〔2019〕2号），http：//www.sc.gov.cn/10462/c103044/2019/1/5/a15fe1c61e0046369be7c1959b32ae41.shtml，2019年1月3号。

② 《杭州市人民政府办公厅印发关于金融支持服务实体经济高质量发展若干措施的通知》，http：//www.hangzhou.gov.cn/art/2021/3/31/art_1229063382_1722015.html，2021年3月31日。

融资云平台、自贸区综合金融服务平台、天府融通平台等金融综合服务平台①。

（三）发展总部经济，促进金融资源聚集

大力发展金融总部经济，吸引金融机构在深圳设立法人总部，鼓励金融总部企业做大做强，进而不断增强本城市金融业的集聚力和辐射力。各城市都发挥各产业优秀企业在产业金融中的核心作用。在防范风险前提下，鼓励符合条件的优秀企业带动产业与金融融合发展，将其引进本城市，并进行一定的金融政策帮扶，将金融打造为推动产业和企业发展的核心竞争力。

深圳对新注册的金融总部会进行一定的补助。若新注册设立的金融企业总部实收资本在2亿元以下的，给予500万元一次性落户奖励；实收资本在5亿元以下、2亿元（含）以上的，给予800万元一次性落户奖励；实收资本在10亿元以下、5亿元（含）以上的，给予1000万元一次性落户奖励等②。

青岛对新设立或新引进的法人金融机构，则进行一次性补助或经济贡献补助③。若为一次性补助，则按照实缴注册资本的2%给予一次性补助，最高不超过1亿元。若为经济贡献补助，按照青岛市支持财源经济发展相关财政政策执行。

（四）支持企业增强资本实力，提高市场竞争力

为加强企业资本实力、风险承担能力和综合经营水平，提高市场竞争力，各地区也实行许多措施。在深圳注册设立且增资后实收资本达到40亿元以上的银行、信托公司、金融租赁公司、证券公司、保险公司等金融企业总部，实收资本满足金融监管规定的要求后，因业务发展需要增加的实收资本金部分，给予增资奖励：实收资本金增加30亿元（含）以上的，

① 《“关于财政金融促进产业发展的若干政策措施新闻发布会”》，http://www.sc.chinanews.com/cfzl/2017-08-08/1273.html，2017年08月08日。

② 《深圳市人民政府关于印发扶持金融业发展若干措施的通知》，http://www.sz.gov.cn/cn/zjsz/fwts_1_3/tzfw/yhzc_1/content/post_7785478.html，2020年6月12日。

③ 《关于印发青岛市支持金融业高质量发展政策措施的通知》，http://www.qingdao.gov.cn/zwgk/xxgk/bgt/gkml/gwfg/202105/t20210531_3111152.shtml，2021年5月27日。

奖励1000万元；增加30亿元以下、20亿元（含）以上的，奖励500万元；增加20亿元以下、10亿元（含）以上的，奖励200万元；增加10亿元以下、5亿元（含）以上的，奖励100万元。

青岛对拟在国内主板、科创板、创业板上市的本市企业，根据企业上市进程分阶段给予补助，累计不超过400万元。对通过“借壳”“买壳”等方式上市，并将上市公司注册地迁至青岛市的企业，给予400万元一次性补助。对市外上市公司将注册地迁至青岛市的企业，给予400万元一次性补助。在境外股票交易所主板首发上市的企业，募集资金1亿元人民币（或等额外币）以上的，根据募集资金汇回市内的金额，给予最高400万元一次性补助。在此基础上，鼓励区（市）出台更大力度的扶持企业上市政策。

（五）鼓励创投助力小微企业

培育服务产业发展的优质私募基金，鼓励各类创业投资机构加大对种子期、初创期创新型企业投资力度。通过提供企业管理、商业咨询、财务顾问等多元化服务，加快创新型企业从科技研发到商业推广的成长历程。支持符合条件的创业投资企业、股权投资企业等发行企业债券，促进创新型创业型小微企业发展。

在江苏泰州，成立市级新兴产业创业投资引导基金，与各类科技企业孵化器共同合作，为初创期科技型企业（注册期在三年以内）提供天使投资。对经主管部门备案登记，在地市注册纳税的股权投资机构，按照不超过其当年实际投资金额的15%给予补贴，单个项目最高30万元。对获得社会创投机构投资期限超过2年的科技型企业，按照不超过到位资金的2%给予奖励，单个企业最高50万元。加大本地创投机构培育力度，对列入省天使投资引导资金后备机构库的创投机构，给予10万元奖励。

在深圳新注册设立的银行、证券公司、保险公司一级分支机构，市政府给予200万元一次性落户奖励；在深圳新注册设立的其他金融企业一级分支机构，市政府给予50万元一次性落户奖励。在深圳注册设立的金融企业一级分支机构，首次购置本部自用办公用房（含本部配套经营用房）的，按购房房价的3%给予一次性补贴，最高不超过5000万元。

第三节　贸易升级对金融深化的“需求引领效应”

Shaw（1973）研究了逐步开放的经济体中，贸易的进一步开放对金融市场发展产生的影响，强调了持续、稳定和实际的贸易政策对于资本市场和实体经济的重要性。如果从传统理论研究角度看待贸易开放和金融发展二者间的关系，则可以分别从“供给方”和“需求方”两个方面来探讨。

一　贸易开放和金融深化的正向促进作用

从“供给方”来说，贸易的开放会加剧竞争，使得东道国高质量的生产企业向国际市场寻求资金，那么原本具有垄断优势的利益集团阻碍金融发展，以保持其在中国的垄断地位和利益；但全球经济进一步开放中竞争的不断升级和外资的涌入，将削弱这种负面意愿。当金融市场各方利益诉求都能得到改善和适当满足的时候，金融市场的外部供给环境将大大改善（Rajan 和 Zingales，1996；2003）。

从“需求方”来说，即贸易发展倒逼金融系统革新，促进金融发展。贸易开放度的提升有利于贸易自由化的发展，贸易开放的现实需求必然会促使金融行业创新和体系的升级完善。在贸易开放进程中面临纷繁复杂的风险，但这些风险可以依托金融工具的创新组合协调来分散对冲（Svaleryd 和 Vlachos，2002）。运用比较优势理论对产业数据的细分，发现如果一个国家在金融密集型产品上具有比较优势，那么它对外部融资的需求将更为强烈，这也是强制金融开放的现实原因（Do 和 Levchenko，2009）。

有学者将我国贸易开放度与金融开放度两者进行分析，发现中国的贸易开放与金融开放呈现同向上升趋势（倪克勤、郑平，2004）。若考虑时间效应因素在其中的影响，发现长期中贸易的扩大开放会刺激到金融发展，而短期中却会抑制金融发展（Kim、Lin 和 Suen，2010）。对外贸易利于金融市场开放，并且制造业的升级对金融开放的影响与地区经济水平有关。贸易自由化会促进各个国家之间在货币、服务和技术上产生紧密联系，这些联系会给各国贸易的融资提供便利。制造业转型升级对金融开放也有很大影响，但影响程度取决于经济水平。

发展中国家对金融体系的政府干预往往采取金融压抑的形式，金融压抑的有效性随贸易开放度的提高而下降，金融开放度相应上升。反之，当金融压抑严重时，贸易开放与金融开放的程度都不会很高。发达国家其经济水平和科技水平较高，产品附加值高，当贸易结构和产业结构转型升级后可以使得金融开放度增强；但在欠发达国家产出的产品国际竞争力低，其产品出口比例升高对资金引进的促进作用影响有限，因此很难发挥金融开放的作用（李自若，2020）。

二 实证模型：贸易结构与金融开放的内生动态机制

企业作为国际贸易和金融市场的重要主体，其金融需求及资金积累能突出体现两个市场之间的密切关系。企业贷款为企业缓解融资约束，有利于扩大生产规模以及跨越贸易的成本门槛，而境内非金融企业存款很大程度上来自企业盈利，不仅有利于自身资本积累，同时也为国家金融市场及经济活动提供了充裕资金。因此，重要贸易主体的企业在资本积累和扩张金融需求上的作用举足轻重，贸易和金融指标呈现共同跃进的趋势。

如前文章节所述，贸易发展和金融深化之间极可能存在多个层次、多种路径的传导机制，但既有研究对于金融深化与对外贸易发展的互动关系没有专门的讨论和研究。故而，本节从宏观层面出发，建立二者内生作用的回归模型，基于区域异质性因素，重点研究国际贸易发展与金融深化发展之间具体的传导机制与作用机理。同时，在面板数据中纳入更多的解释变量和控制变量可以体现区域差异性，有利于为将来的研究拓宽分析维度，更细致地判断金融深化对具体何种贸易规模、贸易结构起作用以及贸易发展对金融深化具体的反作用，并且准确测度其效用大小。通过对比实证结果以及理论预期，在各地区进一步指导金融深化和对外贸易时，能为其发挥产业升级、经济提质增效的作用提供参考借鉴和努力方向。

（一）模型设定与变量说明

如前文理论综述所言，对外贸易作为实体经济的体现，其需求能够引领金融服务业发展深化。本节侧重研究这种“需求引领”机制，使用对外贸易变量对金融发展的规模和结构进行解释。我们既考虑了金融资产的绝对规模——即金融资金的绝对存量，也考虑了其对于各地区 GDP 的相对规模——即资金的相对充裕度。

在借鉴 Svaleryd 和 Vlachos（2002）以及 Beck（2007）等模型的基础上，为考察各经济体金融深化和对外贸易规模之间的内生互动关系，分别以金融深化和对外贸易规模为被解释变量建立计量模型，如公式 5 - 1 和公式 5 - 2 所示：

$$LnFD_t = \alpha_0 + \beta_0 Lntrade_t + \beta_1 X + \varepsilon_t \tag{5-1}$$

$$Lntrade_t = \partial_0 + \delta_0 LnFD_t + \delta_1 X + \varepsilon_t \tag{5-2}$$

其中，$LnFD_t$ 指的是金融深化水平，在实证研究中通常分别以金融总资产/GDP、M2/GDP（经济货币化）和私人部门信贷规模/GDP 三个指标来表示；$Lntrade_t$ 指的是经济体对外贸易发展水平，以进出口额与 GDP 的比重来表示；X 指的是控制变量，包括基础设施状况、外商直接投资/GDP 和人力资本水平；ε_t 为扰动项。

金融开放不仅指资本账户的开放，还包括准许其他国家在该国开展金融业务。金融开放度指数，通常采用 de jure 指数（又称 Chinn - Ito 指数或者 Kaopen 指数）表示，是由学者钦（Chinn）和伊藤（Ito）从资本账户的角度出发，首先根据国际货币基金组织发布的《汇兑安排与汇兑限制年报》中各国是否存在多重汇率、经常项目交易管制、金融项目交易管制、出口创汇上缴的情况构建 4 个虚拟变量，再通过其第一标准化的主成分所计算出的能够反映金融资本跨境流动自由程度的指数，指数数值越大即反映出该经济体的金融开放度越高。同时，为了进行稳健性检验，可引入国外资本净流入（FDI）与净流出总和占 GDP 比例作为金融开放度的备选指标。

贸易开放度描述了一个经济体允许进行国际贸易的自由程度。检验贸易开放程度对金融开放程度的影响，通常选取进出口总额占 GDP 的比例、商品和服务出口或进口总额占 GDP 的比例来反映总体贸易开放程度。通过在贸易规模水平的衡量中涵盖贸易金额这一绝对指标和贸易金额相对于经济体量这一相对指标，来剔除各级经济体规模对贸易规模的干扰，考虑用贸易金额与

GDP之比作为相对规模，有利于更准确地考察金融深化对其影响。

贸易结构则为对外贸易内部的产品构成和贸易方式构成，包括高新产品贸易额、一般贸易额和加工贸易额占总出口额的比重或占GDP的比重，可以反映各级经济体高质量贸易的含量以及宏观经济对其依存度高低。

通过控制各地区的财政资金、创新、人力资源以及外商直接投资等变量，一方面可以剔除这些因素对“贸易—金融”二者间相互作用机制的影响，另一方面根据这些控制变量与解释变量生成的联立项是否显著，来探析金融对贸易的作用是否存在中间传导机制。

（二）传导机制和回归方法

在面板回归分析中，由于资金投入对贸易影响的滞后作用且为避免解释变量间产生多重共线性，考虑使用各指标的滞后项进行回归；对于各类存款余额或贷款余额，做差分变换、使用金融指标的增量作为解释变量更符合现实情形；对于各类余额指标及其差分，取对数值既避免异方差问题，又便于解释回归系数的经济意义；对于各类余额指标及其差分，生成其对GDP的比例，能控制经济规模大小的影响。除此之外，还可以引入三个宏观控制变量来强化回归结果，分别为最终政府消费支出占GDP的比例、人均GDP以及通货膨胀率。通过修正沃德检验（Modified Wald Test），发现数据中存在异方差问题时，可以同时采用稳健标准误的固定效应模型和可行广义最小二乘法来进行回归检验。

1. 外延扩张、发挥规模效应的需求

生产效率越高的企业经营效益越好，资本存量积累加上信贷融资约束较宽松，导致其相对于其他企业会更快地扩张生产规模。企业形成规模经济后，单位生产成本进一步下降，经营绩效继续上升，跨越贸易门槛的可能性更大。简言之，企业的生产率和生产规模会形成正向循环。因此，理论预期金融供给促使大企业在行业内的生产、贸易规模占比逐渐上升。

为验证金融深化对于贸易发展是否产生规模效应、效应大小如何，可以使用各区域规模以上企业的贸易额，作为被解释变量进行实证分析。规模以上工业企业出口交货值数据则可以从统计年鉴以及海关数据库中获取。

2. 内涵提质、资源优化配置的要求

对外贸易企业的结构也会对金融深化产生反应。贸易的产品结构体现对外贸易的质量水平，包括一般贸易额占 GDP 之比和一般贸易额占总进出口额之比。国有企业、私营企业、外商独资企业和外商投资企业在社会职能有所区别，涉及的产业分工、生产（经营）规模以及融资（可得性）也存在异质性。国有企业和外资企业相对来说资金充裕度更高，而且国有企业承担落实产业发展战略的重任，外资企业通过就地生产的方式，可能替代其跨国贸易，融资越充裕其国际贸易反而会下降。

因此，从贸易企业性质出发，基于各地区各类企业的贸易额及其在各地区总贸易额的占比可以构造对外贸易的企业结构指标，从而考察金融资源可得性与企业性质的共同作用下各类贸易有何影响。由中经数据库以及中国海关数据整理，国有企业、私营企业、外商独资企业和外商投资企业的贸易额分别生成各类贸易对各地区 GDP 或各地区总贸易额的比例，以剔除地区经济总量因素便于横向比较。

三　我国贸易开放与金融发展政策

“十二五”以来，“一带一路”建设取得了显著的成效，有力地促进了我国经济社会的发展和对外开放进程。通过自贸区的创新实践，降低贸易交易成本，促进中国商品与服务贸易的进一步发展。“一带一路”与自贸区、长三角一体化、京津冀协同发展、粤港澳大湾区、人民币国际化进展相互促进、联动发展，共同形成以点带面、相互呼应的战略效应，为贸易金融业务发展创造了良好的外部环境。但中国也正经历百年未有之大变局，中美贸易战爆发，新冠肺炎疫情的肆虐，保护主义和单边主义抬头，经济全球化遭遇波折，这使得中国外贸环境逐渐变得恶劣。

2020 年在《国务院办公厅关于进一步做好稳外贸稳外资工作的意见》（国办发〔2020〕28 号）① 及 2021 年《国务院办公厅关于加快发展外贸

① 《国务院办公厅关于进一步做好稳外贸稳外资工作的意见》（国办发〔2020〕28 号），http://www.gov.cn/zhengce/content/2020-08/12/content_5534361.htm，2020 年 8 月 12 日。

新业态新模式的意见》（国办发〔2021〕24 号）① 中均提到进一步扩大对中小微外贸企业出口信贷投放。更好发挥金融支持作用，缓解融资难、融资贵问题。充分利用外经贸发展专项资金、服务贸易创新发展引导基金等现有渠道，支持跨境电商平台、跨境物流发展和海外建仓等。鼓励进出口银行、中国出口信用保险公司等各类金融机构在风险可控前提下积极支持海外仓建设。因此，基于以上背景，我国发展政策可以归纳为：

（一）积极支持运用新技术新工具赋能外贸金融发展

党的十九大报告指出，要推动形成全面开放新格局，拓展对外贸易，培育贸易新业态、新模式，推进贸易强国建设。2020 年 8 月，中国银行业协会发布的《中国贸易金融行业发展报告（2019—2020）》指明，“随着大数据、云计算、人工智能等新一代信息技术的发展和应用，金融和科技发展正在融合，金融科技的运用可有效提高金融服务的可获得性和便捷性，降低金融交易成本。区块链技术在贸易金融业务中的应用一直是科技金融领域关注的热点”。各个部门机构通过创新实践，推出更新了金融信贷产品。

中欧班列作为运行于中国与欧洲以及“一带一路”沿线各国的集装箱国际铁路联运班列，路经多个国家和地区，对中小企业在国际铁路贸易融资和结算上产生诸多困难。工商银行通过自主研发，为中欧班列打造了区块链平台“中欧 e 单通”②。“中欧 e 单通”平台通过将“一单制”单据线上签发和“外贸 e 贷”两大功能，打破了中小企业国际铁路贸易融资和结算的障碍，实现了线上提款秒到账。这不仅适用于使用中欧班列的沿线企业，也延伸惠及具有真实跨境贸易的省内所有小微外贸企业，有利于加快我国数字化发展，打造数字经济新优势，协同推进产业数字化转型。

---

① 《国务院办公厅关于加快发展外贸新业态新模式的意见》（国办发〔2021〕24 号），http://www.gov.cn/zhengce/content/2021-07/09/content_5623826.htm，2021 年 7 月 9 号。

② 川观新闻，《“中欧 e 单通”平台正式上链》，https://cbgc.scol.com.cn/news/187461，2019 年 10 月 23 日。

在融资上，中信银行通过延伸供应链核心企业的商业信用，有效破解中小企业融资难题。中信银行上线业内首个全流程线上供应链金融平台创新产品“信 e 链—应付流转融通”，该产品通过中信银行与核心企业供应链金融平台的快速对接，借助标准化电子付款凭证的多级流转，向其上游供应商提供全流程、线上化的快捷融资服务，并且还在产品模式方面与 B2B 平台对接，将供应链核心企业的商业信用转化为可流转、可融资、可灵活配置的创新型金融服务，推进产融结合，实现多方共赢，践行普惠金融。

除此之外，还有“发票管家”产品、阳光供应链云平台、供应链保理融资产品、票据业务产品、区块链交易平台等中国银行业贸易金融创新典型案例。这些金融平台及金融产品的出现极大地解决融资困难问题。运用数字技术和数字工具，推动外贸全流程各环节优化提升，加强资源对接和信息共享。给予了企业走出去的底气，以金融助推贸易的往来与发展。

（二）国家和地方层面共推服务贸易金融支撑体系

除了货物贸易之外，服务贸易是贸易强国建设的重要支撑，是外贸发展的新引擎，是大众创业、万众创新的重要载体。自从“十二五”期间以来，我国经济结构得到了优化，服务业成为第一大产业。随着我国经济发展水平的提高，对生产性和生活性服务的需求不断扩大，服务业在国民经济中的地位上升，这也推动了服务贸易发展。但目前中国的服务贸易尤其是文化产品走出去存在很大逆差，在信贷融资上需要更大投入才能产生产业规模效应。

国家层面和地方层面出台相关服务贸易发展财政金融支持政策，形成了政策支撑体系。

2016 年，经国务院批准，财政部会同商务部、招商局资本管理有限公司共同发起设立服务贸易创新发展引导基金。其总规模为 300 亿元，采取分期募集方式，按照“财政出资引导、社会资金参与、市场方式运作、专业机构管理、风险可控”原则设立。基金充分发挥财政资金的引导效应和杠杆效应，加大对有出口潜力、符合产业导向的服务贸易企业支持。国家中医药局出台国际合作专项资金，支持中国在“一带一路”沿线国家和地区建立中医药中心。2015 年原国家旅游局出台了《关于支持中国（福建）自由贸易试验区旅游业开放意见》①，支持平潭国际旅游岛建设，将在改革试验、资金安排、规划及实施、国际旅游市场拓展、人才培养和队伍建设等方面给予大力支持。

与此同时，地方政府也成立促进服务贸易发展引导基金。2017 年 11 月杭州市商务委员会（杭州市粮食局）发布《杭州市服务贸易创新发展扶持政策》②，对服务贸易企业投保服务出口项下的出口信用保险保费支出给予不超过 35% 的补助，对服务贸易企业开展海外客户资信调查的费用给予不超过 50% 的补助；对企业、银行、保险公司利用服务贸易出口信用保险保单合作开展保单融资的利息支出，给予最高不超过 20% 的补助。每家企业最多补助 30 万元。在威海，政府也设立了 2 亿元服务贸易创新发展引导基金，推出国际物流运输服务贸易、文化产品和服务出口信贷、境外投资贷款、高新技术产品进出口信贷等特色金融产品。

服务贸易（试点）银行在全国各地纷纷成立。商务部与中国进出口银行出台《服务贸易发展“十二五”规划纲要》（商服贸发〔2011〕340 号）③。该纲要的出台大力地推动了服务贸易的发展，加快了外贸发展方式的转变，同时也加大对我国服务贸易的金融支持力度，扶持培育一批具有国际竞争力的服务贸易重点企业和项目，带动全国服务贸易健康快速发展。纲要明确了中国进出口银行将重点支持的服务贸易企业和项目，遴选有融资需求的服务贸易重点企业和项目，在信贷等方面进行支持。向服务贸易企业提供的供应链融资、海外并购融资、应收账款质押贷款和融资租赁等给予贴息支持。并在全国成立服务贸易（试点）银行，为企业开展服务贸易业务提供金融支持。

---

① 《国家旅游局关于支持中国（福建）自由贸易试验区旅游业开放意见的函》，https://www.imsilkroad.com/news/p/8671.html，2015 年 3 月 20 日。

② 《杭州市商务局杭州市财政局关于印发〈杭州市加快服务贸易创新发展实施意见〉的通知》，http://www.hangzhou.gov.cn/art/2019/3/28/art_1510981_18098.html，2019 年 3 月 28 日。

③ 《商务部等 34 个部门关于联合发布〈服务贸易发展“十二五”规划纲要〉的通知》，http://www.mofcom.gov.cn/article/b/xxfb/201111/20111107851688.shtml，2011 年 11 月 28 日。

服务贸易与知识产权密不可分，积极探索知识产权相关金融政策。2017 年，国务院印发《国家技术转移体系建设方案》提出①，要完善多元化投融资服务，开展知识产权证券化融资试点。2018 年 4 月发布的《中共中央国务院关于支持海南全面深化改革开放的指导意见》明确提出②，探索知识产权证券化、完善知识产权信用担保机制。国家知识产权局下发《关于引入专利质押融资保证保险完善专利质押融资风险补偿机制的通知》（国知办函管字〔2017〕96 号）③，要求充分发挥专利质押融资风险补偿基金和知识产权保险的风险保障作用，加快推进专利质押融资工作。

文件出台后，有关专利商标质押融资总额一直呈现稳步上升态势，这也彰显出我国对知识产权的愈加重视，为知识型服务贸易提供坚实的保障。2017 年，我国专利质押融资总额为 720 亿元，同比增长 65%；2018 年专利、商标质押融资总额达到 1224 亿元，同比增长 12. %，其中，专利质押融资金额达 885 亿元，同比增长 23%；2019 年中国专利、商标质押融资总额 1515 亿，同比增长 23. 8%；2020 年，全国专利、商标质押融资总额达到 2180 亿元，同比增长 43. 9%。

（三）跨境贸易便利化措施政策

改革开放以来，我国外贸发展逐渐步入“快车道”。为适应涉外经济的快速发展需要，稳步扩大居民贸易用汇自由度，国家外汇管理局不断优化创新管理方式方法，先后在货物贸易、服务贸易等领域推出重大外汇管理改革，在守住不发生系统性风险底线的前提下，持续推进经常项目便利化改革，支持对外贸易发展。

党的十九大报告做出了推动形成全面开放新格局以及实行高水平贸易和投资自由化便利化政策的战略部署，国家外汇管理局持续推进金融供给

---

① 《国务院关于印发国家技术转移体系建设方案的通知》（国发〔2017〕44 号），http：//www. gov. cn/zhengce/content/2017 – 09/26/content_ 5227667. htm，2017 年 9 月 26 日。

② 《中共中央国务院关于支持海南全面深化改革开放的指导意见》，http：//news. cnr. cn/native/gd/20180414/t20180414_ 524198934. shtml，2018 年 4 月 4 日。

③ 《知识产权局关于抓紧落实专利质押融资有关工作的通知》，http：//www. gov. cn/xinwen/2017 – 10/25/content_ 5234263. htm，2017 年 10 月 25 日。

侧结构性改革。2019 年以来，国家外汇管理局出台了深化跨国公司资金集中运营管理改革，实施资本项目外汇收入支付便利化试点，取消合格境外机构投资者（Qualified Foreign Institutional Investors，QFII）和人民币合格境外机构投资者（RMB Qualified Foreign Institutional Investors，RQFII）投资额度限制，货物贸易外汇收支便利化试点等多项措施，进一步优化营商环境，服务实体经济发展。因此国家外汇管理局主要实行以下六大措施①：

一是扩大贸易外汇收支便利化试点。允许符合条件的银行为信用良好的企业办理货物贸易和服务贸易外汇收支时，自主优化业务办理流程。外汇管理局于 2019 年初在粤港澳大湾区、上海、浙江开展货物贸易外汇收支便利化试点。本次改革将试点地区扩大至条件成熟的其他地区，并将试点业务范围从货物贸易扩大至服务贸易。

二是简化小微跨境电商企业货物贸易收支手续。允许年度货物贸易规模在 20 万美元以下的小微跨境电商企业，可不办理“贸易外汇收支企业名录”登记手续。外汇局、银行将利用科技手段查验货物贸易收支真实性，强化事中事后管理。

三是优化货物贸易外汇业务报告方式。取消企业向外汇局报告业务初期进出口与外汇收支对应情况的要求，而且贸易信贷等特殊业务报告全部实现网上办理。

四是放宽出口收入待核查账户开立。允许企业自主选择是否开立出口收入待核查账户，简化出口收入入账或结汇手续。

五是便利企业分支机构名录登记。对于有贸易外汇结算需求的企业分支机构，可参照企业法人要求办理“贸易外汇收支企业名录”登记手续。

六是允许承包工程企业境外资金集中管理。承包工程企业可将境外不同工程项目资金集中管理、调配使用，便利企业盘活境外沉淀资金，支持企业开拓多元化市场。

---

① 《12 项跨境贸易投资便利化措施进一步优化营商环境》，http：//www.scio.gov.cn/32344/32345/39620/41997/zy42001/Document/1667151/1667151.htm，2019 年 10 月 28 日。

总之，建立健全金融供给是经济发展的先决条件，金融服务供给竞争和实体经济生发出的切实需求二者之间相互促进、良性循环。对商业银行、证券机构和衍生金融机构的管理体制改革，以及微观主体治理能力的现代化对金融体系革新产生基础性助推作用。只有彻底解放金融生产力才能提升产品竞争力。

经济转向高质量发展阶段，我国需要继续深化金融体制改革。2019 年 2 月，中央政治局第十三次集体学习要求，“深化金融供给侧结构性改革，平衡好稳增长和防风险的关系”，“增强金融服务实体经济能力，坚决打好防范化解包括金融风险在内的重大风险攻坚战，推动我国金融业健康发展”。金融供给侧结构性改革——让金融供给更好适应需求变化，关系到能否平衡好经济稳定与金融安全。

因此金融体系改革的方向是，基于微观征信信息实现金融创新，服务于产业优化调整，将金融资金转化为产业创新、扩张的资金，满足市场化流动配置，最终推动金融体系与产业结构、贸易结构协同升级。

第六章　中国城乡居民财产性收入的决定机制

金融结构深化发展深刻影响着城乡收入分配结构，尤其是城乡居民的收入。收入来源之一的财产性收入的增长是一国居民可支配收入持续提升的重要组成部分。党的十八大以来，我国进入推动新型城镇化发展的新阶段，城镇居民财产性收入迅猛增长，而农村居民财产性收入保持自2000年以来的缓慢增速。本章将重点分析中国居民财产性收入的决定因素和作用机制，尤其是农村居民该类收入增长滞后的原因；通过剖析城乡间居民财产性收入差距拉大的形成原因，为制定配套金融政策、缩小收入分配差距和促进共同富裕提供更为充分的依据。

总的看来，只有促进区域协调发展、金融服务下乡、培养投资能力和意愿，才能保障居民尤其是农村居民的财产性收入持续稳定地增长，从而保障消费水平和生活质量持续稳定地提升。中国城乡居民收入结构仍有待金融政策的调整以及金融市场充分发展，只有深化金融服务、保障农村家庭的投资机会以及加大投资风险教育，金融才能服务于共同富裕，否则反而损害了居民从金融资产等财产中的获益能力。

第一节　金融发展对居民增收的重要意义

中国于2007年10月首次明确提出“创造条件让更多群众拥有财产性收入”的执行目标，使“财产性收入”成为中国居民收入可持续增长的重要指标。财产性收入是指通过提供金融资产或有形非生产性资产的支配权从而获得的回报，这一目标涵盖了多方面的重要内容：首先需要创造良好的政策条件，包括制定相应的政策，来保证收入转化为财产的有效性和合理性（刘翠萍、高峰，2011）；其次，国家层面要创造良好的市场条件，包括公平交易机制、抗风险机制和价格形成机制等；此外，完善市场监管、对投资者进行相应的风险教育，也是“创造条件”的重要内容。

一　中国居民可持续增收的重要目标

2012 年中国共产党第十八次全国代表大会提出“2020 年实现国内生产总值和城乡居民人均收入比 2010 年翻一番”，作为新时代经济发展的战略目标。这是居民收入倍增计划第一次明确地被纳入党的报告。计划中收入倍增者的重点对象是中低收入者群体，尤其是农村居民。考虑到近年财产性收入对居民可支配收入的重要拉动作用，毫无疑问地，农村居民财产性收入是经济发展、收入提升相关政策聚焦的关注对象。

从近几年来看，中国居民收入水平持续较快增长。国家统计局数据显示，2020 年，全国居民人均可支配收入 32189 元，比上年名义增长 4.7%。统计局住户调查办公室主任方晓丹指出：2019 年，全国居民人均可支配收入首次跨入 3 万元大关，比 2000 年实际增长 4.4 倍，年均实际增长 9.2%。中国居民用 60 年时间实现了人均可支配收入跨越万元大关，并分别用 5 年时间实现跨 2 万元与 3 万元大关；2020 年居民收入水平继续增长，不断迈向新台阶①。扣除价格因素后，2011 年至 2020 年全国居民人均可支配收入年均的实际增长为 7.2%，10 年累计实际增长了 100.8%，即全国居民人均可支配收入比 2010 年增加了一倍，全体居民收入翻番目标如期完成②。

从城乡协调发展角度来看，城乡人均收入比稍有缩小。2019 年城镇居民人均可支配收入 43834 元，实际增长了 1.2%；农村居民人均可支配收入 17131 元，实际增长了 3.8%，城乡居民人均收入比值为 2.56。虽然中

① 《2020 年中国城乡居民人均收入较 2010 年翻一番》，http：//www.chinanews.com/cj/2021/01－18/9390086.shtml，2021 年 1 月 18 日。

② 《2020 年中国经济怎么看？国家统计局 10 位司局长独家解读》，https：//mp.weixin.qq.com/s/CpID_ Nd6FFvw0XaJBYZP3w，2021 年 1 月 19 日。

国农村居民收入增长快于城镇居民收入增长，但城乡经济结构失调的问题以及在投资空间、经济活力和发展机会方面的绝对差距仍然不容小觑。

二　财产性收入增长存在区域和城乡差异

居民财产性收入的城乡差异和省际差异悬殊，这两种状况长期并存。2000—2019年中国各省市全体居民的人均财产性收入如图6－1所示，各省市城镇和农村居民的人均财产性收入如图6－2所示，单位为人民币每人。笔者根据《中国统计年鉴》提供的各省居民收入和金融市场数据，对2000—2019年间中国城镇化率与城镇、农村居民人均财产性收入等相关数据进行梳理，发现近20年间城乡居民工薪收入、经营性收入和转移性收入差距均呈下降趋势，唯独城乡间居民财产性收入差距呈上升趋势，与王敏和曹润林（2015）等结论一致。

如下图6－1所示，各省市地域间人均财产性收入的增长趋势截然不同，而且展现出城乡之间经济社会发展机会的巨大差异：多数省份城镇居民财产性收入在2013年中国进入推动新型城镇化发展阶段之后迅猛增长，而农村居民财产性收入在近20年长期缓慢增长。可见农村拥有的投资渠道和资产资源面临严重约束是普遍存在的现象（薛玉琴，2007；李子联、黄瑞玲，2011），极大地阻碍了收入分配差距的缩小，不利于各省全体居民财产性收入的整体提升。

当中国经济发展到工业化基本完成的阶段，居民工资性收入和经营性收入增长趋缓，财产性收入则成为可支配收入增长的重要来源：其对于贫富差距极易产生“马太效应”，资产积累集中，不利于改善收入分配不均；极易滋生食利阶层、加剧社会结构固化；全体社会的消费需求未得到充分实现，不利于经济远期增长。此外，隐形经济也加剧了初次收入分配失衡。所有在统计、管理和监督之外创造价值的经济活动，都属于隐形经济。其隐密性、模糊性和变动性特征，导致实际的财产性收入差距极可能大于核算结果。隐形经济会扭曲市场信息，使得宏观调控政策效果减弱；而且，其侵蚀了税收的同时也逃避了社会责任，不利于财政调控对低收入群体进行有效率的转移支付。

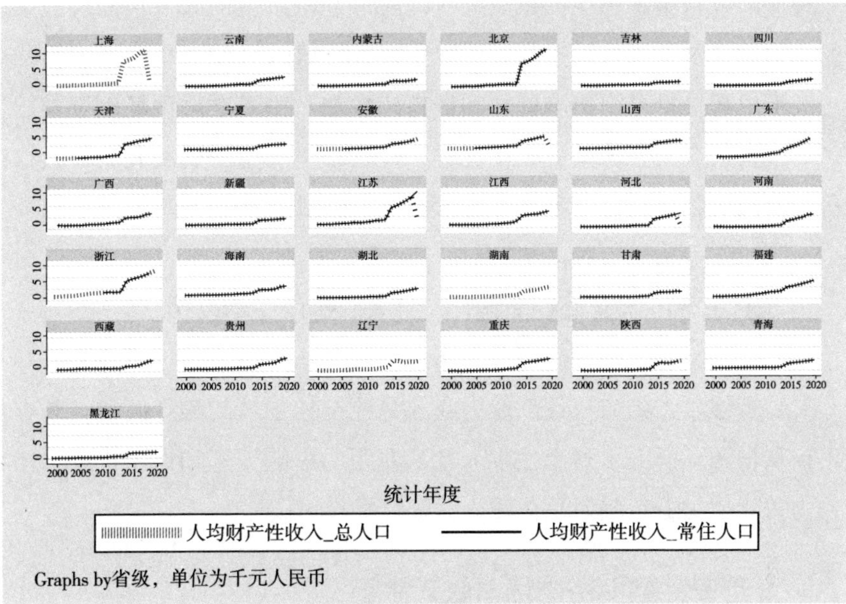

图 6－1　2000—2019 年中国各省市全体居民的人均财产性收入

数据来源：根据《中国统计年鉴》提供的各省居民收入数据整理。

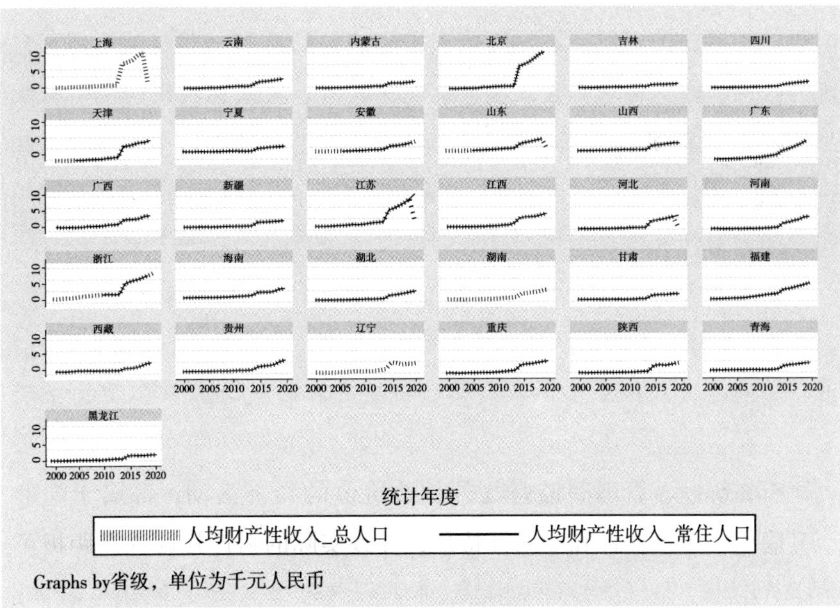

图 6－2　2000—2019 年中国各省分城乡居民的人均财产性收入

数据来源：根据《中国统计年鉴》提供的各省居民收入数据整理。

为保障经济金融系统的稳定，各种隐形经济产生的收入也需要被纳入监管。因此应及时采取调控措施，避免财产性收入分配不均与经济结构固化之间形成恶性循环，影响社会和谐持续发展。由于金融市场发展与居民财产的投资机会紧密相关、相互促进，投资环境、金融发展和城乡人口结构等各类宏观经济因素对财产性收入的作用机制也应该理清。

第二节　文献梳理：金融发展的收入效应

对财产性收入的研究逐渐成为收入分配结构领域的焦点问题，既有文献不仅从根源上研究了财产性收入及其差距的影响因素和作用机制，还将其作为重要动力分析其对总体收入分配的影响。

一　我国金融投资市场与收入差距

中国全国及分城乡居民收支数据来源于中国国家统计局组织实施的“住户收支与生活状况调查”，按季度对住户进行抽样调查并发布。居民可支配收入是指居民可用于最终消费支出和储蓄的总和，即居民可用于自由支配的收入，既包括现金收入也包括实物收入。城镇和农村居民可支配收入按照收入来源可以分为四类：财产性收入、工资性收入、经营收入和转移性收入（周星和董蕴，2019）。根据收入来源的计算方法①，本章采用的人口口径为常住人口。

党的十八大以来，中国已然处于工业化中后期和城乡融合发展阶段（刘开俊、李隽、罗金山，2016）。居民可支配收入和财富积累日益充裕，因此近年的收入分配研究中，城乡投资机会和收入差距是不可缺少的议

① 《中国统计年鉴》中的计算方法为：（1）居民人均可支配收入 = 城镇居民人均可支配收入 * 城镇人口比重 + 农村居民人均可支配收入 * 农村人口比重。（2）居民人均可支配收入实际增速 =［（1 + 居民人均可支配收入名义增速）/同期居民消费价格指数］- 1；（3）全国居民人均可支配收入是根据全国十几万户抽样调查基础数据，依据每个样本户所代表的户数加权汇总而成；由于受城镇化和人口迁移等因素影响，各时期的分城乡、分地区人口构成发生变化，有时会导致全国居民收入增速超出分城乡居民收入增速区间的现象发生。主要是在城镇化过程中，一部分在农村收入较高的人口进入城镇地区，但在城镇属于较低收入人群，他们的迁移对城乡居民收入均有拉低作用；但无论在城镇还是农村，其收入增长效应都会体现在全体居民收入增长中。

题。理论界学者从不同视角进行了相关研究和思考，本章从产业结构、金融投资市场发展与城镇化等宏观经济结构因素进行梳理。

二　金融发展对收入差距作用的理论梳理

在城镇化方面，中国受城乡“二元”经济社会格局的制约。在近几十年的城镇化进程中，随着资源和政策向城镇倾斜以及软硬件条件不断改善，城镇居民拥有更多的财产、投资机会和升值空间，主要原因在于资产市场化程度和投资机会的发展差异；农村居民所有的财产市场化的程度不高，面临的投资机会也不足。王敏和曹润林（2015）通过对 2005—2012 年中国 30 个省份地区的面板数据进行回归分析，证明城镇化进程确实加剧了城乡间居民财产性收入差距的不平等程度。农村居民拥有闲置的土地使用权、宅基地缺乏交易机会或者被廉价交易，因此，其财产性收入来源和投资渠道依然狭窄。王敏（2015）和王悦侠（2016）关于农村人口向城镇迁移过程中拉低了统计的城镇人均收入指标的研究结论与这一观点一致。

金融是国家重要的核心竞争力，金融发展与经济运行正以前所未有的速度加速磨合。金融市场的扩张深化对居民财产性收入城乡差距的作用机制到底是扩张还是压缩，是否促进了居民收入的可持续增长，学界一直存在争议。

一部分研究认为金融发展产生库兹涅茨效应。Greenwood 和 Jovanovic（1990）在经济增长、金融发展和收入分配三者之间建立了一个动态模型，发现财富水平亦存在“倒 U 型”效应，即金融发展并不能为居民收入带来可持续增长。边际受益减少，边际损失增加，当边际损失增长强于边际受益，这两种效应叠加带来了“倒 U 型”关系。随后，Clarke 等（2003）、Beck 等（2004）、章奇（2003）、方文全（2006）、刘敏楼（2006）以及林素絜（2015）等大量学者通过不同的实证方法论证了该结论。

一部分研究者考察金融发展作用对象的异质性，认为不同人群的信贷约束不同导致收入差距扩大。穷人由于融资受限而无法参与金融活动，收入分配差距逐渐扩大并固化为不同的社会阶层（Galor 等，1993），金融发展与收入不平等呈正向线性关系。银行等金融部门往往出于风险收益的考虑，使得贫困人口的融资境地更差，进一步地恶化了收入不平等（Bourguignon 等，2000；Canavire 等，2008）；发展中国家金融不稳定将减少甚至完全抵消金融发展给减缓贫困所带来的积极效应（Jeanneney，Kpodar，2008；Beck 等，2004；程恩富、谢长安，2016）。

近几年，基于中国省级层面或地区的实证研究成果非常丰富。程晨（2013）以中部地区为例，认为单纯的金融规模扩大并不会缩小地区的收入差距，反而有扩大的趋势。程晨（2013）同时认为更加合理的金融结构和更高的金融效率会缩小地区的收入差距。温红梅、罗美薇（2017）选取1998—2014 年我国 31 个省的相关数据资料研究，认为金融发展能减小城乡收入差距等结论具有可靠性，提出政府应加大扶持力度、促进产业结构和收入结构优化升级等政策建议。秦强、范瑞（2018）选取金砖国家2000—2011 年的面板数据，发现收入差距由大变小的动态过程中，金融效率、金融规模和金融开放都扩大了收入差距，金融结构缩小了收入差距。

还有研究表明金融发展促使收入差距减小。该观点最初来源于 Agion 和 Bolton（1997）提出的资本积累的涓滴效应，即长期而言富人增长的财富通过消费、就业等方面惠及穷人，进而带动其富裕。此外，还有学者研究隐形经济对城乡间居民财产性收入差距的扩大作用。杨灿明、孙群力（2011）测算 1978—2010 年间隐性经济规模约为国民经济规模的 10.61% 至 26.52%，且对收入差距有显著的正向影响作用。由于缺乏健全有效的收入监测系统，大量的财产性收入以隐性经济的形式存在，如将其考虑在内则形势将更为严峻。

总之，这些论文多从产业结构、金融发展等宏观因素出发分析，部分指标统计口径较粗放，极大地干扰了实证估计和结论判断。本章下一节结合多个金融市场的指标，更为细致地理清金融发展各个维度或领域对城乡居民财产性收入分配产生的错综复杂的关系，而且考虑了非线性效应以及多种因素与时期固定效应的交互作用。

第三节　实证分析居民财产性收入的决定机制

本节在控制宏观因素的前提下，基于中国31个省市的数据，重点研究金融发展深化对居民财产性收入及其城乡差距的作用渠道、作用机制。金融市场深化发展通过拓宽收入来源和投资渠道，有利于居民充分利用资产参与投资，直接影响着居民的财产性收入。在梳理既有研究中各种影响居民财产性收入的来源后，将重要的金融因素和城镇化进程作为解释变量。

在城乡投资环境存在较大差异的背景下，更重要的是金融因素对城镇和农村居民财产性收入的作用有何不同。结合发展中国家地区差距、城乡差距较大尤其是金融市场服务存在差距的特点，使用中国的数据对财产性收入进行总体分析，对发展中国家的平衡性增收具有借鉴意义。

一　变量概念和趋势特征

《中国统计年鉴》主要统计指标说明："财产性收入是指金融资产或有形非生产性资产的所有者向其他机构单位提供资金或将有形非生产性资产供其支配，作为回报而从中获得的收入。"国家统计局城市社会经济调查司在《中国城镇生活与价格年鉴》中则进一步将财产性收入延伸为"家庭拥有的动产如银行存款、有价证券，不动产如房屋、车辆、土地、收藏品等所获得的收入"。其具体内涵包括：（1）利息收入，即资产所有者按预先约定的利率获得的高于存款本金以外的那部分收入；（2）股息与红利收入，指由股票发行公司按入股数量分配的股息、年终分红；（3）保险收益，指家庭参加储蓄性保险，扣除交纳的保险本金后所获得的保险净收益；（4）出租房屋收入，指出租房屋租金中扣除缴纳的各种税费、出租房屋的维修费用等各种成本支出后，获得的超过原购买价的那部分收入。

目前理论界尚未对财产性收入的范畴形成一个统一的概念，各类数据来源的统计口径可能存在一些差别（王巧玲，2011；曹润林，2013；王敏，2015；闫晴、俞小平，2018）。如下介绍本章使用的各类省级层面变量，已基于各年的中美货币汇率将国际贸易额换算为人民币。

（一）被解释变量

城镇和农村可支配收入的4类来源以及相关的比例指标为主要的被解释变量。城镇人均可支配收入等于城镇人均工资性收入、城镇人均经营性收入、城镇人均财产性收入、城镇人均转移性收入这四类来源的收入之和，农村人均纯收入同理。

城乡财产性收入比率，即城乡居民间财产性收入差距，为城镇人均财产性收入与农村人均财产性收入之比；农村居民人均财产性收入占可支配收入之比、城镇人均可支配财产性收入为这两者分别占农村人均纯收入和城镇人均可支配的比例；也可用城乡收入差值来衡量收入差距。

（二）核心解释变量

1. 金融市场发展

本书采用利率市场、股票市场、保险市场这三方面的数据来尽可能全面地体现金融投资市场的规模。金融市场是城乡居民获取财产性收入的重要渠道，拥有的金融资产越多，其获得的财产性收入也会越多，如通过股票、债券、保险和基金交易等产生的收入。由于我国城乡之间金融市场资源配置不均衡和城乡居民金融理财意识的差距，城镇居民从金融市场上获取财产性收入的机会和能力远大于农村居民，其边际储蓄倾向低于农村居民；而农村居民受金融市场投资渠道的制约，主要靠储蓄来获得利息收入。

因此，本书预期储蓄会缩小城乡间居民财产性收入差距，而股票、保险则会显著促进城镇财产性收入。王敏、曹润林（2015）对存款和持有股票市值取对数值，或者用绝对值比上 GDP 生成全部金融机构各项存款与 GDP 的比值和股票流通市值与 GDP 的比值放入回归中。为考虑金融发展可能存在的非线性效应，将这两个比例的二次项也放入回归分析中。

具体的人均变量和比值变量的单位有所不同，比如从《中国金融统计年鉴》提取的各省的保险机构保险密度、全部保险机构保险深度的单位分别是元/人和百分数%（修国义、朱悦、刘毅，2019）。保险密度是指按限定的统计区域内常住人口平均保险费的数额，保险深度是指某地保费收入占该地国内生产总值之比，二者标志人们保险意识的强弱和保险业发展的地位。

2. 房产建设投资

城镇化进程伴随着房地产市场的兴盛，房屋资产是城乡居民获取财产性收入的重要方式，特别是城镇居民，其拥有的房屋资产越多，获取的财产性收入也会越多（朱云章，2008）；而由于我国城乡居民房屋资产情况的真实数据并没有权威的统计数据，故本书选择房地产开发投资作为替代变量，并根据其与国内生产总值的比例衡量房产开发的相对规模。考虑房地产开发后作为资产进入交易或租赁市场建设周期，因此使用滞后项体现滞后效应。理论上，城乡居民对房产的投资需求越大，商品房销售面积也会越大，其从房产市场上获取财产性收入的保障会越强。目前我国商品房投资需求主体和主要受益方是城镇居民，因此预计商品房销售面积与城乡间居民财产性收入差距存在正相关关系。故可以选择商品房销售面积或者户均面积即家户平均面积作为替代变量（王敏、曹润林，2015）。

（三）控制变量

城乡间居民财产性收入差距还受到相关宏观经济特征的影响，为了获得更稳健的估计结果，本书还引入一组经济特征变量作为控制变量，主要包括：

1. 人口教育素质

人口教育素质越高，其获取收入能力也越强，受教育水平决定居民获取收入的能力禀赋。高等教育对于居民获取知识视野和投资能力至关重要，尤其在中国这种新兴经济体，人口的整体教育水平尤其是高素质人才是省级发展的重要的异质性来源。本节选取大专及以上学历的人数占总人口的比重衡量各省居民的受教育水平。

2. 人口城镇化水平

城镇人口与总人口之间的比例是衡量城镇化水平高低的标准，该比例越高，说明城镇化水平越高。城镇化程度越高的地区，预期全体居民获得的财产性收入水平也越高（周安华、颜梓鸿、曹虹剑，2018）。通常使用的常住人口指标指全年经常在家或在家居住 6 个月以上的人口，也包括流动人口中在非户口登记地居住半年以上的人口，常住人口经济和生活与本户连成一体。外出从业人员在外居住但收入主要带回家中的，经济与本户连为一体，仍视为家庭常住人口。

各省常住人口具体的计算公式为：常住人口等于户籍人口与流入本市半年以上的外来流动人口的总和减去流出本市半年以上的户籍人口。

3. 经济开放程度

在开放经济的框架下分析收入决定机制时，经济开放程度越高，居民获取财产性收入的机会也会越多。因此，本书将在各省本地经营企业的进出口贸易额占 GDP 的比例，即对外贸易依赖度作为衡量对外贸易开放度的指标纳入分析内（王敏、曹润林，2015）。要注意的一点是，经营所在地是指企业法人主要业务活动、经营活动的处所，也就是常说的办公场所；其不同于进货采购的来源地，以及业务经营的地域范围即目的地。

4. 财政因素

地方财政一般预算收入和地方财政一般预算支出及其与 GDP 的比例，可以控制政府参与经济活动的影响。地方财政一般预算收入指的是某一级政府通过征缴（不含转移支付）取得的（杨武、李升，2019），纳入公共预算管理的财政收入，分为税收和非税收入；地方可支配财政收入为小口径财政收入，是地方政府在一定时期内能随意支配使用的财政资金。这一指标衡量的是政府的相对规模，取值越高表明政府参与配置的经济资源和新创价值就越多，政府对经济体系的干预程度就越高（周安华、颜梓鸿、曹虹剑，2018）。

二 居民财产性收入的回归方程

（一）省级面板数据模型构建

基于前面的理论分析和变量选取说明，省级居民财产性收入的回归方程形式如（6-1）式所示。本书将构建省级面板数据进而探索居民财产性收入的决定机制，并且分析各类因素的影响大小。

$$\text{PropertyInc}_{it} = \alpha_i + \lambda_t + \beta Urban_{it} + \gamma X_{it} + \varepsilon_{it} \qquad (6-1)$$

其中，i 表示地区，t 表示时间，被解释变量 Pro pertyInc_{it} 表示每年各省城乡居民财产性收入。本书在下面的回归中考虑了三个省际财产性收入变量，分别是全体居民人均家庭财产性收入、城镇居民人均家庭财产性收入和农村居民人均家庭财产性收入。*Urban* 表示核心解释变量城镇化水平即城镇常住人口占总人口比重，β 为核心解释变量系数；向量 X 为一组其他可能影响财产性收入的解释变量向量，即控制变量，γ 为控制变量的系数向量；α_i 表示假设模型存在省份个体效应，λ_t 表示假设模型存在时间效应，至于模型是否存在双向固定效应，可通过相关检验来验证；ε_{it}为扰动项。

上述变量的数据来源情况如下：储蓄、股票市场和保险市场有关的原始数据来源于历年《中国金融年鉴》；其他变量的原始数据分别来源于历年《中国统计年鉴》《新中国 60 年统计资料汇编》，部分缺失数据补充自省级统计年鉴。

全样本的各类变量的含义、名称和描述性统计如表6－1 所示。省级农村人均财产性收入的值显然小于省级城镇人均财产性收入，并且其在农村居民可支配收入中的占比也小于后者在城镇居民可支配收入中的占比；各省金融发展程度迥异，尤其是股票流通市值与 GDP 的比值的标准差较大，其他存款、保险和房产投资指标反映的金融投资市场发展程度的差异稍小；同样存在巨大差异的是由进口、出口依赖度反映的各省对外贸易开放程度；各省产业结构的省际差异不大，第三产业占 GDP 的比重平均为43. 39％。

表6－1　　　　省级层面变量的描述性统计量

Variables	Meaning	Obs	Mean	Std. Dev.	Min	Max
lnpcGDP	省级人均 GDP 的对数	744	9. 877	0. 967	7. 8068	12. 00
lnpcProInc	省级人均财产性收入的对数	620	5. 682	1. 450	－0. 9416	9. 33
lnrpcProInc	省级农村人均财产性收入的对数	620	4. 868	1. 132	－0. 9416	7. 66
lnupcProInc	省级城镇人均财产性收入的对数	620	6. 053	1. 515	0. 1655	9. 44
RrpcProInc	农村居民人均财产性收入占可支配收入之比	620	0. 027	0. 017	0. 0001	0. 11
RupcProInc	城镇居民人均财产性收入占可支配收入之比	620	0. 039	0. 037	0. 0001	0. 17
Rdep_ GDP	全部金融机构各项存款与 GDP 的比值	464	1. 639	0. 718	0. 7509	5. 58

续表

Variables	Meaning	Obs	Mean	Std. Dev.	Min	Max
Rstock_ GDP	股票流通市值与 GDP 的比值	325	0. 369	0. 720	0. 0072	5. 08
lnInsureDens	保险密度的对数	425	6. 973	0. 876	2. 4932	9. 17
lnInsureDepth	保险深度的对数	428	1. 096	0. 353	-0. 4004	2. 00
Restate_ GDP	房地产投资与 GDP 之比	719	0. 093	0. 062	0. 0024	0. 46
Rurban	人口城镇化率	620	47. 747	17. 765	23. 3	89. 60
Rcollege	大专及以上学历比重	526	7. 140	5. 428	0. 08	39. 45
Rgovrev	财政收入占 GDP 的比例	580	0. 092	0. 031	0. 0481	0. 22
Rgovexp	财政支出占 GDP 的比例	580	0. 200	0. 093	0. 0691	0. 62
Rtertiary	第三产业增加值占 GDP 的比重	580	0. 433	0. 090	0. 2830	0. 83
Rexport	出口金额与 GDP 之比	580	0. 154	0. 172	0. 0069	0. 84
Rimport	进口金额与 GDP 之比	580	0. 149	0. 221	0. 0043	1. 42

（二）基于面板数据的实证分析

在控制中国各个区域固定效应的前提下，首先对居民财产性收入的水平进行实证分析，结果如表 6-2 所示。第一列和第二列展现对各省全体居民人均财产性收入的回归结果，三四列和五六列则分别对省级的城镇人均财产性收入和农村人均财产性收入进行回归。省级人均 GDP 及其平方项的回归系数表明国民生产水平发展最终有利于居民收入受惠。根据回归系数，在其他条件给定的情形下，当人均 GDP 的对数 lnpcGDP 高于 7. 7176 即人均 GDP 高于 2245. 6 元处，该指标对全体居民人均财产性收入的作用由负效应转变为正效应。当人均 GDP 的对数高于 7. 8510 即人均 GDP 高于 2567. 85 元处，该指标对城镇人均财产性收入的作用由负效应转变为正效应。

各类金融因素和财政支出占 GDP 的比例对于全体收入水平未产生显著效应；人口城镇化则产生显著负效应，Rurban 每提升 1 个单位（即该指标提升一个百分点），则人均财产性收入约下降 4%。第三产业的贡献相对上升，即第三产业增加值占 GDP 的比重上升则有利于居民利用资产获取收益，第三产业增加值占 GDP 的比重每上升 1%，则人均财产性收入约上升

6.9%；通过控制中国六大经济区域的固定效应，发现对比华北地区（ecozone = 1 的样本），其他地区尤其是西南地区（ecozone = 5 的样本）居民财产性收入更高，而西北地区并未体现显著差异。

对城镇人均财产性收入的回归结果与之相类似并且效应更大：人口城镇化率和第三产业增加值占 GDP 的比重的系数更大说明人口迁移和产业结构发展主要作用于城镇居民的财产性收入上；此外，保险深度和财政支出占 GDP 的比重的提升有利于保障和提高城镇居民财产性收入。相比之下，对农村人均财产性收入回归，这些基本变量都不显著，加权拟合优度只有约 0.6。为了理清城镇和农村财产性收入的决定机制，接下来补充其他指标对二者分别进行回归分析。

表 6-2　　各省全体居民财产性收入的影响因素（基准回归）

	(1)	(2)	(3)	(4)	(5)	(6)
被解释变量	lnpcProInc	lnpcProInc	lnupcProInc	lnupcProInc	lnrpcProInc	lnrpcProInc
lnpcGDP	-5.5159**	-5.6434**	-6.5680**	-6.8528**	0.3406	0.4037
	(2.6558)	(2.6908)	(3.1371)	(3.2275)	(3.7441)	(3.8048)
$lnpcGDP^2$	0.3574***	0.3638***	0.4183***	0.4325***	0.0183	0.0151
	(0.1337)	(0.1358)	(0.1585)	(0.1634)	(0.1848)	(0.1878)
Rdep_ GDP	-0.6251	-0.5099	-0.6290	-0.3648	0.0716	-0.0388
	(0.4171)	(0.3767)	(0.5423)	(0.4870)	(0.3851)	(0.4155)
$Rdep\_GDP^2$	0.0621	0.0417	0.0589	0.0136	-0.0166	0.0011
	(0.0620)	(0.0677)	(0.0746)	(0.0786)	(0.0588)	(0.0682)
Rstock_ GDP	0.0749**	-0.0524	0.0285	-0.2818	0.0284	0.1533
	(0.0343)	(0.2749)	(0.0619)	(0.2928)	(0.0652)	(0.1805)
lnInsureDens	0.0000	0.0000	0.0000	0.0000	-0.0001	-0.0001
	(0.0001)	(0.0001)	(0.0002)	(0.0002)	(0.0001)	(0.0001)
lnInsureDepth	0.1257	0.1249	0.1727*	0.1693*	-0.0255	-0.0241
	(0.0825)	(0.0819)	(0.1019)	(0.0987)	(0.0785)	(0.0787)
Rgovexp	1.2898	1.2690	2.5834*	2.4914*	0.3313	0.3737
	(1.0736)	(1.0196)	(1.3764)	(1.2871)	(0.8944)	(0.9100)
Rurban	-0.0434***	-0.0444***	-0.0615***	-0.0628***	0.0184	0.0189
	(0.0128)	(0.0134)	(0.0108)	(0.0118)	(0.0122)	(0.0126)

续表

	(1)	(2)	(3)	(4)	(5)	(6)
Rtertiary	6.9371 ***	6.9593 ***	7.7697 ***	7.8599 ***	1.5265	1.4821
	(0.9887)	(0.9721)	(1.2084)	(1.1716)	(1.4370)	(1.4597)
Restate_ GDP	-0.2028	-0.1905	-0.7459	-0.7250	-0.0990	-0.0727
	(0.7988)	(0.7850)	(1.0806)	(1.0300)	(0.8884)	(0.8817)
1. ecozone	0.0000	0.0000	0.0000	0.0000	0.0000	0.0000
	(.)	(.)	(.)	(.)	(.)	(.)
2. ecozone	0.6655 **	0.6638 **	0.4301	0.4396	0.1620	0.1523
	(0.2625)	(0.2621)	(0.3197)	(0.3152)	(0.2412)	(0.2417)
3. ecozone	0.7526 **	0.7567 **	0.9234 **	0.9467 **	0.0482	0.0349
	(0.3461)	(0.3483)	(0.3912)	(0.3905)	(0.1102)	(0.1200)
4. ecozone	0.7105 **	0.7141 **	0.9726 ***	1.0001 ***	-0.3451	-0.3627
	(0.3086)	(0.3174)	(0.3250)	(0.3374)	(0.2273)	(0.2369)
5. ecozone	0.9557 **	0.9316 ***	1.1611 ***	1.1320 ***	-0.0310	-0.0263
	(0.3713)	(0.3553)	(0.3953)	(0.3783)	(0.1973)	(0.1942)
6. ecozone	-0.0285	-0.0414	-0.3252	-0.3249	-0.2707	-0.2781
	(0.3809)	(0.3772)	(0.4787)	(0.4677)	(0.2154)	(0.2161)
$Rstock\_GDP^2$		0.0309		0.0758		-0.0308
		(0.0581)		(0.0597)		(0.0388)
_ cons	23.5974 *	24.1765 *	28.4886 *	29.7444 *	-1.8056	-2.0276
	(13.5002)	(13.6658)	(15.7825)	(16.1912)	(19.1131)	(19.4206)
N	266	266	266	266	266	266
R^2						
r2_ w	0.8690	0.8689	0.8200	0.8216	0.5955	0.5981

注：括号里是标准误，* 表明 $p<0.1$，** $p<0.05$，*** $p<0.01$。

城镇居民财产性收入水平的影响因素如表 6-3 所示。基于省份固定效应并考虑各金融因素的滞后效应，使用财政收支占 GDP 的比例（Rfiscal）控制了政府管理效应、进出口金额与 GDP 之比（Rtrade）控制外贸依赖度，进出口金融前述结果仍然稳健。此外，全部金融机构各项存款的滞后项，其中股票流通市值、保险深度以及大专及以上学历比重产生显著的正效应，而房地产投资与 GDP 之比和经营地进出口金额与 GDP 之比及其滞后项不显著。这说明存款储蓄、股票、保险多种金融市场的蓬勃发展有利于城镇居民受益且存在长期影响，人口素质对投资收益非常重要。

表 6-3　城镇居民财产性收入的影响因素

	(1)	(2)	(3)	(4)	(5)	(6)
lnpcGDP	-5.3073	-4.7954	-3.0172	-4.7954	-3.0172	-5.7596*
	(3.3119)	(3.3186)	(3.5603)	(3.3186)	(3.5603)	(3.2960)
$lnpcGDP^2$	0.3152*	0.2231	0.1414	0.2231	0.1414	0.3186*
	(0.1659)	(0.1688)	(0.1797)	(0.1688)	(0.1797)	(0.1662)
lnRdep_ GDP	-0.4462	0.7029	0.9347*	0.7029	0.9347*	-0.2687
	(0.5177)	(0.5280)	(0.5418)	(0.5280)	(0.5418)	(0.5303)
lnRstock_ GDP	0.1203*	0.0957	-0.1214*	0.0957	-0.1214*	0.1175*
	(0.0617)	(0.0605)	(0.0638)	(0.0605)	(0.0638)	(0.0619)
lnInsureDens	0.0370	0.0604	0.0735	0.0604	0.0735	0.0466
	(0.0995)	(0.0992)	(0.1028)	(0.0992)	(0.1028)	(0.0995)
lnInsureDepth	0.6177**	0.5490**	0.6934**	0.5490**	0.6934**	0.6297**
	(0.2748)	(0.2642)	(0.3020)	(0.2642)	(0.3020)	(0.2772)
Restate_ GDP	-2.0824					
	(1.3544)					
L. Restate_ GDP		0.2974	0.0259	0.2974	0.0259	-0.1769
		(1.4373)	(1.5049)	(1.4373)	(1.5049)	(1.4748)
L. Rfiscal	1.8608	-0.3320	-0.5464	-0.3320	-0.5464	1.0685
	(1.4503)	(1.4878)	(1.6277)	(1.4878)	(1.6277)	(1.4290)
Rurban	0.0186					
	(0.0204)					
L. Rurban		0.0286	0.0342	0.0286	0.0342	0.0314
		(0.0200)	(0.0211)	(0.0200)	(0.0211)	(0.0200)
L. Rcollege	0.0747***	0.0813***	0.0782***	0.0813***	0.0782***	0.0832***
	(0.0268)	(0.0266)	(0.0279)	(0.0266)	(0.0279)	(0.0266)
Rtertiary	9.0404***	6.7672***	6.7292***	6.7672***	6.7292***	7.9496***
	(1.5709)	(1.5855)	(1.6992)	(1.5855)	(1.6992)	(1.6077)
Rtrade	-0.1440	-0.3605	-0.8644	-0.3605	-0.8644	-0.3778
	(0.4832)	(0.4880)	(0.5352)	(0.4880)	(0.5352)	(0.4902)

续表

	(1)	(2)	(3)	(4)	(5)	(6)
_ cons	23.8779	18.4321	8.0273	18.4321	8.0273	26.2375
	(17.3269)	(17.4513)	(18.6798)	(17.4513)	(18.6798)	(17.2488)
N	219	219	215	219	215	219
R^2	0.781	0.782	0.771	0.782	0.771	0.780
r2_ w	0.7810	0.7821	0.7706	0.7821	0.7706	0.7803

注：括号里是标准误，* 表明 p<0.1，** p<0.05，*** p<0.01。

如表6-4所示，基于省份固定效应分析农村居民财产性收入水平的影响因素，并考虑各金融因素的滞后效应。使用农村居民人均纯收入(lnrpInc)控制了农村地区经济发展水平，各系数显著性和拟合优度与表6-2一致，许多金融市场发展对农村居民财产性增收作用有限，而存款余额仍然十分显著。值得注意的是，经营地进出口金额占GDP的比重体现的国际开放程度产生了正向作用，对外交往扩大很有利于农村居民解放思想、拓展投资视野；除了华南地区（ecozone=4）存在负向的固定效应之外，中国其他各区域农村居民投资环境接近、财产性收入不存在明显落差。需要注意的是，贸易开放度对农村居民财产性收入具有正效应，对城镇居民财产性收入的影响不显著，要使用其二次项进一步分析。

表6-4　农村居民财产性收入的影响因素

	(1)	(2)	(3)	(4)
lnrpInc	1.1881	0.9241	2.3593	1.9231
	(2.9371)	(2.9541)	(3.4838)	(3.4396)
$lnrpInc^2$	-0.0877	-0.0737	-0.1056	-0.0863
	(0.1637)	(0.1641)	(0.1944)	(0.1923)
lnRdep_ GDP	0.8764**	0.7386*	0.1076	0.1294
	(0.3745)	(0.3872)	(0.1367)	(0.1379)
lnRstock_ GDP	-0.0177	-0.0226	0.0091	-0.0029
	(0.0475)	(0.0476)	(0.0543)	(0.0542)
lnInsureDens	0.0423	-0.2781	0.0440	-0.2637
	(0.0671)	(0.5209)	(0.0477)	(0.3803)

续表

	(1)	(2)	(3)	(4)
lnInsureDepth	0. 2480	-0. 3991	0. 0619	-0. 5975
	(0. 2098)	(0. 5555)	(0. 1978)	(0. 4960)
$lnInsureDens^2$		0. 0319		0. 0302
		(0. 0535)		(0. 0398)
$lnInsureDepth^2$		0. 3090		0. 3176
		(0. 3010)		(0. 2681)
Restate_ GDP	0. 9148	0. 9424	-0. 1711	0. 1665
	(1. 1207)	(1. 1220)	(1. 4580)	(1. 5112)
Rfiscal	-1. 9389	-1. 3871	0. 5086	0. 4747
	(1. 1872)	(1. 2381)	(0. 8217)	(0. 7823)
Rurban	0. 0006	0. 0040	0. 0033	0. 0027
	(0. 0169)	(0. 0173)	(0. 0134)	(0. 0151)
Rcollege	0. 0234	0. 0240	0. 0087	0. 0072
	(0. 0188)	(0. 0188)	(0. 0152)	(0. 0134)
Rtertiary	2. 6127 *	2. 7100 **	0. 9152	0. 8070
	(1. 3575)	(1. 3574)	(1. 2057)	(1. 2359)
Rtrade	0. 8403 **	0. 8213 **	0. 6391 *	0. 5689
	(0. 3782)	(0. 3780)	(0. 3480)	(0. 3706)
1. ecozone			0. 0000	0. 0000
			(.)	(.)
2. ecozone			0. 3006	0. 3460
			(0. 2202)	(0. 2338)
3. ecozone			-0. 1430	-0. 0997
			(0. 1587)	(0. 1713)
4. ecozone			-0. 4871 **	-0. 4291 **
			(0. 1971)	(0. 1976)
5. ecozone			-0. 2820	-0. 2766
			(0. 2365)	(0. 2386)
6. ecozone			-0. 2679	-0. 2639
			(0. 2262)	(0. 2317)

续表

	(1)	(2)	(3)	(4)
_ cons	-8.4659	-5.2442	-9.6277	-6.3323
	(12.7947)	(13.3701)	(15.3492)	(15.2751)
N	180	180	180	180
R^2	0.528	0.536		
r2_ w	0.5279	0.5359	0.4859	0.5017

注：括号里是标准误，* 表明 $p<0.1$，** $p<0.05$，*** $p<0.01$。

进一步通过添加二次项引入金融因素的非线性作用，结果如表6-5所示。农村人均收入水平显示出倒U型效应；存款余额和股票流通市值产生了显著的正向的滞后效应，说明农村居民从股市扩张中获利需要时间；财政收支占GDP之比和经营地进出口金额占GDP之比同样产生了滞后的促进效应；而全省的居民素质、产业结构提升依然不显著。

表6-5　　农村居民财产性收入的影响因素

	(1)	(2)	(3)	(4)	(5)
	lnrpcProInc	lnrpcProInc	lnrpcProInc	lnrpcProInc	lnrpcProInc
lnrpInc	-3.3316***	0.1369	0.1627*	0.1799*	0.1831
	(1.2107)	(0.0859)	(0.0884)	(0.1067)	(0.1134)
lnrpInc^2	0.3808***	-0.0104**	-0.0115**	-0.0113*	-0.0114*
	(0.1363)	(0.0049)	(0.0050)	(0.0060)	(0.0064)
lnrpInc^3	-0.0147***				
	(0.0051)				
lnRdep_ GDP	0.0264**	0.0285**	0.0282**	0.0036	0.0039
	(0.0120)	(0.0123)	(0.0127)	(0.0029)	(0.0031)
lnRstock_ GDP	0.0034**	0.0025*	0.0026*	0.0026	0.0027
	(0.0015)	(0.0015)	(0.0015)	(0.0017)	(0.0017)
lnInsureDens	-0.0011	-0.0007	0.0174	-0.0010	0.0072
	(0.0024)	(0.0025)	(0.0177)	(0.0009)	(0.0167)
lnInsureDepth	-0.0111	-0.0138*	0.0230	-0.0099	-0.0049
	(0.0072)	(0.0073)	(0.0294)	(0.0074)	(0.0308)
lnInsureDens^2			-0.0018		-0.0008
			(0.0018)		(0.0018)

续表

	(1)	(2)	(3)	(4)	(5)
lnInsureDepth^2			-0.0151		-0.0013
			(0.0141)		(0.0130)
Restate_ GDP	-0.0261	-0.0002	-0.0063	-0.0407	-0.0416
	(0.0360)	(0.0356)	(0.0358)	(0.0361)	(0.0361)
Rfiscal	0.0264	-0.0004	-0.0005	0.0319**	0.0323**
	(0.0405)	(0.0402)	(0.0411)	(0.0146)	(0.0150)
Rurban	0.0001	0.0002	0.0002	0.0003	0.0004
	(0.0005)	(0.0005)	(0.0005)	(0.0003)	(0.0004)
Rcollege	-0.0003	-0.0006	-0.0005	-0.0000	0.0000
	(0.0007)	(0.0007)	(0.0007)	(0.0007)	(0.0007)
Rtertiary	0.0608	0.0594	0.0619	0.0754	0.0778
	(0.0412)	(0.0421)	(0.0420)	(0.0540)	(0.0574)
Rtrade	0.0085	0.0100	0.0010	0.0223*	0.0217*
	(0.0122)	(0.0124)	(0.0136)	(0.0115)	(0.0117)
1. ecozone				0.0000	0.0000
				(.)	(.)
2. ecozone				0.0088	0.0081
				(0.0075)	(0.0076)
3. ecozone				-0.0073	-0.0071
				(0.0045)	(0.0046)
4. ecozone				-0.0165***	-0.0167***
				(0.0054)	(0.0056)
5. ecozone				-0.0070	-0.0072
				(0.0051)	(0.0054)
6. ecozone				-0.0068**	-0.0064
				(0.0032)	(0.0046)
_ cons	9.5701***	-0.6714*	-0.8634**	-0.7670	-0.8154
	(3.5858)	(0.3822)	(0.4173)	(0.4716)	(0.5266)
N	215	215	215	215	215
R^2	0.171	0.131	0.145		
r2_ w	0.1707	0.1311	0.1447	0.0925	0.0957

注：括号里是标准误，*表明 p<0.1，**p<0.05，***p<0.01。

第四节　总结：金融发展对财产性收入的影响

政府通过财政政策与货币政策的互相配合以达到国家治理目的已成为理论界和全球政要的共识，然而学术界对金融发展是否促进了居民收入的可持续增长存在不同意见。首先分析各省市人均财产性收入水平呈现的地区差异和城乡经济社会发展机会的巨大差距；随后重点分析中国居民财产性收入的决定因素和作用机制，以及农村居民财产性增长缓慢的原因。城乡居民财富积累的速度差距拉大，这一趋势很可能进一步恶化城乡居民收入差距，需要引起重视，从金融投资环境、教育水平和财政支持政策方面有所倾斜。

总的看来，金融因素对于中国居民财产性收入提升具有显著作用。保险深度和公共财政支出占 GDP 的比重提升，全部金融机构各项存款的对数的滞后项，股票流通市值的对数以及大专及以上学历比重的提高有利于保障和提高城镇居民财产性收入，产生显著的正效应。存款储蓄、股票和保险多种金融市场的蓬勃发展有利于城镇居民受益且存在长期影响，人口素质对投资收益非常重要。

我们应聚焦于城乡之间反映的差异性机制来提出政策建议。城镇、农村居民收入水平分别对各自的财产性收入水平产生了 U 型和倒 U 型效应，根本原因可能在于投资环境差距的变迁。具体来看，各省金融市场、产业结构、财政规模、人口素质的发展对城镇居民增收作用更大更直接，源于这些方面的发展集中在城镇地区，极大地拓展了城镇居民的投资渠道和收益能力；金融的增长效应传导至农村地区则相对滞后，而且农村居民的投资能力相对较低，投资选择单一即以存款储蓄为主。

在探析居民财产性收入决定机制上，本书仍有待进一步拓展和细化。解释变量和控制变量即一系列金融指标和宏观指标限于数据可得性，采用的是各省总体统计值。在获得针对城镇和农村分别统计的指标或寻找到合适的替代变量后，可以更准确地掌握作用机理和扭曲情形。

本章的实证结果表明，中国的财政支出占比对居民财产性收入增长未呈现显著的影响，而金融发展水平对财产性收入具有正向影响。一个地区的融资效率和金融投资行为越发达，居民从中获得的财产性收入就越高，但是目前农村地区受惠于金融市场的层次有限。换言之，只有发展健全完善的金融市场，金融发展才有可能促进财产性收入持续增长，否则反而损害了居民从金融资产等财产中获益的能力。中国居民的收入结构和城乡治理仍有待政策调整，需要在融投资环境、教育水平和财政支持方面进行配套的支持和改革。

第七章　中国产业技能结构变化对城乡地区人力资本投资的影响*

关注到城镇地区和农村地区家庭在教育人力资本投资的差异性，本章分析了城乡地区教育人力资本投资的发展状况。笔者首先分析了产业结构变迁中劳动力技能结构变化趋势，然后分析了产业结构变化对家庭教育投资影响的理论机制，最后实证分析地区就业技能结构份额对地区家庭子女教育选择的影响。并且，利用2000—2015年中国家庭健康营养调查数据（CHNS），检验地区就业技能结构变化对城镇和农村地区家庭子女教育选择的影响。

第一节　教育人力资本投资的发展状况

建国以来，我国教育事业得到快速发展，城乡居民受教育程度不断提升。近三十年来，政府不断增加教育投入，尤其是义务教育阶段的教育投入。除了政府的财政投入，家庭也十分重视教育投资这种重要的人力资本投资方式。尽管大学扩招导致高等教育的投资回报逐渐下降，但人们对教育投资的积极性仍然较高。这有助于为中国产业结构转型升级打下坚实的人才基础，也为经济长期增长提供持续性增长动力。

一　我国的教育事业取得重大突出成绩

20世纪90年代后，我国教育事业不断取得长足进步：中等教育和高

* 本章由湖南农业大学的蒋银娟撰写，是湖南省教育厅科学研究项目基金“就业技能结构变化对农村地区人力资本投资影响研究”（20B305）阶段性成果。

等教育均发展迅速；九年义务教育政策实施效果显著；高等教育扩招政策促使高等教育进入大众化的阶段。

如图 7－1 所示，1999—2019 年中等教育阶段及高等教育阶段毛入学率持续上升。截至 2010 年，初中阶段毛入学率已达 100%。2019 年，全国全口径高中阶段毛入学率已达 89.5%，高等教育阶段毛入学率达 51.6%。随着中国经济发展进入新阶段，政府和家庭部门对教育投入的重视程度也进一步加强。因而，我国中等教育和高等教育均发展迅速。

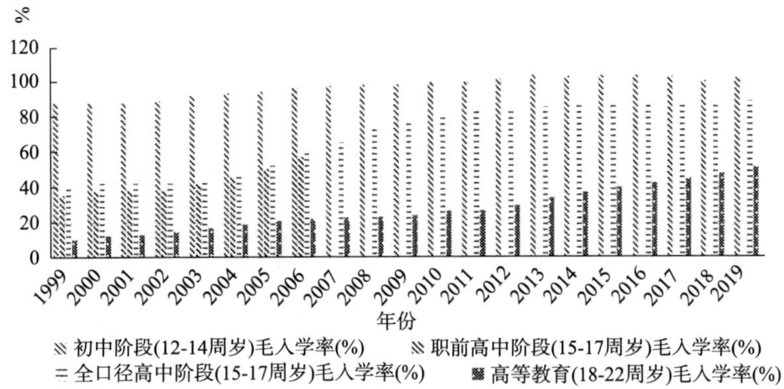

图 7－1　中国中等教育以及高等教育阶段毛入学率

数据来源：历年《中国统计年鉴》和历年《中国教育统计年鉴》。

得益于政府财政收入不断提高，教育支出连年增长。政府加大力度落实九年制义务教育政策，扩大普通高中阶段教育及高等教育的办学规模，尤其是高等教育的办学规模。并且，政府着力改善经济落后地区的教育基础条件，逐步增加城镇地区的教育资源供给，为中国教育事业发展提供了有力的保障。地方政府增加对教育的投入，民间办学力量也逐渐兴起。同时，经济快速发展和产业转型升级提高了对技能型劳动力的需求。这对产业工人的教育和技能水平有更高的要求，从而需求侧推动了教育事业蓬勃发展。

二　目前我国教育结构发展不均衡问题突出

我国教育结构发展不均衡的问题仍然十分明显。城乡地区教育、职业教育和高等教育发展结构失衡。

（一）城乡地区教育不均衡的问题依然突出

1. 中等教育阶段学生人数差异巨大

就中等教育而言，我国农村地区的中等教育发展状况和城镇地区相比依然有较大的差距。大量的农村青少年完成初中阶段教育后选择打工，极少数人选择继续升学读普通高中和高职，而较大比例的城镇家庭青少年会继续接受高中阶段教育。

如图 7－2 所示，自 2001 年以来，中国农村地区初中、高中中学招生规模逐渐缩小。农村初中招生人数由 2000 年的 1265. 9 万下降至 2019 年的 216 万，且在 2001、2005、2011 年时出现显著下降。造成招生规模缩减的原因有很多。其一，政府大范围内地推行中小学撤点并校政策，这引发大量教育资源和生源向城镇地区集中。大量的农村地区小学被合并集中到县镇地区办学，农村初中的生源规模和办学规模均逐步下降。

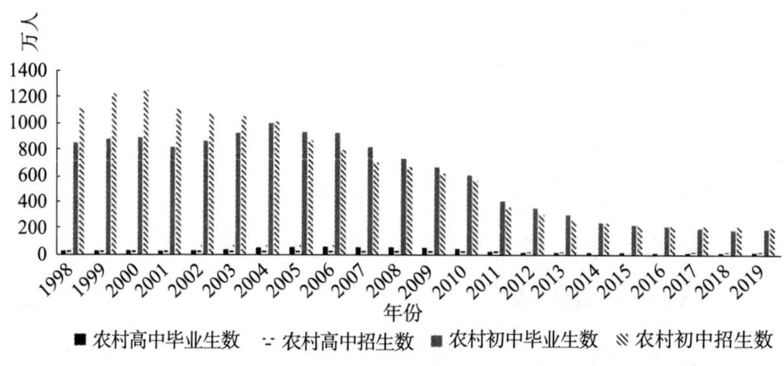

图 7－2　1998—2019 年农村地区中等教育阶段学生招生人数

数据来源：历年《中国统计年鉴》和《中国教育统计年鉴》。

其二，与此同时，城镇化进程使得大量农村人口从农村迁移流动到城镇地区。部分农村居民成为城镇地区流动人口，子女随迁进入城镇地区。部分农村居民最终买房置业落户成为城镇居民。这导致了农村地区常住人口大量减少，农村地区学校的办学规模也随之萎缩。尤其在 2007—2009 年以后，中国经济强劲复苏，大量农村劳动力进城务工。就业机会的增加导致农民工规模和城镇化规模持续性扩大。这都为城镇地区吸收了大量的农村青壮年劳动力，进而间接地减少了农村地区在校学生人数。

其三，计划生育政策也是导致农村地区适龄青少年人数减少的原因。20 世纪 80 年代末以来人口出生率持续下降，这也致使适龄入学人数不断下降。因此，在多方因素的共同作用下，农村初中在校和毕业学生人数持续下降，并且农村地区普通高级中学在校和毕业学生人数也随之持续下降。

政府对城乡基础教育投入有明显的差别，这也促使农村居民选择迁居流入城镇地区。我国大部分普通高级中学都集中在城镇地区，农村地区高级中学的办学规模和数量较少。而城镇地区许多新开发住宅区小学学位一位难求，小升初、初升高的升学考试竞争异常激烈。

如图 7－3 所示，2011—2019 年中国初级中学在校学生人数有所下滑。农村地区初级中学在校学生人数明显减少，在校学生人数从 2011 年的 116 万下降到 2019 年的 65 万，降幅将近一半。高级中学在校学生人数则相对稳定。初级中学在校学生人数下降主要是由于适龄学生人数下降。20 世纪末，新生儿出生率持续下降，这导致十多年后初中适龄学生人数下降。

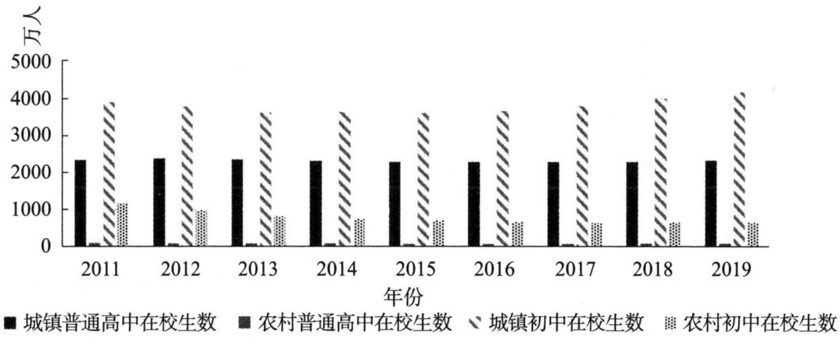

图 7－3　2011—2019 年中国中等教育阶段学生在校人数

数据来源：历年《中国统计年鉴》和《中国教育统计年鉴》。

城镇地区初中在校生人数相对稳定，农村初中在校生人数的持续下降。这一趋势是适龄学生人数下降和农村劳动力城镇化转移所导致的。2013 年以后经济发展进入新常态，政府对农村地区教育投入进一步增加。

2. 师资力量和固定资产投入存在差异

除了学生人数的差别，专职教师人数也存在明显的差别。如图7－4所示，2003—2019年城镇地区初中及普通高中专任教师人数持续上升。结合图7－3可知，高中学生人数和教学规模均未有明显增长，城镇地区初中及普通高中的专任教师人数仍有明显上升。这导致城镇地区高中教育阶段师生比有所上升。同时期农村地区初中及普通高中的专任教师人数不断减少。这主要是受经济发展、城镇化以及撤点并校政策的影响。农村与城镇地区初中学生人数呈现出此消彼长的关系。大量农村学生来到城镇地区学校就读，农村地区在编在岗教师规模有所减少，城镇地区教师需求不断增加。

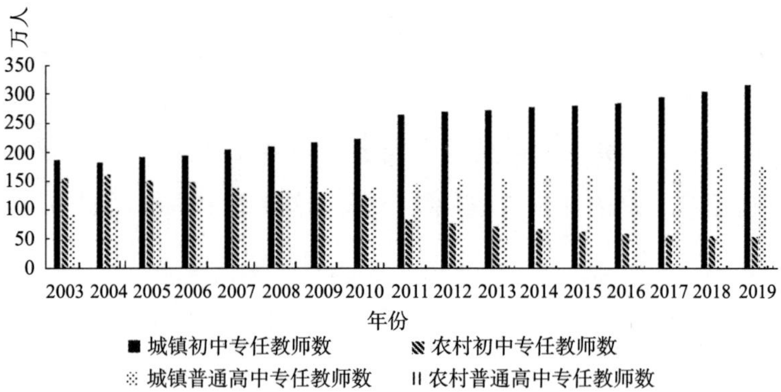

图7－4　2003—2019年普通中等教育阶段专职教师人数

数据来源：历年《中国统计年鉴》和《中国教育统计年鉴》。

尽管政府出台了许多政策并且投入大量资金促进农村教育事业发展，但是目前城乡地区的学校办学质量也有明显差别。由于缺乏交流学习机会和职业发展前景，农村学校往往难以招聘到和留住优质的教师资源。农村地区学校许多高级职称教师会主动地向城镇地区流动，或被城镇地区学校挖走。因此，不仅在总体办学规模上，农村地区和城镇地区教师职业技能的差距也导致农村教育基础薄弱。而目前缩小城乡教育质量差距的政策收效甚微。

除了城乡地区师资规模和师资质量的差距，中等教育机构的固定资产规模也存在明显差异化地增长。

如图 7 - 5 所示，2011—2018 年，全国城乡地区初级中学的固定资产总值均有较大增长。城镇地区初级中学固定资产总值自 2011 年的 3195 万升至 2018 年的 7867 万。农村地区初级中学固定资产总值则由 813 万升至 144 万。从总值上看，城镇地区初级中学固定资产增幅更为明显。

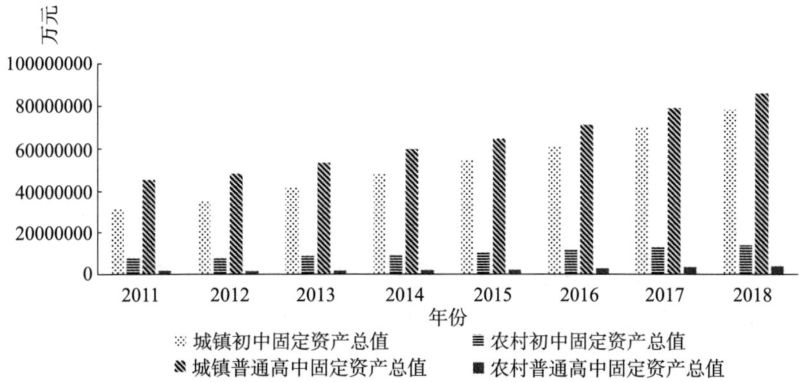

图 7 - 5　普通中等教育机构拥有资产总值变化趋势（以固定资产计）

数据来源：历年《中国统计年鉴》和《中国教育统计年鉴》。

上述信息反映了我国城镇、农村地区教育发展存在差距，并且随着时间推移该差距并未呈现出明显缩小趋势。接下来本章节将利用第六次人口普查的数据分析城乡地区居民受教育程度差异。

如图 7 - 6 所示，年龄为 15 岁以上的农村居民受教育程度主要是小学和初中，高中及以上学历的数量较少。城镇地区居民受教育程度主要是初中和高中，也有部分居民拥有大学学历。总体来说，我国农村居民受教育

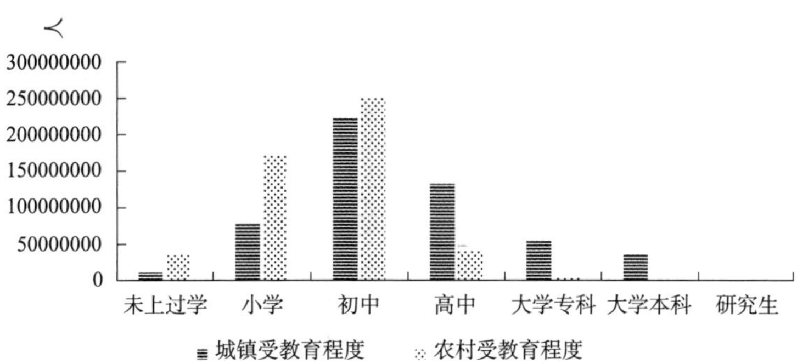

图 7 - 6　中国 2010 年城镇居民受教育程度的情况（15 岁以上人口）

数据来源：中国 2010 年第六次人口普查。

水平相对较低，而城镇居民受教育程度明显高于农村居民。这是由于 2010 年我国高等教育发展仍处于较低水平，劳动力年龄人口的受教育程度普遍偏低。并且，此时我国产业结构仍以劳动密集型、资源密集型的产业为主，对劳动力的教育程度和技能水平要求仍较低。大量受教育程度为小学和初中的农村转移劳动力，恰好顺应了制造业产业扩张的劳动力需求，而技术密集型行业从业者主要为受教育程度较高的城镇地区居民。

（二）职业教育和普通通识教育间发展失衡

我国中等职业教育和普通教育发展结构失衡。近年来，中等职业教育发展较为缓慢，各方面困难较为突出，尤其是办学条件水平、教育回报等方面存在问题。甚至，职业教育学校被学生家长视为接收学习能力较差学生的临时托管机构。这与政府兴办职业教育学校的初衷和目标相违背。与此同时，普通高中毛入学率较高，读普通高中也是初中毕业生升学首选方案。接下来，本章节将分析我国中等教育发展结构差异。

如图 7－7 所示，2011—2017 年中等教育学校在校学生数呈下降趋势。中等职业学校在校学生数下降明显。2011—2017 年间，中等职业学校在校人数下降了 29.4%。

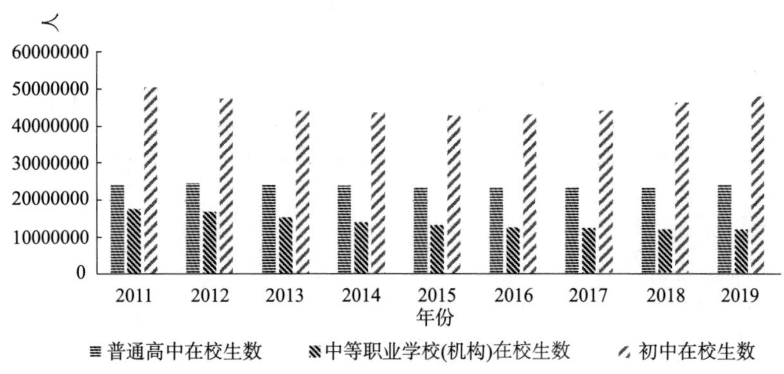

图 7－7　2011 年—2017 年中国普通教育和职业教育学生在校人数

数据来源：历年《中国统计年鉴》和《中国教育统计年鉴》。

20 世纪 90 年代我国普通高中教育和高等教育发展进入快车道。社会经济发展、产业结构变化使得高学历和高技能劳动力的需求逐渐增大，而中等职业教育失去了就业优势。加上职业教育教学质量和师资水平上相对不足，与社会就业需求滞后脱节，读普通高级中学就成为了家长和学生们的首选，中等职业教育不再具有吸引力。如果劳动者从事低技术行业工作，初中学历往往能够满足需求，中等职业教育的教育回报率往往较低。

中等职业教育的教育预期收益大幅下降，学生进入中等职业院校就读的意愿有所下降，其在校学生数量快速下降。同时，许多中等职业学校采取民办经营，从总体上来看，学费仍然相对较高。虽然有政府对农村学生有贫困生学费减免的政策，但许多农村地区家庭更多地考虑受教育成本，选择放弃就读中等职业学校。

一方面是职业教育发展受阻，另一方面是普通高等教育扩张后的大学生就业难问题。普通高校学生就业技能和劳动力市场技能需求脱节较为严重。同时，这也反映出当前教育发展结构失衡的问题。新时期产业结构转型发展，应用型的高等教育高质量发展成为未来趋势，重视技能应用的职业教育也应被重视。因此，职业教育和普通高等教育发展的结构有待调整。

第二节　产业结构变迁中劳动力技能结构变化趋势

伴随着我国产业结构升级，劳动力市场就业技能结构逐渐发生巨大变化。2001 年中国加入世界贸易组织之后，对外经济贸易交流日益频繁。在外向型经济发展战略指导下，中国企业参与国际市场的深度和广度逐渐增加。由于外商直接投资规模不断增长，行业中许多企业通过外资技术溢出的渠道获得发展壮大。“以市场换技术”的中外合资等形式促进了国内企业的技术进步和生产率提高。

随着经济发展以及产业结构升级，企业对劳动力的技能需求层次不断提高。由于劳动力技能层次难以度量，以往研究文献采用以下三种方法反映技能层次：其一，以劳动者受教育水平反映其技能层次；其二，以劳动者收入水平反映其技能层次；其三，将技能区分为常规操作型技能和非常规操作型技能等。

第一种方法最为常见，因为收入往往还受其他因素的干扰，难以反映其技能高低。不同行业收入差异不仅受到劳动力技能水平的影响，还受到行业本身利润状况的影响。例如，垄断行业低技能劳动者的工资可能远远高于其他行业中等技能劳动者的工资。因此，本章节接下来以劳动者受教育水平反映其技能层次。

通常，学者们将教育学历为初中及以下的劳动者划分为低技能劳动力；学历为高中阶段（包括普通高中和中职学历）的劳动者作为中等技能劳动力；学历为以大专及以上（包括本科及研究生）的劳动者作为高技能劳动力。

整体上看，我国劳动力就业技能结构不断优化。首先，随着代际年龄变化，劳动者的受教育水平不断提升。高等教育普及率范围越来越高，通常不同年龄段的劳动者教育学历不具有纵向可比性。于是，本章节分析不同年龄段的劳动者就业技能结构变化趋势。

图 7－8 反映了不同年龄段就业群体中低技能就业人员占比变化趋势。由图可知，所有年龄段低技能（初中及以下学历）就业人数占比逐渐减少。其中，降低幅度最大的群体为 25—29 岁年龄段就业人员，其次分别为 16—19 岁、20—24 岁年龄段的。这说明随着我国经济发展和产业结构变化，青年就业群体低技能劳动力占比大幅度下降。这也与我国九年义务教育普及、年轻人教育程度大幅提升有关。

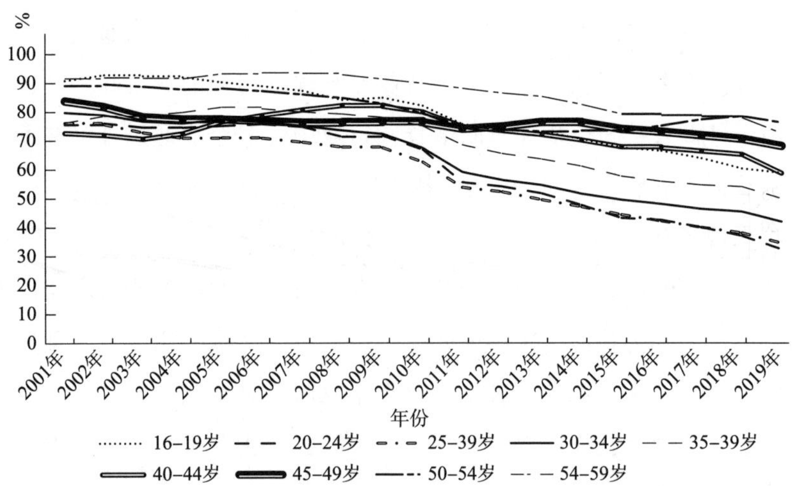

图 7－8　不同年龄段低技能就业人员占比变化趋势（%）

数据来源：中国劳动经济数据库。

接下来，图 7－9 则反映了不同年龄段中等技能就业人员占比变化趋势。由图可知，中等技能就业人员占比逐渐增加。其中，增幅较大的群体分别为 35—39 岁、20—24 岁以及 25—29 岁年龄段就业人员。这说明拥有高中学历的青年就业人员比例不断上升。

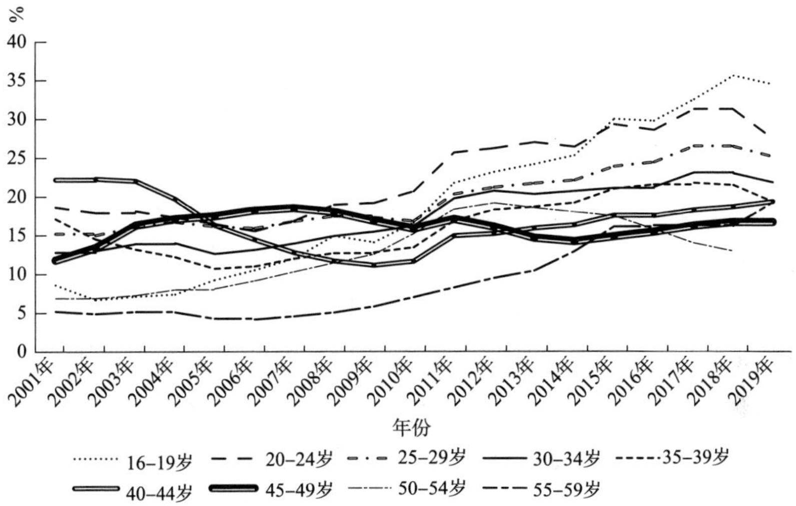

图 7－9　不同年龄段中等技能就业人员占比变化趋势（%）

数据来源：中国劳动经济数据库。

图 7－10 反映了不同年龄段高技能就业人员占比变化趋势。由图可知，

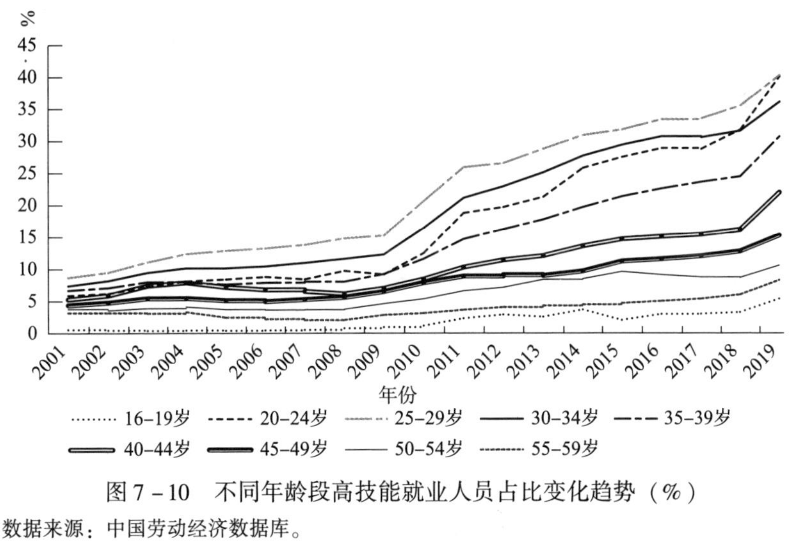

图 7－10　不同年龄段高技能就业人员占比变化趋势（%）

数据来源：中国劳动经济数据库。

不同年龄段就业人员中大专及以上学历的就业人员比例在逐年攀升，高技能就业人员占比逐渐增加。增幅较大的群体是20—24岁、25—29岁以及30—34岁年龄段就业人员。2009年以后，所有年龄段都呈现出明显大幅增长。这说明，产业结构转型和高等教育扩招，高技能劳动力规模大幅增加。

总之，目前我国劳动力技能结构逐渐优化。低技能就业人员占比在逐渐下降，而中等、高等技能就业人员占比逐渐上升。并且，年龄段为20—24岁、25—29岁以及30—34岁的青年群体较为为突出。这表明，我国九年义务教育制度政策具有较好的实施效果，为产业结构转型升级提供了较好的人才基础。

其次，不同行业劳动力就业技能结构具有明显差异。本章节接下来利用中国工业企业数据（2004年）分析不同行业劳动力就业技能结构的差异，依旧采用受教育程度反映技能层次。从图7－11可知，纺织业、皮革制造业等劳动密集型行业的低技能就业人员占比较高，而化学制造业、医药制造业等技术密集型行业的高技能就业人员占比较高。另外，汽车制造业和运输设备制造业等资本和技术密集型行业的高技能就业人员占比也较高。从图7－11可知，不同行业的劳动力就业技能结构变化具有差异性，资本、技术以及劳动力等要素密集程度均会影响劳动力就业技能结构变化。

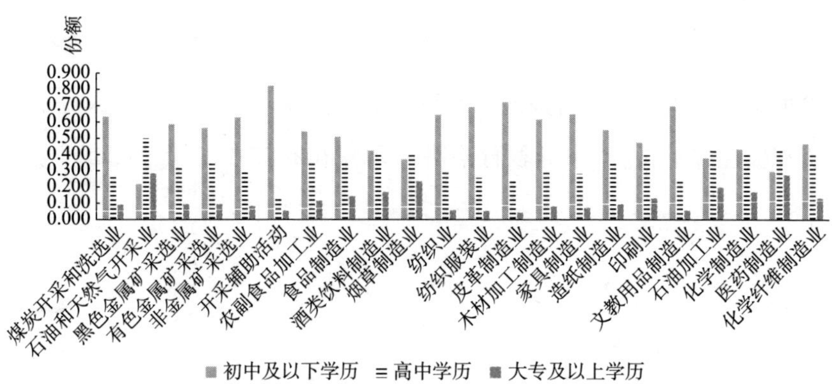

图7－11（1）不同行业不同教育学历就业人员占比（%）

数据来源：中国劳动经济数据库，下表相同。

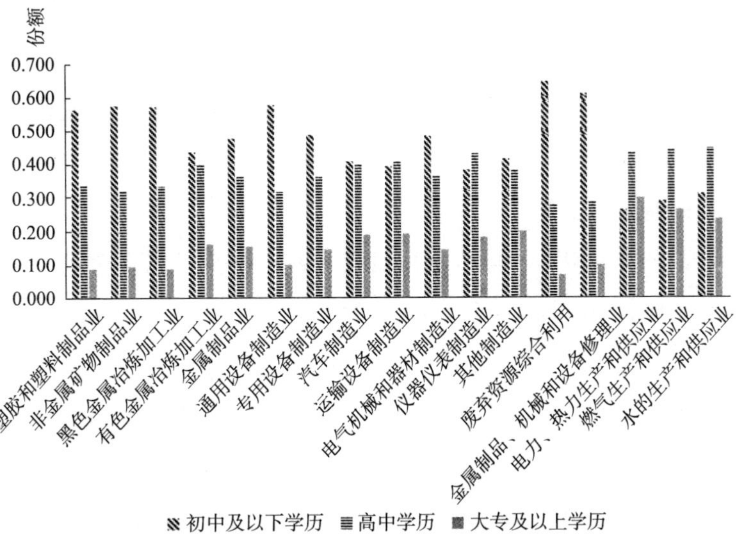

图 7－12（2） 不同行业中不同教育学历就业人员占比（%）

第三节 产业结构变化对家庭教育投资影响的理论机制分析

近年来，中国外贸出口增速不断放缓，制造业正处于转型升级进程中。我国工业部门普遍面临着由“中国制造”转变为“中国智造”的挑战。与此同时，制造业就业岗位需求技能层次也在逐渐提高。

前文刻画了中国教育发展和劳动力就业技能结构变化的现状。我国教育发展结构不均衡，农村地区的教育发展相对落后。农村地区家庭的教育投资积极性并不高。“中等教育陷阱”现象在农村地区较为普遍，许多青年劳动力的教育学历为初中学历。那么，产业结构变化对家庭教育投资的影响也值得深入研究，尤其是对城乡地区家庭教育投资的影响。以往研究文献主要集中以下两类。

其一，关于贸易就业机会增加对人力资本投资影响的研究。部分学者研究发现，低技术含量的制造业产品出口扩张，将导致低技能水平的岗位需求大幅增加，也会导致辍学率提高、教育投资被挤出（Le Brun et al，2009；Falvey et al，2010；李坤望等，2014；张川川，2015；Atkin，2016；

陈维涛，2017）。其中，李坤望等（2014）区分了外贸对城镇和农村劳动者的影响，研究发现，外贸阻碍了农村劳动者尤其是技能水平较低的劳动者进行教育投资，然而促进了技能水平较高的劳动者进行技能培训。李梦洁和杜威剑（2017）研究发现，对外贸易显著地提高了青少年辍学概率，尤其是农村地区青少年辍学率。

也有学者研究发现，出口贸易引发的就业机会扩张会对教育投资产生积极促进作用（Blanchard 和 Olney，2017；Heath 和 Mobarak，2015）。类似的，Shastry（2012）和 Jensen（2012）均发现信息服务类岗位的增加对印度青少年受教育程度产生积极影响。并且，部分关于中国的经验研究也得到类似结论。出口贸易产品层次（Hou 和 Karayalcin，2019）、出口技术复杂程度（陈维涛等，2014）会产生不同的调节效应。Li（2018）研究发现高技术含量产品出口扩张会提高个人接受高中和大学教育的概率，而低技术含量产品出口扩张会降低个人接受高中和大学教育的概率。张军等（2018）研究发现，家庭人力资本投资受到本地劳动力市场需求的影响，技能就业份额占比变化会对家庭人力资本投资产生不同的影响，高技能就业份额占比提高会促进家庭人力资本投资，低技能就业份额占比提高会抑制家庭人力资本投资。

其二，关于影响农村人力资本投资的因素。例如，交通基础设施（杨真，2019；Adukia et al，2019）、劳动力迁移机会（Brauw 和 Giles，2017）以及宗族（丁从明等，2018）等因素。它们通过影响就业机会或家庭教育观念从而影响农村人力资本投资。家庭财富以及收入差距会抑制农村地区居民进行教育投资（钞小静等，2014），而农业生产效率提高将促进农村地区教育投资（周京奎等，2019）。产业政策也会对家庭教育投资产生影响。庞晓鹏等（2021）研究发现，投资驱动型产业政策导致传统基础设施投资增加，通过提高机会成本和降低教育回报，从而影响家庭教育投资。

产业结构升级会对劳动力技能结构产生影响。更高的就业技能层次需求激励家庭进行教育投资。一方面，伴随着就业岗位扩张和技能层次需求提升，高技能岗位会产生更高的教育回报，从而鼓励家庭进行教育投资。同时，产业结构升级会增加家庭收入和教育机会，从而对教育投资产生积极影响。另一方面，就业岗位增加也会提高受教育的机会成本，可能对教育投资产生消极影响，上述影响作用渠道共同影响家庭教育投资行为。

第四节　产业结构变化对家庭教育投资影响的实证分析

根据上述理论分析，产业技能结构变化会通过多种作用渠道从而影响家庭教育投资。本章节接下来进行实证分析并且检验上述假说。

一　构建实证模型

为了分析就业技能结构变化对家庭子女教育投资决策的影响，本章节将采用二值选择模型进行估计，具体计量模型如下：

$$y_{ijt}=\begin{cases}1 \text{ 若 } y_{ijt}^{*}>0\\0 \text{ 若 } y_{ijt}^{*}\leqslant 0\end{cases} \tag{7-1}$$

$$y_{ijt}^{*}=\beta_0+\beta_2 Ratio_{jt}^{s}+\beta_3 X_{ijt}+\beta_4\eta_j+\beta_5\gamma_t\xi_{ijt} \tag{7-2}$$

其中，y_{ijt}是家庭适龄的子女 i 在观测时 t 是否在校的教育选择。而 y_{ijt}^{*}是不可观测的潜变量。$Ratio_{jt}^{s}$代表了被调查的个体所处的省份 j 在技能层次类型为 s 的行业所占的就业份额，s 包含了高、中、低三种不同的技能类型层次，具体公式见下文。X_{ijt}代表了其他的解释变量，包含家庭层面的变量，例如，家庭收入、父亲受教育程度、家庭人口规模；也包括了被调查个人所在社区和农村村庄所属地级市的基本经济指标，例如，互联网宽带接入户数、地区人均 GDP 产值的变量的对数形式；还包含了个人层面的变量，例如，民族、性别。η_j 代表省份虚拟变量，ξ_{ijt}代表随机扰动项。

二　数据处理与描述性统计

（一）数据处理说明

本章节的分析数据来自中国健康营养调查数据库（以下简称 CHNS），选取的时间跨度为 2000—2015 年，样本期包含了 2000 年、2004 年、2006

年、2009 年、2011 年以及 2015 年等 6 个间隔年度的数据。选择这几段时期作为样本期主要是为了和工业企业数据库进行匹配，得到被调查个体所在省份的就业技能结构信息。

观测样本来自东、中、西部地区的 12 个省份或者自治区，其中既包括了经济较发达的省份如江苏，也包括了欠发达地区省份如贵州、广西。被调查的省份涵盖范围较广，具有较好的代表性。本章将部分缺少关键变量的样本和不符合条件的样本进行删除。

本章节中被解释变量是家庭适龄的子女教育选择（包含城镇和乡村地区），以该地区家庭适龄子女是否在校学习来衡量。参考（杨晔，2016）的处理方法，我们也假定该地区青少年 12 周岁开始接受初中教育。由于我国实行九年义务教育制度，正常完成初中阶段教育的年龄为 14 周岁。那么，年龄处于 15—22 岁的青少年属于接受高中及以上阶段教育的适龄群体。因此，本章节选取被调查地区年龄处于 15—22 岁个体作为研究样本。假如被调查的观测个体在调查年份状态处于在校，则设定被解释变量为虚拟变量，且取值为 1；否则，虚拟变量取值为 0。

地区就业技能结构份额指标，参考（张军，2018）处理办法，利用 2000—2013 中国工业企业数据库的制造业企业数据来构建省级层面不同技能层次类型行业就业份额占比（其中，2013 年和 CHNS 数据库中 2015 年度匹配）。通常有两种方式来划分行业技能标准，其一，根据行业中劳动者的教育层次比例高低。具体方法如下，根据劳动者的教育层次分为本科及以上、高中以及中专、初中及以下等层次，计算出三位数行业层面不同教育层次就业人数占行业就业总数量比例，根据其中比值最高的技能类型层次来确定该行业的技能类型层次。例如，三位数行业码为 263 的行业中，高级教育层次、中级教育层次以及低级教育层次的劳动者占比数值分别为 0.447、0.276、0.277，那么该行业则属于高技能类型行业。

其二，是根据人均微机使用数量来衡量行业技能层次标准。在三位数行业层面上，将行业人均微机数进行三等分，划分出高、中、低三种行业技能层次标准的数值范围，然后根据行业人均微机数据将所有行业分为高、中、低技能三个类型。无论是根据行业中劳动者的教育层次来划分行业技能类型层次，还是根据人均微机数量来划分，中国工业企业数据库中只有 2004 年记录了企业员工教育背景和微机数量的信息。因此，可以利用 2004 年数据信息来划分三位数行业类型。由此，分别采用两种方式计算得出 2000 年、2004 年、2006 年、2009 年、2011 年以及 2015 年等年度的各省份制造业就业技能结构的变量，具体计算公式如下：

$$Ratio_{jt}^{s} = \frac{\sum_{p} Emp_{pjt} * I(s_p = s)}{\sum_{p} Emp_{pjt}} \quad (7-3)$$

其中，该公式中分母为 j 省的制造业所有就业人数总和。s 为高、中、低三种技能类型层次，p 代表制造业三位数行业的代码，$Ratio_{jt}^{s}$ 表示该省份 j 年份 t 技能类型为 s 的行业就业份额占比，Emp_{pjt} 代表 j 省份 t 年份 p 行业的就业人数，$Emp_{pjt} * I(s_p = s)$ 代表了 j 省份 t 年份行业技能类型为 s 的就业人数。最后计算得到每个省份的高、中、低技能类型层次行业就业人数分别占行业就业人数总额比例。

（二）描述性统计

下面表 7－1 则是反映了部分变量的描述性统计信息。由于 CHNS 数据库中部分变量的样本缺失情况比较严重，所以不同的变量的观察值数量有所不同。

表 7－1　　部分变量描述性统计

变量	观察值	均值	标准差	最小值	最大值
是否在校	2248	0.491	0.500	0	1
高技能就业份额	2248	0.329	0.118	0.064	0.596
中等技能就业份额	2248	0.301	0.098	0.067	0.586
低技能就业份额	2248	0.368	0.144	0.100	0.791
人均 GDP（对数形式）	2248	9.535	0.843	7.808	11.823
互联网宽带接入户数（对数形式）	2248	5.435	1.252	1.758	8.070
家庭收入（对数形式）	2248	8.677	1.074	3.381	13.073
父亲受教育程度	2248	2.009	1.101	0	6
家庭人口规模	2248	4.149	1.127	2	10
是否汉族	2248	1.770	2.914	1	20
是否男性	2248	1.442	0.497	1	2

根据表 7 - 1 中可知，通过将 CHNS 数据库和工业企业数据库进行匹配后，得到的研究样本数为 2248。其中，适龄青少年是否在校这一变量的均值为 0.491，这说明 15—22 岁的年龄段的青少年中不在校的人员比例更多。被调查对象的家庭人口规模的平均数为 4.14，这也符合以往观察到的典型事实。

三　实证估计结果

（一）基准回归结果

接下来将分析就业技能结构变化对城乡家庭子女教育投资的影响。样本对象是城镇地区和农村地区家庭 15 - 22 岁的青少年，而被调查年份是 2000—2015 年之间的间隔年份。由于 CHNS 数据是针对特定省份的定点调查，研究样本对象是特定年龄段的青少年。于是，本章节首先采用混合 Probit 模型估计，估计结果见下表 7 - 2。

表 7 - 2　　采用混合 Probit 模型的估计结果

变量	(1)	(2)	(3)	(4)	(5)	(6)
低技能就业份额	0.435	0.140				
	(0.278)	(0.332)				
中等技能就业份额			-0.136	1.162***		
			(0.483)	(0.446)		
高技能就业份额					-0.490	-1.009***
					(0.304)	(0.340)
人均 GDP	0.156***	0.255	0.147***	0.219	0.160***	0.284
	(0.038)	(0.254)	(0.038)	(0.250)	(0.038)	(0.251)
互联网宽带接入户数	0.061*	0.017	0.053	-0.033	0.052	-0.009
	(0.034)	(0.047)	(0.036)	(0.047)	(0.033)	(0.042)
父亲受教育程度	0.314***	0.311***	0.313***	0.311***	0.313***	0.312***
	(0.032)	(0.035)	(0.032)	(0.034)	(0.032)	(0.035)
家庭收入	-0.051	-0.095**	-0.048	-0.098***	-0.051	-0.096**
	(0.033)	(0.038)	(0.032)	(0.037)	(0.033)	(0.038)

续表

变量	(1)	(2)	(3)	(4)	(5)	(6)
家庭人口规模	-0.135***	-0.133***	-0.129***	-0.133***	-0.134***	-0.134***
	(0.029)	(0.027)	(0.030)	(0.027)	(0.028)	(0.027)
是否汉族	-0.009	0.008	-0.009	0.008	-0.007	0.008
	(0.011)	(0.013)	(0.012)	(0.012)	(0.011)	(0.013)
是否男性	0.141***	0.148***	0.141***	0.148***	0.141***	0.147***
	(0.050)	(0.054)	(0.050)	(0.055)	(0.050)	(0.054)
城市虚拟变量	否	是	否	是	否	是
年份虚拟变量	否	是	否	是	否	是
常数项	-1.817***	-2.102	-1.538***	-1.767	-1.497***	-1.709
	(0.497)	(2.801)	(0.484)	(2.762)	(0.459)	(2.840)
观测值	2248	2248	2248	2248	2248	2248

注：括号中为稳健标准误差，*** $p<0.01$，** $p<0.05$，* $p<0.1$。

上述表7-2中，第1-2列反映了地区就业人员中低技能就业份额对家庭青少年是否在校的作用影响并不显著。第1列是没有控制城市地区虚拟变量和年份虚拟变量的结果，第2列是控制了城市地区虚拟变量和年份虚拟变量的结果。第3-4列反映了地区就业人员中等技能就业份额对家庭青少年是否在校的影响。第4列的结果表明，控制了城市地区虚拟变量和年份虚拟变量后，中等技能就业份额的估计系数显著为正。这说明，地区就业人员中等技能就业份额越大，会增加了家庭中青少年在校概率。该地区的中等技能就业份额越大，说明家庭中父母辈比较容易获得中等技能就业岗位，从而导致家庭收入增加，缓解了子女辈接受教育的经济压力。这说明中等技能就业份额增加可以通过收入效应起到更明显的促进效果。

第6列结果表明，在控制了地区和年份虚拟变量后，关键解释变量的估计系数显著为负数。这说明地区行业中高技能就业份额越大，会减少家庭青少年在校概率。这一研究结论和以往文献中提及的高技能就业份额可能会促进教育投资的结论有所差异。本章节接下来将继续探究导致出现该结论的原因。

在不控制地区虚拟变量的情况下，地区人均产值的估计系数显著为正。然而，控制了地区虚拟变量时，地区人均产值的估计系数并不显著。

父亲受教育程度的估计系数显著为正。这也符合以往研究结论相符，父辈受教育程度会对子女受教育程度产生积极影响。其中，值得注意的是，家庭收入估计系数和以往研究中并不完全相符。后文将进行进一步检验分析。

家庭人口规模的估计系数显著为负，这说明家庭成员人数越多、家庭人口规模越大，则会增加家庭中青少年不在校概率。以往文献中对此也有相似的研究结论。是否为汉族的作用影响并不明显。是否为男性具有显著的积极影响。相比女性，对男性的性别偏好则会增加其在校接受教育的概率。这也和我国社会中长期存在的男性性别偏好的现象较为吻合。

接下来，为了检验上述研究结论，本章节采用面板 Probit 模型进行估计，其估计结果如下。

表 7-3　采用面板 Probit 模型进行估计的结果

变量	(1)	(2)	(3)	(4)	(5)	(6)
低技能就业份额	0.541	0.181				
	(0.392)	(0.339)				
中等技能就业份额			-0.112	1.283***		
			(0.478)	(0.456)		
高技能就业份额					-0.640	-1.132***
					(0.394)	(0.345)
人均 GDP	0.165***	0.273	0.154***	0.232	0.171***	0.305
	(0.050)	(0.261)	(0.050)	(0.255)	(0.050)	(0.257)
互联网宽带接入户数	0.084*	0.025	0.074	-0.031	0.073*	-0.005
	(0.049)	(0.048)	(0.050)	(0.048)	(0.044)	(0.043)
父亲受教育程度	0.391***	0.360***	0.391***	0.358***	0.392***	0.361***
	(0.042)	(0.038)	(0.042)	(0.038)	(0.041)	(0.038)
家庭收入	-0.068*	-0.111***	-0.064*	-0.113***	-0.068*	-0.112***
	(0.038)	(0.040)	(0.038)	(0.039)	(0.037)	(0.039)
家庭人口规模	-0.173***	-0.158***	-0.167***	-0.157***	-0.172***	-0.158***
	(0.031)	(0.029)	(0.030)	(0.029)	(0.031)	(0.029)
是否汉族	-0.010	0.009	-0.011	0.009	-0.008	0.009
	(0.015)	(0.013)	(0.015)	(0.013)	(0.014)	(0.013)

续表

变量	(1)	(2)	(3)	(4)	(5)	(6)
是否男性	0.163***	0.159***	0.164***	0.159***	0.164***	0.157***
	(0.054)	(0.056)	(0.054)	(0.056)	(0.054)	(0.055)
地区虚拟变量	否	是	否	是	否	是
年份虚拟变量	否	是	否	是	否	是
常数项	-1.946***	-2.227	-1.615***	-1.833	-1.542***	-1.779
	(0.641)	(2.892)	(0.563)	(2.834)	(0.572)	(2.920)
观测值	2248	2248	2248	2248	2248	2248
样本数	1904	1904	1904	1904	1904	1904

注：括号中为稳健标准误差，*** $p<0.01$，** $p<0.05$，* $p<0.1$。

表7-3的结果显示，低技能就业份额的估计系数并不显著。而中等技能就业份额的估计系数显著为正，这说明，地区就业人员中等技能就业份额的增加，增加了家庭中青少年在校就读的概率。高技能就业份额的估计系数显著为负。这说明，地区高技能就业份额的增加，会减少家庭中青少年在校就读的概率。这个结果和上表结果类似。

家庭收入的估计系数显著为负数，这可能是由于适龄子女辍学打工增加了家庭收入，从而导致当期家庭人均收入较高。另外，人均GDP和互联网宽带接入户数的估计系数并不显著。这可能是由于控制住地区虚拟变量之后，使得它们和地区层面的其他影响因素之间有较强的共线性问题，所以导致估计系数不显著。父亲平均受教育年限越长，受教育层次越高，则其适龄子女在学校学习的概率越高，这也符合以往研究中父母教育背景对子女教育程度影响的研究结论。

（二）区分城乡地区样本的估计结果

以上表格均是利用全部地区样本进行估计得到的结果。由于城镇地区家庭在子女教育人力资本投资方面与农村地区家庭具有较大差异。为了争取有限的优质教育资源和高技能职业岗位，城镇家庭对教育投资的竞争激烈程度堪称“教育军备竞赛”。这与农村地区家庭的子女在义务教育阶段后直接打工或者选择中职教育或短期的职业技术培训，并不积极接受高中及高等教育的现象形成鲜明对比。

考虑到不同地区的样本差异，本章节接下来进行不同样本进行分析。

首先区分城镇地区和农村地区的样本，然后再利用样本进行估计系数。有学者认为农村家庭的土地起到了对教育的替代作用。事实上，农村地区绝大部分辍学青少年极少留在农村从事农业生产。目前大部分农户家庭采取兼业经营的模式，农村家庭来自土地的收入能否对家庭教育决策起到较大的影响仍然值得探讨。

并且，中国加入世贸组织后，农村地区劳动力迅速地被席卷进经济全球化的浪潮中。部分研究表明，由外贸拉动的就业需求提高了接受高等教育的机会成本，从而抑制了普通劳动力接受高等教育的积极性，尤其是在农村地区。同时，由于我国不断升级外贸产业结构，不断提升制造业技术水平，与之对应的产业工人的劳动技能需求层次也在逐渐提升。产业技能结构变化对农村家庭教育选择的影响也会随之有所变化。因此，本章节接下来进行区分不同的技能层次，分别分析城镇地区和农村地区样本，并由此分析其差异。

表7-4　区分城镇地区和农村地区样本的估计结果（高技能就业份额）

变量	(1)	(2)	(3)	(4)
	城镇地区		农村地区	
高技能就业份额	-1.183**	-0.452	-1.092**	-1.436***
	(0.536)	(0.430)	(0.552)	(0.551)
人均 GDP	0.162	0.210	0.130**	0.206
	(0.108)	(0.351)	(0.060)	(0.341)
互联网宽带接入户数	0.086	-0.011	0.028	-0.006
	(0.066)	(0.041)	(0.055)	(0.054)
父亲受教育程度	0.360***	0.369***	0.401***	0.381***
	(0.076)	(0.078)	(0.052)	(0.050)
家庭收入	-0.146*	-0.185*	-0.026	-0.078*
	(0.079)	(0.094)	(0.044)	(0.041)
家庭人口规模	-0.062	-0.085*	-0.205***	-0.196***
	(0.052)	(0.051)	(0.038)	(0.036)

续表

变量	(1)	(2)	(3)	(4)
	城镇地区		农村地区	
是否汉族	-0.015	0.008	0.003	0.006
	(0.019)	(0.021)	(0.016)	(0.016)
是否男性	0.156	0.166*	0.169***	0.171***
	(0.098)	(0.097)	(0.064)	(0.065)
地区虚拟变量	否	是	否	是
年份虚拟变量	否	是	否	是
常数项	-0.796	-0.802	-1.168	-0.657
	(1.146)	(4.281)	(0.712)	(3.707)
观测值	783	783	1，465	1，465
样本数	631	631	1，273	1，273

注：括号中为稳健标准误差，*** $p<0.01$，** $p<0.05$，* $p<0.1$。

其中，表7-4第1—2列的估计结果是利用城市地区的样本进行估计得到的。结果表明，当考虑了地区虚拟变量和年份虚拟变量后，地区就业人员中高技能就业份额的估计系数并不显著。第3—4列的估计结果是利用农村地区的样本得到的。结果表明，地区就业人员中高技能就业份额的估计系数显著为负。这说明，农村地区的青少年是否在校的概率更明显地受到地区就业人员中高技能就业份额的影响。这可能是因为高中及以上阶段教育存在进入门槛，城镇地区和农村地区的家庭的教育投入差异，高中和大学教育资源的有限性使得学生经历过激烈的淘汰赛后，农村家庭子女在校就读的概率偏低。

表7-5 区分城镇地区和农村地区样本的估计结果（中等技能就业份额）

变量	(1)	(2)	(3)	(4)
	城镇地区		农村地区	
中等技能就业份额	0.985	0.761	-0.543	1.485***
	(1.020)	(0.882)	(0.605)	(0.568)
人均 GDP	0.157	0.172	0.099	0.075
	(0.108)	(0.340)	(0.062)	(0.348)

续表

变量	(1)	(2)	(3)	(4)
	城镇地区		农村地区	
互联网宽带接入户数	0.046	-0.025	0.055	-0.038
	(0.070)	(0.056)	(0.066)	(0.055)
父亲受教育程度	0.362 ***	0.369 ***	0.392 ***	0.373 ***
	(0.077)	(0.077)	(0.050)	(0.048)
家庭收入	-0.138 *	-0.185 **	-0.020	-0.080 **
	(0.077)	(0.094)	(0.044)	(0.040)
家庭人口规模	-0.057	-0.083	-0.201 ***	-0.196 ***
	(0.052)	(0.051)	(0.037)	(0.036)
是否汉族	-0.024	0.008	-0.005	0.006
	(0.020)	(0.021)	(0.017)	(0.015)
是否男性	0.154	0.167 *	0.175 ***	0.174 ***
	(0.099)	(0.097)	(0.065)	(0.066)
地区虚拟变量	否	是	否	是
年份虚拟变量	否	是	否	是
常数项	-1.354	-0.825	-1.245 *	-0.233
	(1.162)	(4.059)	(0.735)	(3.830)
观测值	783	783	1, 465	1, 465
样本数	631	631	1, 273	1, 273

注：括号中为稳健标准误差，*** $p<0.01$，** $p<0.05$，* $p<0.1$。

表7-5是区分城镇地区和农村地区的样本的估计结果，其中，中等技能就业份额的估计系数显著为正，尤其是农村地区的样本最为明显。同时，表7-6的估计结果表明，低技能就业份额的估计系数并不显著。因此，无论是城镇地区还是农村地区，其样本的估计系数均不显著。

表7-6　区分城镇地区和农村地区的样本的估计结果（低技能就业份额）

变量	(1)	(2)	(3)	(4)
	城镇地区		农村地区	
低技能就业份额	0.813	-0.009	0.953 *	0.189
	(1.219)	(0.974)	(0.495)	(0.355)

续表

变量	(1)	(2)	(3)	(4)
	城镇地区		农村地区	
家庭收入	−0.143 *	−0.184 *	−0.027	−0.077 *
	(0.080)	(0.095)	(0.044)	(0.043)
人均 GDP	0.160	0.213	0.117 *	0.114
	(0.112)	(0.342)	(0.060)	(0.360)
互联网宽带接入户数	0.097	3.13e−05	0.050	0.032
	(0.075)	(0.052)	(0.063)	(0.063)
家庭人口规模	−0.058	−0.084	−0.207 ***	−0.197 ***
	(0.053)	(0.052)	(0.038)	(0.036)
父亲受教育程度	0.370 ***	0.370 ***	0.393 ***	0.376 ***
	(0.078)	(0.078)	(0.051)	(0.049)
是否男性	0.150	0.165 *	0.169 ***	0.178 ***
	(0.097)	(0.096)	(0.064)	(0.065)
是否汉族	−0.018	0.008	−0.002	0.006
	(0.019)	(0.021)	(0.017)	(0.016)
常数项	−1.589	−1.144	−1.828 **	−0.650
	(1.542)	(4.080)	(0.724)	(3.954)
地区虚拟变量	否	是	否	是
年份虚拟变量	否	是	否	是
观测值	783	783	1，465	1，465
样本数	631	631	1，273	1，273

注：括号中为稳健标准误差，*** $p<0.01$，** $p<0.05$，* $p<0.1$。

表 7−7 估计结果展示了同时考虑不同层次的就业技能份额的估计结果。第 1—3 列则是同时考虑了高技能就业份额和中等技能就业份额的估计结果。第 4—6 列则是同时考虑了低技能就业份额和中等技能就业份额的估计结果。为了节约篇幅，本章节省略了其他控制变量和地区虚拟变量以及年份虚拟变量估计系数的部分。

表 7-7 同时考虑不同技能层次的估计结果

变量	(1)	(2)	(3)	(4)	(5)	(6)
	全部	城镇地区	农村地区	全部	城镇地区	农村地区
高技能就业份额	-0.857**	-0.165	-1.186**			
	(0.377)	(0.804)	(0.518)			
中等技能就业份额	0.935**	0.639	1.176**	1.792***	0.804	2.362***
	(0.469)	(1.337)	(0.503)	(0.488)	(0.807)	(0.685)
低技能就业份额				0.857**	0.165	1.186**
				(0.377)	(0.804)	(0.518)
其他控制变量	是	是	是	是	是	是
虚拟变量	是	是	是	是	是	是
常数项	-1.681	-0.750	-0.476	-2.538	-0.915	-1.662
	(2.840)	(4.148)	(3.674)	(2.819)	(4.023)	(3.772)
观测值	2248	783	1465	2248	783	1465
样本值	1904	631	1273	1904	631	1273

注：括号中为稳健标准误差，*** $p<0.01$，** $p<0.05$，* $p<0.1$。

值得关注的是，地区高技能就业份额的估计系数显著为负数，这说明地区就业人员中高技能就业份额占比越高，农村地区家庭青少年子女在校学习的概率也越小。同时，中等、低技能就业份额的估计系数显著为正。这也表明，中等技能和低技能就业份额的增加，使得相关岗位的就业机会也在逐渐扩张。这为农村地区家庭提供了更多的就业机会，从而会增加家庭收入。随着家庭收入的增加，有利于提高其子女接受高中及以上阶段教育的概率。

接下来，本章节区分高中和高中以上教育阶段（包含大专）进行分析。其中，根据年龄为15—17岁的被调查样本是否在校，来判断其是否处于高中阶段在校就读。根据18—22岁的被调查样本是否在校，来判断其是否在高中及以上阶段在校就读。

表 7-8 区分不同教育阶段的估计结果

变量	全部	高中阶段	高中以上阶段
高技能就业份额	-1.132***	-0.112	-1.320***
	(0.345)	(0.807)	(0.475)

续表

变量	全部	高中阶段	高中以上阶段
其他控制变量	是	是	是
观测值	2，248	963	958
样本数	1，904	930	917
	全部	高中阶段	大学阶段
中等技能就业份额	1.283***	0.486	1.116
	(0.456)	(0.850)	(0.721)
其他控制变量	是	是	是
观测值	2，248	963	958
样本数	1，904	930	917
	全部	高中阶段	大学阶段
低技能就业份额	0.181	-0.210	0.336
	(0.339)	(0.605)	(0.554)
其他控制变量	是	是	是
观测值	2248	963	958
样本数	1904	930	917

注：括号中为稳健标准误差，*** $p<0.01$，** $p<0.05$，* $p<0.1$。

上表7-8的结果表明，当采用全样本进行估计时，高技能就业份额的估计系数显著为正。当区分不同的受教育阶段时，高技能就业份额对家庭青少年在高中阶段是否在校就读的概率没有显著的影响；然而，高技能就业份额对家庭青少年高中以上阶段是否在校就读具有显著的负向影响。中等技能就业份额和低技能就业份额的估计系数并不显著。

（三）就业技能结构变化对教育投资的影响机制检验分析

根据以上分析可知，中等技能就业份额的增加通过增加家庭的收入水平从而影响到家庭中青少年是否接受高层次教育。然而，家庭收入水平和家庭青少年是否在校就读可能存在联立因果的关系。比如，由于家庭中16岁以上的子女没有在校就读，而是选择了毕业后直接进入就业市场工作。那么，这将导致家庭收入的增加，因此，家庭收入和青少年是否在校就读之间可能存在负向关联。为了缓解家庭收入这个变量的内生性问题，本章接下来选取家庭总支出这一变量来作为控制变量，家庭总支出既包括教育方面的支出也包括家庭其他方面的支出。

表7－9的结果表明，家庭支出的估计系数显著为正。这也说明家庭总支出对其子女是否在校就读具有显著正向影响。家庭总支出的增加会增加子女在校就读的概率。其中，高技能就业份额的估计系数也是在10%显著性水平上为负，并且，其绝对值也比前面表格中的绝对值更少。这说明就业技能份额会通过影响家庭收入和教育支出的渠道，从而影响到家庭中子女的接受高中以及以上阶段教育的概率。

表7－9　　就业技能结构变化对教育投资影响机制检验的估计结果

变量	(1)	(2)	(3)	(4)	(5)	(6)
高技能就业份额	－0.978 *			－1.987 ***		
	(0.577)			(0.621)		
中等技能就业份额		0.287			2.012 ***	
		(0.583)			(0.673)	
低技能就业份额			0.553			0.302
			(0.393)			(0.401)
家庭总支出	0.075 **	0.073 **	0.076 **	0.060 **	0.057 *	0.059 **
	(0.031)	(0.031)	(0.031)	(0.030)	(0.029)	(0.030)
其他控制变量	否	否	否	是	是	是
虚拟变量	否	否	否	是	是	是
常数项	－1.415 ***	－1.711 ***	－1.976 ***	0.335	－1.073 **	－1.025 **
	(0.527)	(0.442)	(0.490)	(0.570)	(0.477)	(0.440)
观测值	1560	1560	1560	1559	1559	1559
观测值	1390	1390	1390	1389	1389	1389

注：括号中为稳健标准误差，*** $p<0.01$，** $p<0.05$，* $p<0.1$。

接下来，本章节首先采用另外一种衡量方法来构建低、中等和高技能就业份额指标。然后使用混合Probit模型进行估计，估计结果见表7－10。稳健性分析的结果表明，各层次的技能就业份额的估计系数和上文中的估计系数的结果十分接近。这也说明本章节研究结论具有稳健性。

表 7-10　　采用其他指标来衡量就业技能份额的估计结果

变量	(1)	(2)	(3)	(4)	(5)	(6)
低技能就业份额	0.473	0.167				
	(0.318)	(0.242)				
中等技能就业份额			-0.145	1.376***		
			(0.492)	(0.476)		
高技能就业份额					-0.573	-1.291***
					(0.440)	(0.360)
其他控制变量	否	是	否	是	否	是
虚拟变量	否	是	否	是	否	是
观测值	2248	783	1465	2248	783	1465

注：括号中为稳健标准误差，*** $p<0.01$，** $p<0.05$，* $p<0.1$。

第五节　结论和政策启示

本章节关注到城镇地区和农村地区家庭在教育投资行为的差异性。于是，本章节分析地区就业技能结构份额对地区家庭子女教育选择的影响。并且，利用2000—2015年中国家庭健康营养调查数据（CHNS），实证分析了地区就业技能结构变化对城镇和农村地区家庭子女教育选择的影响。研究结果表明：首先，不同水平技能就业结构对城镇和农村地区家庭子女教育投资具有差异性的影响。该影响在农村地区家庭子女教育投资选择上更加显著。地区就业人员中中等技能就业份额越高，农村家庭子女选择接受高中以及高等教育的概率就越大。地区就业人员中高技能就业份额占比的估计系数显著为正，但并不显著。

其次，当地区高技能就业份额占比较高时，农村家庭子女选择接受高中以及以上阶段教育的概率越小。这也从侧面解释和印证了对外贸易拉动的制造业就业的扩张增加了对制造业普工的需求，也增加了农村地区家庭收入，从而有利于促进其家庭子女的教育投资。高技能就业份额的增加，减低了农村家庭子女接受高中以上阶段教育的概率。这可能是因为高中及以上阶段教育存在进入门槛，城镇地区和农村地区的家庭的教育投入存在差异。高中阶段以及以上阶段的教育资源的有限性使得经历过激烈的淘汰赛后，农村家庭子女在校就读的概率偏低。并且，本章的研究结论采用不同的衡量指标检验，也得到了类似的结论。

最后，父亲的受教育程度的估计系数显著为正，这说明父辈的文化资本会通过代际传递的方式影响到子代的教育投资。被调查样本个体是否是男性的估计系数也是显著为正，这说明社会中仍然存在明显的男性性别优势，男性更容易获取家庭内部的资源从而增加其接受高中及以上教育的概率。

由此得到了本章节的主要政策启示：其一，由于城镇地区和农村地区的教育投入之间存在明显差异，导致了产业结构变迁、就业技能结构中高技能就业份额越高时，反而不利于农村地区家庭的子女的高层次教育投资。高中以及以上阶段的教育的升学考试往往成为关键的筛选机制，由于城乡教育硬件设施差异导致农村地区家庭子女在此筛选中有明显的劣势。这也说明政府应该更加关注教育公平和社会公平。

其二，中等技能就业份额的增加，也通过影响家庭收入的渠道缓解了父母对子女教育投资的经济压力，从而有利于农村地区家庭的子女的教育投资。这也说明就业机会和就业稳定也会有利于家庭的教育投资。政府应该采取多种措施尽量保障社会就业等民生基础。

第八章　全球视野下互利共赢的金融合作体系

研究视野从国内经济结构转向当前国际环境，本章探析中国对外经济交往的国内外资源环境。共建“一带一路”成为深受欢迎的国际公共产品和国际合作平台。“资金融通”是保证“一带一路”推进的重要支撑，尽管在全球主要央行实施量化宽松的政策背景下，世界资金整体相对充裕，但“一带一路”沿线国家或地区整体相对不发达，金融体系相对落后，较难受到国际资本青睐。且“一带一路”建设中资金需求量大，需要参与各方立足于全球经济，积极参与现有全球金融体系的重构，开辟更具创新的投资融资模式，为“一带一路”项目提供有效的金融服务。

结合现有国际投资和国际金融理论，为构建契合“一带一路”特色的经济学基础理论，本章将重点探讨“一带一路”在实现资金融通推动金融发展时亟待解决的几个主要问题：1. 迄今为止，国际上大部分的国际直接投资（FDI）和借贷资本主要在金融市场成熟且市场体系完善的国家之间流动，国际资本从未均衡地流向全球，“一带一路”沿线大部分国家由于金融体系不健全、发展落后、政治风险高等原因难以吸引外资。2. 新兴市场相对于发达经济体具有更高的经济波动幅度（Aguiar 等，2007），经济增长对外生冲击有较高的敏感性。外部环境的变化往往对这些国家的经济造成剧烈冲击，并导致国家经济发展趋势逆转。国际资本的自由流动、避险性以及逐利性的特点，决定了其在世界经济出现“风吹草动”时，迅速向安全资产转移。因此，沿线国家即使通过努力、吸引了大规模的国际资本流入以支持经济发展，仍将面临国际资本流向逆转的风险。从既有的研究来看，发展中国家的经济发展对外资依赖度较高，外资投入的突然变化将对其经济造成强烈冲击。3. 学术界对如何控制风险、保证借贷的安全性尚处于探讨阶段，未有一致定论。一派学者认为贷款需要附加条件（Bulow，1989）以保证贷款按约偿还。受此理论和观点影响，世界银行（World Bank）和国际货币基金组织（IMF）等国际金融组织都对其提供的金融援助附加了条件。一旦陷入困境，沿线国家理论上可以向这些国际金融机构寻求贷款援助，然而援助贷款附加的经济改革条件很可能不利于经济发展，贷款的条件性与沿线大部分国家的诉求存在冲突，其与“一带一路”实现资金融通的需要也存在一定出入。

本章将从上述三个主要问题入手，以构建适应“一带一路”倡议的金融发展与资金融通理论为目标，分析“一带一路”倡议下各国应当如何契合倡议中的发展需要和沿线国家的实际情况，通过改革、完善现有国际金融体系和资金融通架构，推动“一带一路”沿线金融发展和资金融通。

第一节　研究背景

资本的流动有利于最大化地提高全球福祉，世界经济已经进入全球化一体化的时代，国际资本流动已成为影响世界各国经济和社会发展的重要因素。国际资本流向全球乃大势所趋，对于“一带一路”沿线这些建设资金十分短缺的国家来说尤为重要。

一　国际资本为何难以流向发展中国家

事实上，国际资本未如理论预期一致均衡地流向全球，Lucas（1990）研究认为，资本从发达经济体流向新兴经济体尤其是最不发达经济体的规模并没有达到预测的水平。资本的全球流动实质上更多地是发达经济体之间的流动，在经济动荡时期甚至会出现资本从中低等收入的经济体流向比较富裕的经济体的情况。为了带动沿线发展较落后国家发展经济，实现经济起飞，顺利达成“一带一路”倡议互利共赢的愿景和目标，资金必不可少。

二　经济波动和资金外流风险

国际投资具有投机性、逐利性和避险性特点，一旦投资环境变化，便会迅速撤离、向安全资产转移（Calvo 等，2000）。发展中国家和新兴经济体内部，企业和消费者也更容易受到外部冲击影响而迅速调整预期，其经济的波动程度相对发达经济体更加剧烈（Aguiar 等，2007）。自 1980 年以来国际资本流动受经济波动的影响呈浪潮式波动，资本流入在涨潮时期支撑一国经济增长，但同时加剧了经济体的资本依赖性与金融脆弱性，也增加了资本流退潮时发生经济危机的概率（何剑，张梦婷，2017）。就发展中国家和新兴经济体而言，因其资本市场的不完全性，经济冲击将会被放大，造成更具冲击性的影响（Bernake 等，1996）。

“一带一路”沿线国家多属新兴经济体，国际资本的流入相对不稳定，经济更易遭受负面冲击。在经济动荡时期，投资者往往大量抛售其国内资产，导致资产价格暴跌，引发国际资本外逃。大量外资从沿线发展中国家流出，造成“一带一路”沿线发展中国家本币贬值和偿债成本增加；再加上国际金融市场资金面趋紧，融资成本进一步提高，必然造成投资和产出下降，从而不断放大金融经济冲击造成的影响。“借新债还旧债”的模式显然无以为继，金融市场极度不稳定，同时又面临着资本紧缺局面，沿线发展中国家经济发展极大可能陷入停滞甚至是危机频发的困境。值得注意的是，随着我国资本市场的逐步开放、资本管制的逐渐放宽，作为最大的新兴市场经济体，中国同样面临这种潜在风险，同时作为外汇储备大国我们还不得不考虑汇率变动对我国持有美元资产造成的影响。

三　借贷难困局和贷款条件

如何保证贷款的安全性、预防违约事件的发生一直是理论研究的重难点问题，经长时间讨论、实证、研究，现已形成了几派观点。Eaton 等（1981）提出，基于政府关心国际借款人声誉的条件下，在变动和不确定的世界里进入国际资本市场可以获得巨大的好处——通过国际借贷平抑经济波动，平滑国民收入和消费；因此，即使没有任何法律、强制措施保证借款人履约，持续进入国际资本市场的收益也可以内在地形成还款激励，促使借款国家保证债务偿还。然而，Bulow 等（1988）研究则认为，也许借款人确实愿意偿还贷款以维持未来持续借款的权利，但是，基于 80 年代的拉美债务危机，Bulow 等学者认为可能出现一国的债务负担高到现有债务偿付的预期价值超过任何未来贷款价值的程度。显然，在这种情况下保证未来持续借款的权利并不能带来任何利益，因而有极大的违约风险。因此，不能单纯依靠信誉和激励来保证还款，还需要就贷款资格施加一定的约束条件。

贷款条件性得到大多数国际金融组织的认同，但是在实施过程中却饱受质疑。以 IMF 为例：20 世纪 80 年代，IMF 对发展中国家和转型经济国家基本上都建议其接纳新自由主义的“华盛顿共识”政策建议，在贷款政策和条件中强调经济及市场自由化，要求推行紧缩的财政、金融政策。这些政策在实施中饱受质疑，这类贷款政策和条件不分国情（忽视各国经济社会特征）、不分时间地点（忽视国际和地区经济大环境），一以贯之的后果是不仅贷款援助的成效不佳，而且，往往给发展中国家增加了新的困难（王继祖等，2005）。自 20 世纪 80 年代以后，尽管 IMF 执行董事会关于条件性的指导方针中一再强调应当考虑成员国的特定环境和情况，但是在具体的实践中，往往依旧忽视了不同成员国的特殊性，一律以紧缩调整作为贷款的条件性要求，同时，贷款要求涉及的范围越来越广，条款越来越细化（蔺捷，2011）。经历了一系列金融危机后，IMF 贷款条件性内容得到进一步完善，但是仍然存在忽视成员国的特殊情况，侵犯成员国的经济主权等诸多问题。因此，可以预见的是“一带一路”沿线发展中国家很难从 IMF、世界银行等国际金融机构获得开发和援助贷款支持。

第二节　理论梳理与创新

“一带一路”倡议以基础设施投资、产能合作和贸易开放合作为优先发展领域，有关项目的推进都需要充足的金融资源和有效的融资手段予以支持。因此，必须对现有国际金融体系和资金融通架构进行改革、完善，以切合“一带一路”倡议发展需要和沿线国家的实际情况。从国际借贷的安全性、资金外流的波动放大效应入手，本节梳理既有研究结论，并提出根据各国异质性，在动态一般均衡理论的指导下制定更具包容性的金融融资机制。

一　现有理论研究

（一）产业资本融资是沿线国家的挑战

从历史唯物主义角度看，发展中国家贫穷落后除了经济发展战略选择失误，政治、社会因素等内部因素的影响之外，另外一个主要原因就是缺乏资金和技术，基础差、底子薄、经济结构单一。经济全球化为发展中国家经济增长创造了新的机遇，发展中国家如果能够获得资金支持，便可以以此为基础实现经济起飞。尽管已有大量的经验证据表明全球化有力地推动了发展中国家的经济发展，但是对"一带一路"沿线大多数相对落后国家的支持和带动作用依然十分有限。全球化本可以为发展中国家缺乏资金和技术的问题提供解决方案，然而，现实的发展不尽如人意。Lucas（1990）认为资本从发达经济体流向新兴经济体没有达到预期水平背后的原因，可能是国家政治风险较高和人力资本质量较低；Baek（2006）研究发现国际资本流入新兴经济体主要受到该国家高速经济增长的吸引。显而易见，"一带一路"沿线国家风险高，经济脆弱且经济增长缓慢，自身条件难以达到吸引外资的基本条件，难以从资本全球化中获利谋得发展。

学术界普遍认为，"一带一路"倡议将富余的优势产能注入"一带一路"沿线国家的同时，既有助于维持我国高速经济增长，也可以带动沿线发展中国家经济发展，最终实现互利共赢（陈耀，2015；刘卫东，2015；等）。有学者（李建民，2013；邹嘉龄，2015；等）指出，出口对我国经济增长的贡献一直很高，但是近年来我国密集型产业已不再受发达国家青睐，"一带一路"倡议有助于我国出口向新兴市场转移，增强我国与沿线国家的贸易紧密程度，从而保证我国经济增长的可持续性，为经济结构调整、增长方式的转换赢得时机。

"一带一路"倡议可以为沿线大多数落后发展中国家提供新的发展机遇，中国在通过"一带一路"倡议触发、推进自身经济发展方式转换、升级的同时，也对沿线国家的经济发展产生了积极影响，其对"一带一路"沿线国家经济的带动作用受到各界认同。综合来看，现有研究较多地就"一带一路"倡议内涵，如何实现产业对接以实现共同发展进行探讨，对如何破解产业资本融资缺乏基础理论层次上的讨论。

（二）资本外流的经济波动放大效应

资本跨国流动的本质以追求利益为目的，一旦国际市场出现波动，市场风险变大、收益降低，国际资本就会撤离投资地、流向相对安全的地区和资产。大量的研究显示，即便是外部环境细微的变化，也往往对发展中新兴经济体造成较大影响；而在世界经济动荡时期，发展中新兴经济体的经济波动较发达国家更加剧烈——在危机爆发和动荡时期，投资者风险偏好降低，对安全资产的需求激增，而美元资产通常是最主要的避险资产（高海红，2015）。国际资本（特别是跨境贷款和短期债务融资）大规模流出和流入新兴市场国家对其经济和金融稳定构成冲击（Cardarelli 等，2009），经济衰退和危机期，往往最终演化为全面经济、金融和货币危机（Ozkan 等，2010），在经济向好的增长期则往往加剧了资产价格上涨和通货膨胀（IMF，2011；张明，2011）。

“一带一路”沿线大部分国家都属新兴经济体，外部环境的细微波动都会引起国内经济较大波动，面临资本撤出风险，国际学术研究文献称之为“资本流入的突然停止”（Sudden Stop）（Calvo 和 Mendoza，2000）。针对国际资本流入突然停止、甚至是逆转外流的影响，现已积累了相当丰富的研究成果，有学者就我国资本管制和汇率制度提出相应的改革意见（徐震宇等，2007；谷宇等，2008；项卫星等，2011；等），而基于“一带一路”背景下的解决资本流动突然逆转问题的研究成果较为缺乏。

此外，由于我国和“一带一路”沿线大部分国家都是发展中国家，经济发展较容易受到外部环境的影响。“一带一路”的项目合作要求长期的资金支持，为了保证其顺利推进，需要加强我国与沿线国家整体对国际资本变动的抵抗力。现有文献，尚未提炼出“一带一路”资金融通架构背后隐含的风险对冲机制，而该机制对于保障“一带一路”资金融通的安全性，推动项目的顺利开展，具有重大意义。

（三）多层次金融机构支持项目顺利开展

“一带一路”《愿景与行动》中提出，“一带一路”倡议的实现离不开“五通”的支持，并指出资金融通是“一带一路”建设的重要支撑。现有以世界银行和国际货币基金组织为代表的大多数国际金融机构为保证借贷资产的安全性都对贷款施加一系列条件，“一带一路”沿线国家大多无力向国际金融机构申请开发性贷款和资金援助，因此需要搭建相应的金融支持体系。为支持项目的顺利开展，考虑到“一带一路”多样化的政治经济文化环境，需要积极发展多层次、更具包容性、更符合沿线国家国情的金融体系。

现有参与“一带一路”建设的几大类金融支持体系，在不同层面对“一带一路”倡议具有各自不同的支持作用，有研究概括为，“政策性金融是基础与先行者，互联网金融带来新机遇与新模式，健康持续发展的资本市场具有稳定器与提供红利激励的作用，良好的保险服务是保障与护航者，亚投行是国际金融支持的重要平台与杠杆，丝路基金则是我国金融支持的首秀与导向”（林川、杨柏、陈伟，2016）。除了分析金融机构在“一带一路”投融资上的作用，许多学者提出要创新多样化的融资方式以满足“一带一路”投资建设大量的资金需求并促进融资渠道多样为“一带一路”建设服务（闫衍，2015；缪林燕，2015 等）。

“一带一路”沿线一些国家内部政局不稳，地缘政治风险较高，因此，沿线不少国家的系统性金融风险较高，如何做好预警工作，防范风险，是保证金融支持有效性必须考虑的问题。如前所述，以附加条件来制约和激励借贷人还款，保障借贷的安全性的策略，即使在学术研究层面尚存在不同意见，因此，普遍的观点认为：借贷的条件性只是激励借款人还款的一种解决方案，过往的经验显示这种解决方案不符合大多数新兴经济体尤其是“一带一路”沿线国家的发展情况。

谭畅（2015）通过对我国企业海外投资的特点研究分析出我国企业境外投资可能面临的风险，并提出应对投资风险的对策。张红力（2015）指出由于存在信息不足和安全不足等问题，为了进一步深化对外开放，充分发挥金融在“一带一路”建设中的引领作用，要求从金融专业角度细化具体措施。各类风险至少涉及政治文化风险、项目建设风险、法律风险和道德风险等等。

综合来看，“一带一路”倡议背景下的金融发展和资金融通要求既要为"一带一路"建设提供充足、可靠的资金融通支持，同时也要将防控风险放在突出、首要的位置，任何有关资金融通架构的设计、政策措施的制定和实施都需要理论研究的支持。鉴于世界银行和IMF等附加贷款约束性条件模式的局限性，我们认为：本节研究揭示的"一带一路"倡议未来通过以互利共赢为终极目标、通过合作共享来克服不完全契约影响的思路可以为理论研究、机制搭建以及政策制定提供逻辑思路——如果能够保证项目参与者一直自愿参与其中，化解潜在的不合作的风险，对资格审查的要求自然得以解决，"一带一路"倡议及有关合作项目便蕴含了这一经济机制，能够激励各项目国自愿参与其中。

二　理论突破和创新

（一）资本跨国流动的特征和风险对实现互利共赢愿景的影响

资金和技术稀缺是现今大部分"一带一路"沿线国家难以实现经济起飞的一个重要原因。提升自我水平以把握机遇似乎是可行办法，为获得国际资本的青睐，西方主流经济学主张发展中国家着力在其金融政策、利率水平、汇率制度和资本监管上加以完善。但是制度建设往往内生于经济发展的程度和过程，短期内这些要求和措施都是"远水解不了近渴"；而在有关"一带一路"倡议如何促进共同发展以实现互利共赢的问题上，大多数文献更多地关注产能合作，或主要讨论其理论内涵。本章将尝试从资本跨国流动的特征与风险入手，研究构建"一带一路"倡议背景下的金融发展与资金融通理论，为融资困境提供破局参考。

（二）构建以人民币为关键货币的资金融通体系

金融发展与资金融通必须同时关注收益与风险，"一带一路"倡议的前景与带动效应已经得到国际社会广泛认可。因此，沿线金融发展与资金融通体系的构建，必须重点关注国际资本流动的冲击影响和风险对冲。然而，关于如何应对国际资本突然停止和撤出的问题，现有研究成果大多从金融市场发展不健全的情况入手，对汇率制度、金融体系等方面提出建议；同时，在为什么要构建以人民币为关键货币的资金融通体系上，现有研究更多地关注人民币国际化进程问题，而对人民币成为"一带一路"关键货币对“一带一路”项目开展和我国经济发展的意义缺乏探讨，对其生成机制的研究还没有系统的理论成果。

本节从“一带一路”建设促进我国与沿线国家经贸合作紧密度的现实出发，分析以人民币为关键货币的金融发展与资金融通体系蕴含的风险对冲机制，并指出着力发展“一带一路”沿线以人民币为核心的资本市场，不仅有利于促进资金融通，提供更大范围、更有力的资金保障，同时可以加强沿线国家对我国商品和劳务的需求；并对冲国际经济周期和美元汇率变动对中国和“一带一路”沿线国家造成的风险和影响，从而很好地服务于“一带一路”倡议的实现并促进我国经济发展。

（三）创新风险管控和贷款机制

“一带一路”项目需要各类金融机构的大力支持，但是其潜在的巨大风险又让大部分商业性金融机构踟蹰不前，政策性金融机构虽积极响应号召，实际上也需要审慎研究项目的违约风险；国际金融机构贷款条件性的实践结果显示，其思路与导向与“一带一路”大多数沿线国家的发展情况不契合。因此，“一带一路”倡议背景下，无论是金融发展与资金融通的理论，还是有关的政策实践都需要充分考虑沿线国家的异质性特征，设计和制定更为灵活的融资贷款机制，同时创新风险管控的模式和手段。

三　本章的研究思路

本章的研究框架如图 8－1 所示，基于对背景和文献的梳理，立足于“一带一路”倡议金融发展与资金融通理论的构建，为促进“一带一路”资金融通、参与完善现有全球金融机制，为全球经济金融治理与改革贡献创新思路。对“一带一路”倡议的背景分析，本章总结了“一带一路”沿线国家经济发展面临的 3 个主要问题：1. 世界资金相对充裕，但是沿线大部分落后发展中国家由于金融体系不成熟、市场体系不完善的原因较难吸引国际资本；2. 新兴经济体经济波动对外部环境较敏感，一旦出现风吹草动，国际资本会迅速撤离冲向发达国家的安全资产；3. 现有大多数国际金融机构为了保证贷款的安全性都对贷款资格附加一系列条件，大部分沿线国家难以获取资格，申请贷款援助面临重重困难。基于这些现实问题，本章将结合国际金融理论和国际投资理论，考虑市场不完全性、风险分担、异质性和开放的一般均衡等四个因素，总结“一带一路”倡议金融发展与资金融通的经济学基础理论。

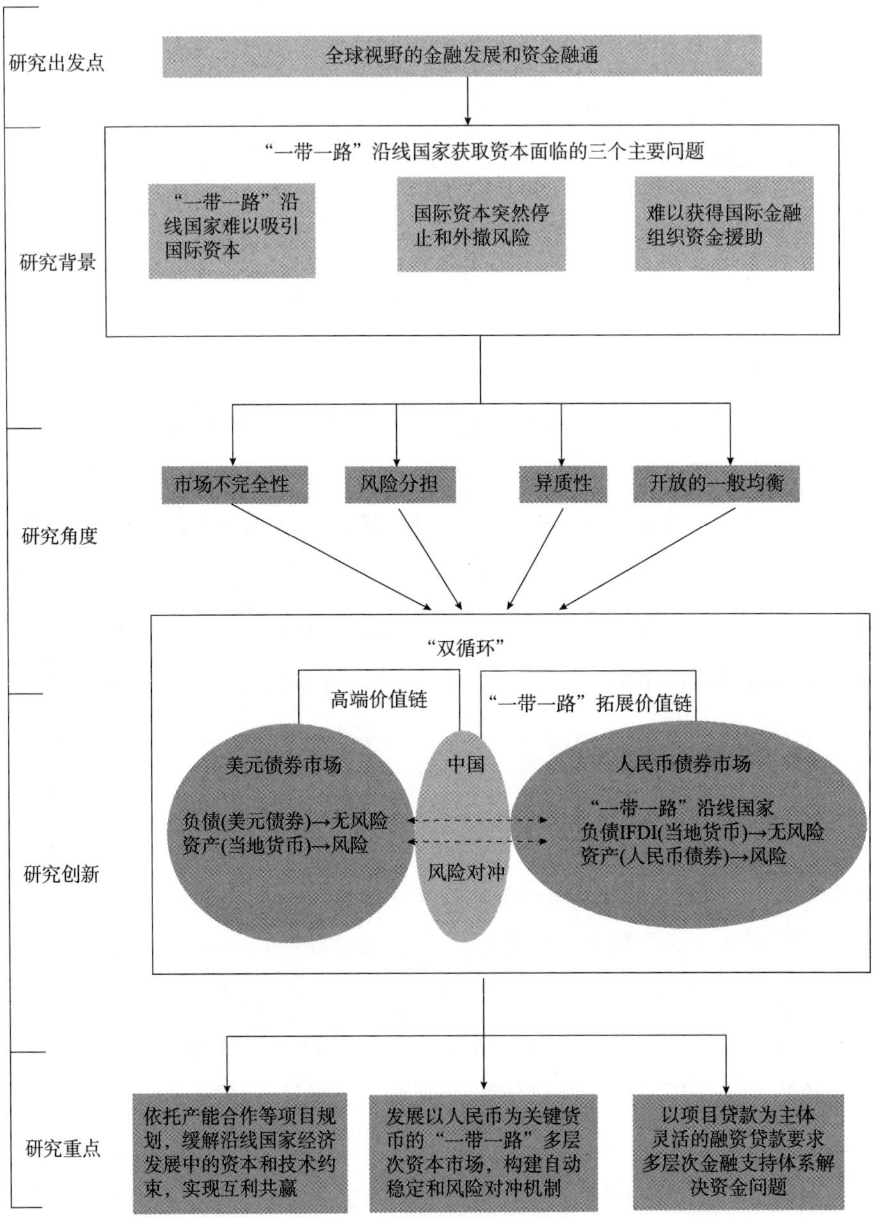

图 8－1　本章的研究思路与框架

第三节　形成更具包容性的多层次资金融通体系

金融机构以最大化其财富向项目投资，当即违约概率较大时，或者预期收益较小时，金融机构向企业投资获得的期望回报就会很低，便有撤资意愿。如果金融机构撤资概率与违约概率不一致，很可能出现上述项目国有意继续参与但失去金融机构资金支持的情况，这两者形成的“断档地带”（Gap）就是“一带一路”项目融资需要解决的问题。通过创新、改革和完善金融发展与资金融通体系，构建“一带一路”多层次金融支持体系，可以弥补和对接资金供求的矛盾。

一　产业合作与贸易畅通需要有效的资金融通支持

如前所述，面对世界经济缓慢复苏和中国经济进入转型攻关期，“一带一路”倡议不仅为中国解决现今发展阶段面临的问题寻找突破口，同时也为“一带一路”沿线国家带来发展机遇，更可以为世界经济重拾稳健增长贡献力量。在基础设施完善、各国运输通道联通的基础上，贸易运输将比以往更加便利，沿线国家贸易活动更易开展。然而，要真正实现贸易畅通，促进国家之间的贸易紧密度，资金融通必不可少。

既有融资贷款机制无法满足产业合作与贸易畅通对资金融通的要求。理论上，“一带一路”合作的潜在收益和项目东道国的高风险，可能导致东道国尚未有违约意愿而金融机构因风险过高而不愿提供融资、甚至撤资的情况出现。由于资金融通不畅，则项目东道国进口能力受限，出口能力不足变为现实。

具体作用机制如图 8－2 所示，当项目国家受到不利冲击，造成其国内生产成本上升，为了进口和生产就需要融资支持。如果因该国家风险过大或是其经济发展态势无法达到融资要求，一方面我国失去了进一步推动产品走出去的机遇，贸易畅通落空；另一方面，项目合作方由于缺少原材料产能投入，进一步造成生产下降、放大不利冲击，对其经济发展造成的不利影响。因受不利冲击影响，经济金融风险水平上升、风险溢价水平上升，使得融资成本增加，将进一步造成生产效率受到损失。总之，不利冲击的影响呈现螺旋式加剧。

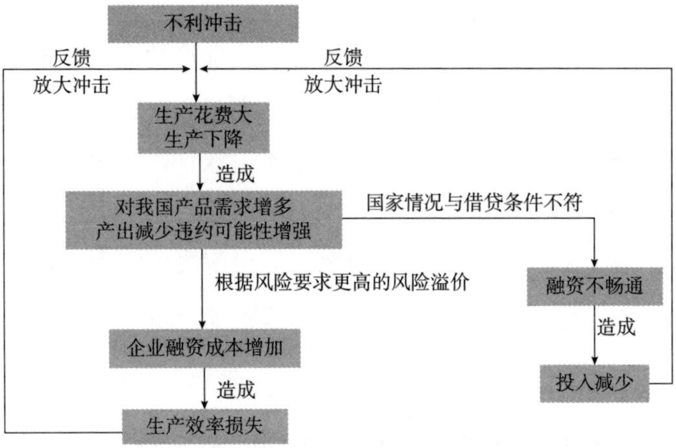

图 8－2　融资不畅通阻碍贸易畅通

二　基于价值链的资本流动“双向传导”促进互利共赢

构建多层次金融支持体系，资本流动配合推进以中国为枢纽的价值链体系，可以为难以获得国际资本和技术支持的国家提供资本支持，帮助其实现经济起飞。正如本节研究显示，“一带一路”以中国为枢纽的全球价值链“双向传导”的新格局的形成不仅能够回应中国经济发展新时代的要求，同时也能够解决“一带一路”沿线发展中国家建设资金不足的问题。

从全球价值链的两个循环来看，“一带一路”沿线国家多属发展中国家，工业化发展水平低于我国，一方面极度缺乏产业发展资本，对外资和外援有强烈的需求；另一方面由于发达国家在经贸和产业领域有着较高标准，大部分“一带一路”沿线发展中国家难以企及，较难参与到全球价值链中，无法从资本全球化带来的福利中获益。何况自金融危机以来，发达国家大多仍处于经济复苏阶段，经济增长带动效果差。

一方面，回应“提质增效”的要求，中国需要在创新发展方面大力突破，否则，很可能被锁定在全球价值链的低端环节。另一方面，随着其他发展中国家加入全球产业分工，以中国在要素和资源成本方面的竞争优势进一步缩减。如图中第二个循环表示的，中国现有优势产业和产业资本对"一带一路"地区起到带动作用：中国与沿线国家通过产业和产能合作形成第二个循环——中国提供资金和优秀富余产能支持，打破资金与技术困境，借助"五通"同沿线国家实现互利共赢，突破现有的全球价值链地位。

三　构建人民币为关键货币的资金融通体系

金融危机后，中国政府和经济各界高度重视风险防范和化解问题，特别将防范跨境资金异常流动风险作为维护宏观金融稳定的主要目标之一。随着国际资本流动规模的不断扩大，国际金融机构调整步伐的节奏加快。金融创新尤其是金融衍生品不断发展，国际资本流动性还将进一步增强，新兴市场面临着国际资本逆向回流的巨大压力。

当出现资本逆流或发生金融冲击时，投资者对美元偏好增加，大量投资者购买美元定值债券——将各国货币兑换成美元以购买美国产品，美国债券需求增加——美元升值。类比美元在全球经济和金融体系中的地位和作用，中国可以通过发展以人民币为关键货币的资金融通体系，既深化我国对外开发的范围和深度——探索中国资本市场深化发展和对外开放，同时也改善"一带一路"沿线国家的资金融通问题，并激发一种内生的、动态风险对冲机制。

在既有的融资架构下，经济与金融运行态势平稳时，通过引进外资、国际资本以直接投资的形式流入我国，人民币存在一定升值倾向。中国的国际资产—负债组合是：负债——引进的国际投资；而资产主要是外汇储备——购买美国国债。美国的国际资产—负债组合是：负债——美元定值的债务；而资产主要是美国投向世界各国的投资，具体到中国的投资，以FDI为代表。在经济与金融运行平稳期，美国的国际资产—负债组合可以为美国带来极大的利益——低成本获取资金、对外投资获取风险投资收益；而一旦出现经济和金融动荡，则往往出现资金回流美国，美元升值。

在"一带一路"框架下，通过发展以人民币为关键货币的金融发展与资金融通体系，则中国的国际资产—负债组合将部分具有美国的资产—负债组合特征：中国的国际资产包括对沿线国家的贷款和 FDI 投资 + 美元定值的债券；而中国的国际负债包括以人民币定值的债券（对沿线国家融资），以及从发达国家引进的 FDI。在经济与金融运行态势平稳时，中国获得对外投资收益，而在经济与金融运行出现动荡时，人民币对沿线国家货币升值，部分对冲美元升值影响。沿线国家的国际资产—负债构成与人民币成为关键货币前中国的国际资产—负债结构类似，因此不再赘述。

因此，概括而言，构建以人民币为关键货币的融资体系，不仅可以完善现有国际融资体系，在风险冲击下，还可激发一种内生的动态对冲的平衡机制。此外，以"一带一路"为基础，构建以人民币为核心货币的资金融通体系，可以借势推动我国对外开发的范围和深度——探索中国资本市场深化发展和对外开放。

四　灵活把握贷款要求，推进项目顺利开展

如前所述，"一带一路"项目贷款需要把握灵活性。从"一带一路"倡议目前的优先发展项目来看，大多集中于能源和资源开发、交通基础设施领域，投融资期限长，回报周期长，更加需要灵活地把握贷款要求，不应以单一固化的制度或还款条件来进行约束。

如果金融机构以动态一般均衡的眼光评判风险，应基于融资东道国的个体差异在每一期比较违约损失和撤资损失，而不是固守简单化的风险评估标准；以项目的顺利开展为整体目标，综合评估项目的长期利益以衡量风险，将更有利于项目推进和风险管控。

第九章　“一带一路”背景下：内外发展思路的升级

“一带一路”倡议突破了既有的国际合作价值观，是我国提出的重要的国际治理方案，目前已取得了重大的实践成果。转变对外发展和国际合作思路的背景在于，世界经济的循环正从传统的“中心—外围”式的单一循环，越来越变为以中国为枢纽的“双循环”体系，即全球价值链双环流。其中一个环流位于中国与高收入经济体之间即北美经济体和西欧经济体，另一个环流存在于中国与亚非拉等低收入经济体之间。一方面，中国与高收入经济体之间形成了以产业内的分工、贸易、投资、资本间接流动为载体的价值循环体系；另一方面，中国又与亚非拉中低收入经济体之间形成了以产业间贸易、直接投资为载体的价值循环体系（蓝庆新、姜峰，2016；张辉等，2018）。“一带一路”的增长效应沿着“中国—周边—沿线—世界”的路径扩展，成为联结各国经济复苏的桥梁。

“一带一路”下的全球价值链和国际分工秩序与以往有所不同和创新，逐渐形成并且需要与之配套的世界经济循环和国际分工理论。本章的剖析路径是：首先，梳理后发优势理论和国际分工理论，并基于优势互补的结构性思想对“一带一路”方略阐释其经济学内涵及基础；然后，从“一带一路”沿线地区和国家的自身特征出发，对中国与各区域之间的经济交往进行结构化剖析，涉及到各类协定中有关产业、贸易、金融等方面的优惠政策；最后，探讨中国该如何在“一带一路”沿线国家的新型价值链体系中发挥引领作用，在国际分工中合作共赢。

第一节　国际治理新理念的经济学基础

一　国际国内治理面临转型

随着第四次全球产业转移趋势的到来，产业转移已上升到整个产业链条的整体转移，而且表现出更加繁杂的特点：一是新兴工业化国家向产业链高端跃升。为了提升在全球价值链中的地位，各国不断地加快产业结构升级的步伐，不断提升核心产业链和核心价值链，向全球价值链的高端跃升；二是欧美等发达国家出现“再工业化”政策倾向，即把海外生产线迁回本国或在本国兴建新厂，以巩固自身在全球产业格局中的技术领先优势，产品本地化取代国际化。既有的国际分工由高收入国家主导，分工地位和利益分配机制存在一定扭曲，广大中低收入国家处于依附和弱势地位。

我国在经济高速发展下隐藏的一些问题在2012年之后逐渐显现，导致经济总量由高速发展逐年回落，同时出现了产业结构需要调整和波动风险增加的问题。习近平出席2014年亚太经合组织工商领导人峰会并作题为《谋求持久发展，共筑亚太梦想》的主旨演讲，指出未来中国经济发展将在经济增长速度、生产消费结构、经济增长动力和政府宏观调控这四个方面做出调整转型，进一步释放市场活力。

二　新型国际分工秩序需要建立

“一带一路”的参与国家主要是一些沿线的新兴国家和中低收入国家，创建一套满足参与国共同利益诉求的国际分工理论是非常有必要的，用此理论来指导“一带一路”的国际分工合作，推动中低收入国家和新兴国家的发展与进步，以此来打破国际资本控制的国际分工体系，保证各国互利互助、和谐发展（丁阳，2016）。

“一带一路”产业模式的建立，打破了旧国际分工秩序，新型的国际分工秩序正在建立过程中。中国在全球具有的强大产业竞争力使得中国有能力也必须构建一个全新的、以中低收入国家和新兴经济体为主的产业生产价值链，在“一带一路”的区域内建立一个命运共同体。中国秉持的方针是“和平合作，开放包容，互学互鉴，互利共赢”的丝路精神，逐步实现优化资源配置，贸易交流加强，提高市场融合度，达到共同利益的需求（陈健，龚晓莺，2018）。

从国际贸易角度出发，需要打破传统国际分工束缚，建立新型国际分工秩序。不能简单地将国际贸易视为单纯的货物跨境流动，应将货物往来视为生产要素、信息技术以及配套服务的载体。除了货物贸易之外，服务贸易是建设贸易强国的重要支撑，是外贸发展的新引擎。新兴经济体需要在技术和服务的增值上获得更高的议价权、控制权。

三　国际合作新理念的经济学支撑

“一带一路”为中低收入中国家赶超高收入国家提供了难得的历史机遇。我们主要从后发优势理论和国际分工理论进行阐释和分析。

（一）比较优势与后发优势

古典经济学家李嘉图最早提出一国生产优势，即“绝对优势”和“相对优势”概念以及由此得出的自由贸易主张。比较优势理论提出100多年以后，在比较优势理论的基础上，瑞典经济学家赫克歇尔和俄林先后提出了要素禀赋论，进一步拓展了国际贸易的基础——但由于专业化与初级产品生产的固定模式，可能使落后国家与发达国家的差距进一步拉大（马慈和，1990），不利于落后国家的经济发展。严格地说，这些理论并不是专门针对落后国家的发展理论，因为李嘉图的自由贸易学说是为资本主义扩张全球势力范围，为彼时处于上升阶段的资产阶级国家的利益而提出的理论依据（汪霞、朱圆满，2010）。

“后发优势”是指落后国家由于落后的状态以及后发展地位而具备的、在生产要素利用和配置方面的有利地位，即落后国家拥有资源优化、技术跨越、制度捷径的有利形势，充分利用这些有利形势可以加快经济结构转型，最终实现对先进国家的赶超。在经济全球化的背景之下，处于“后发优势”的一些国家的经济发展处于两极分化的状态。部分国家利用后发优势的有利形势，使得经济加速发展，逐渐拉近与发达国家之间的差距；另外一部分国家本就处于落后的发展地位，与发达国家经济实力差距较大，同时受到后发劣势的影响使得经济发展发生停滞，甚至倒退，极大地影响了部分国家的发展与进步。“后发优势”与“后发劣势”相互共生且此消彼长，发展中国家经济是在劣势条件下，通过创造优势谋求经济的发展，蕴含着“二分法”的思想方法：当我们充分发挥后发优势，规避后发劣势，将自身所拥有潜在优势充分的利用，转化为现实利益，最终将会受益于此（刘茂松等，2007）。

如何实现这一优势呢？经济发展的根本仍然在于将现有的生产要素转化为国民产出的过程。生产要素包括传统的三大生产要素：自然资源、劳动和资本，以及新增长理论与新制度理论所分别强调的技术和制度两大要素。比较优势根据生产要素的稀缺程度而确定，而后发优势则是从生产要素转化为产出的角度而确定的，前者反映的是后进国家的自然状态，后者则表现为一种人为努力的结果，在一定的制度安排下，后进国家能够具有很强的后发优势，而比较优势则微弱得多（汪霞、朱圆满，2010；王瑛，2007）。

从生产要素的利用来看，中低发展国家和新兴国家的后发优势在于劳动力价格低，生产原料的成本低，而后发劣势在于生产效率低，资源可利用率低等。在自然资源方面是否具有比较优势是不确定的。制度这一生产要素作为既定的外生变量存在于其理论分析框架之外，世界范围内同样适用的市场机制，但实际上由于各国的市场机制并非同质，比较优势理论背后的制度的实质是以强凌弱。而在后发优势的理论框架中，不仅劳动力要素具有后发优势，而且自然资源、资本、技术和制度各生产要素都具有后发优势，各生产要素的比较劣势正是构筑后发优势的基础。各生产要素后发优势的有效利用和发挥，才使赶超先进国家的目标有可能得以实现。尤其是在后发优势理论中，制度不仅是一种生产要素，而且是由经济体系内生决定的，由于市场机制在各国成熟程度不同而内在地要求各国政府采取相应的政策措施，这意味着，发展中国家不必依据发达国家的法则确定自身的经济发展模式。

"一带一路"沿线国家大多是经济不够发达、市场不够健全的中低收入经济体，是具有后发优势、有机会实现赶超高收入国家的后进国家。传统的国际分工模式下，高收入国家凭借资本、技术的比较优势占据着价值链的高端位置，中低收入国家发挥资源、人力的比较优势参与到高收入国家主导的价值链体系。"一带一路"给广大中低收入国家突破价值链低端位置提供了难得的发展机遇，是通过积极有为的行动发挥后发优势，推动广大新兴国家和中低收入国家共同发展、携手进步。

（二）新结构经济学：从要素禀赋结构出发

新结构经济学的切入点是要素禀赋结构，它将比较优势与后发优势相结合，用于促进中低收入国家的发展。新结构经济学认为，一个经济体的产业和技术结构在每一个时间点都固有的因素内生于该经济体在该时点给定的要素禀赋和结构。从生产面的供给侧来看，一个经济体每个时点的要素禀赋决定了该时点可支配的资本、劳动和自然资源的总量，实际上，要素禀赋也决定了当时经济的总预算。对于不同发展水平的国家来说，资本、劳动和自然资源的丰富程度不同，因此要素的相对价格也不同。然而，因素是可以改变的，随着时间的推移，人口、资本会发生变化，要素禀赋结构也随之改变。如果选择的技术和产业与要素禀赋的结构特性相适应，企业的生产成本就会较低，企业就会具有比较优势。此外，如果所有产业或技术都符合比较优势，要素生产价格将会最低，经济体就会显示出巨大的竞争力。

新结构经济学给出的快速发展的秘诀是遵循比较优势。某一时点的比较优势是由其要素禀赋结构决定的，遵循一国的比较优势来选择技术、发展产业，是实现快速发展、消除贫困和收入收敛的最佳途径。在此过程中，发展中国家可以利用后发优势，实现比发达国家更快速的技术创新和产业升级，从而促进经济发展；新结构经济学提出的发展思路是发展中国家要使自己现有的（要素禀赋）、能做好的（比较优势）做大做强，同时政府发挥指导作用，协助私营企业在市场经济体系中遵循本国的比较优势发展，利用后发优势，将其转化为竞争优势，每个发展中国家都有数十年快速增长的潜力，并在一两代人之内成为中等收入甚至高收入国家（林毅夫，2017）。

在现代社会，决定结构变迁的根本力量是要素禀赋结构从资本和劳动力比例水平较低向更高层次的改善。如果无法改善，就会面临各种低效率的局面（Lin，2003；2008）。拥有后发比较优势的发展中国家面临一系列不同资本密集度的产业。然而，要提升资本密集型产业，发展中国家需要首先提升其要素禀赋结构，这就要求资本积累速度高于劳动力增长速度（鞠建东、余心玎，2014）。为了确保产业和技术阶梯的顺利升级，必须在教育、金融、法律等制度安排和硬性基础设施方面同时做出相应的改进，使企业能在新升级产业中提升至适当的生产规模，以利用规模经济效应成为成本最低的生产者（Harrison et al.，2004）。

与合作的中低收入国家相比，中国在过往的三十多年积极发挥比较优势和后发优势，经济发展取得了举世瞩目的成就，但仍处于发展中国家，经验和教训都有。与"一带一路"沿线国家的互联互通，对于中国和沿线国家具有一定的理论指导和实践借鉴意义。

（三）当代国际分工理论

国际分工是社会生产力发展到一定阶段、各国国内分工超越向国际拓展形成的世界各国之间的劳动分工，它是社会生产力发展的必然产物。传统的国际分工经历了两种模式：产业间分工和产业内分工。20世纪90年代以来，跨国公司得到了长足的发展，并日益成为经济全球化的主要载体。为应对日益激烈的全球市场竞争，拥有大量战略性要素的跨国公司结合全球配置资源的需求，根据所创造的价值规模划分产品价值创造的各个环节，实行以价值链环节为对象的国际分工，即全球价值链分工。

传统贸易理论认为，国际分工是以各国比较优势的差异为基础，这种比较优势主要取决于各国的资源禀赋；新贸易理论认为，国际分工的基础主要取决于规模经济和市场不完善，这种分工主要发生在制成品的分工和贸易中。但是，与以往的国际分工相比，当代国际分工的全球价值链分工的基础更为复杂，不仅传统的比较优势、规模经济和市场结构等因素继续发挥作用，而且出现了一批类似核心技术、专利、管理经验、销售渠道和网络等决定性因素（郭晶、刘菲菲，2016）。传统的因素已经不再是主导因素，现代的战略性资源成为当代国际分工主要决定因素。而且，当代国际分工将以往的传统分工决定因素的作用发挥至极致，即从宏观领域的作用纳入企业的微观领域，由企业运用这些传统的因素，并与新的分工决定因素结合起来，最大化其作用。

全新的国际分工及其理论并没有否定传统国际分工的基础，是传统国际分工的继承和发展。当代国际分工仍然以传统国际分工为理论和实践基础，但由于商业合作模式推陈出新，因而其决定基础也更加复杂。从分工主体上来说，以往国际分工主要是指宏观层面的分工，分工主体为国家；而当代的国际分工更多是微观层面的分工，参与主体主要为企业。这使得国家和产业界限变得相当模糊，甚至企业的性质和界限也发生了深刻的变化（石冶、卢仁祥，2014）；从分工的客体来看，以往国际分工是以产品为分工对象，而当代国际分工则以生产工序或环节为对象。产业间分工和产业内部分工均以产品为分工模式，当代国际分工根据产品每一生产环节或工序价值量的不同进行标准化和分割，并结合以往国际分工的原则，在全球进行生产组织和布局。这种分工模式以生产工序或环节为分工客体，是典型的全球价值链分工，即产业内或产品内部分工。

当代的国际分工既继承和延续了以往的国际分工，同时也突出内外部条件各异的企业即异质性企业的主导作用。将对国际分工相关问题的研究从宏观领域拓展到企业的微观领域，鞭辟入里地为国际分工问题的研究提供了微观分析视角。“一带一路”下，中国作为枢纽连接上循环的高收入国家和下循环的中低收入国家，不但需要继续重视传统的比较优势、规模经济及市场结构，而且要将企业层面的技术专利、管理经验和供应链条等异质性因素纳入分工范围。

四　国际合作形成后发优势

建设“一带一路”的动力源自世界日益增长的国际公共产品的需求与落后的供给能力之间的矛盾，就国内而言，中国国内的互联互通已经完成，这为其提供了良好的基础；就沿线其他国家而言，中国的发展模式和已经取得的成就激发了它们独立自强的斗志、走自己的发展道路的愿望，后发国家所共有的价值观超越了传统不公平的国际合作秩序。

首先，基础设施的互联互通为跨国产业转移和结构调整奠定了前提条件。中国的基础设施建设及其配套产业发展程度完全可以满足沿线国家发展基础设施的需要。目前，中国在基础设施建设能力及其配套产业发展能力方面，处于世界领先水平。

随后，中国向其他国家输出的产业由于符合沿线国家的经济结构，将产生巨大的经济增长带动效应。沿线大多数国家都是工业化相对不足的发展中国家，无论是南亚、东南亚还是中亚、俄罗斯、西亚北非国家，许多国家面临进一步发展工业化的艰巨任务，本身又缺乏资金、技术和产业发展经验。这些情况与中国欲将部分成熟产业转移至海外的需要不谋而合。

最重要的是，利用逆向创新和大规模市场的优势搭建要素自由流动、资源高效配置和市场深度融合的创新型平台。逆向创新是以满足更大规模的中低收入市场多元化需求为初始目标，随后成功“逆向”扩展至发达市场的创新理念。随着世界经济格局的调整和经济全球化的发展，中国正从世界通用消费品生产工厂向为全球提供先进装备的生产基地转变。中国等发展中国家市场大、用户多的特点保障了反馈信息的高数量和迅速性，从而为大规模定制提供了可能。各国市场的深度融合结合资源要素的高效配置，最终有望实现共同繁荣。

第二节　与沿线国家经济往来的结构概述

中国与“一带一路”沿线国家的双边或多边贸易始终保持着相对稳定的增长势头，进出口贸易总额不断攀升。其中货物贸易进出口总额从2013年的1.04万亿美元增长为2019年的1.35万亿美元。2020年，在全球贸易遭受严重冲击的情况下，我国外贸从2020年6月份起连续7个月实现正增长，进出口实现了快速回稳、持续向好，展现了强大的韧性和综合竞争力，货物贸易第一大国地位进一步巩固，与“一带一路”沿线国家进出口额增长了1%。

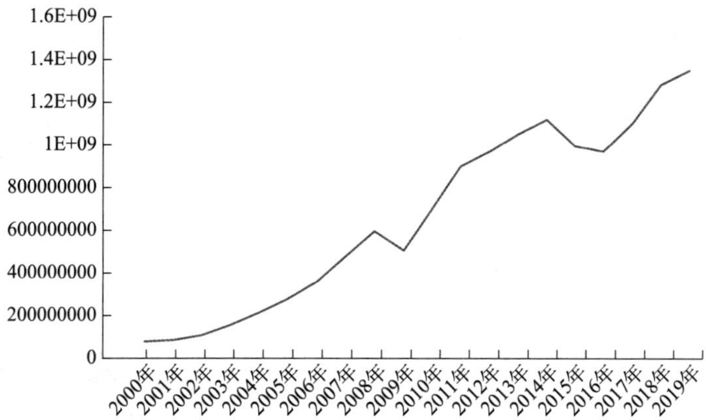

图9-1 中国与“一带一路”沿线国进出口额总量（千美元）

数据来源：中经网“一带一路”专题数据库和中国国家统计局网站。本章图表的数据来源相同。

按照部署，“一带一路”的北线将连通美国、加拿大、日本、韩国等高收入国家，向西连通北欧、西欧等高收入国家，实现高收入地区——中低收入地区——高收入地区的资源流通，保证区域间都能够获取充足的生产要素或产品市场；中心线连通中国的东部、中部和西部地区、中亚国家和西亚国家，向西推进至欧洲的发达地区，在促进国内资源要素流动的同时，也加快了亚洲内陆国家与其他资源大国的对外经济合作进程；南线连通中国东南沿海地区、印度洋和南亚地区，向北延伸至南欧地区，促进沿线国家港口城市的开发与建设。

“一带一路”贯穿了亚欧非大陆，会员国遍及136个国家和地区，表9-1展示了2019年中国与“一带一路”沿线国家中进口额与出口额总量前十的国家。可以看出，“一带一路”沿线的亚洲地区与中国的贸易活动密切，尤其东南亚地区在与中国进出口中居于前列，再是西亚北非地区具有重要战略意义。

表9-1 2019年中国对“一带一路”沿线各国进口和出口总额前十的国家

国家	地区	中国对各国进口额（千美元）	国家	地区	中国对各国出口额（千美元）
马来西亚	东南亚	71629892	越南	东南亚	98004332
越南	东南亚	64078466	印度	南亚	74924284

续表

国家	地区	中国对各国进口额（千美元）	国家	地区	中国对各国出口额（千美元）
俄罗斯	独联体	60257150	新加坡	东南亚	54963721
沙特阿拉伯	西亚北非	54257292	马来西亚	东南亚	52481738
泰国	东南亚	46134732	俄罗斯	独联体	49484540
新加坡	东南亚	35230306	印度尼西亚	东南亚	45685374
印度尼西亚	东南亚	33992844	泰国	东南亚	45619578
伊拉克	西亚北非	23806377	菲律宾	东南亚	40758627
波兰	中东欧	23552019	阿联酋	西亚北非	33450538
菲律宾	东南亚	20169744	沙特阿拉伯	西亚北非	23924463

数据来源：中经网“一带一路”专题数据库。

一　中国与亚洲沿线国家的贸易结构

不包括西亚北非地区的话，“一带一路”在亚洲地区的沿线国家涉及25个国家：蒙古、俄罗斯、文莱、柬埔寨、老挝、缅甸、菲律宾、新加坡、印度尼西亚、泰国、马来西亚、越南、东帝汶、不丹、马尔代夫、尼泊尔、斯里兰卡、孟加拉国、巴基斯坦、印度、吉尔吉斯斯坦、塔吉克斯坦、乌兹别克斯坦、土库曼斯坦、哈萨克斯坦。

截至2019年5月，“一带一路”倡议已推动亚洲经济体实现达成的对接方案有：哈萨克斯坦“‘光明之路’新经济政策”、印尼“‘全球海洋支点’战略”、老挝“‘变陆锁国为陆联国’战略”、文莱“2035宏愿”、柬埔寨“‘四角’战略”、越南“‘两廊一圈’构想”、菲律宾“‘雄心’2040战略”、塔吉克斯坦“2030年前国家发展战略”、吉尔吉斯斯坦“稳定发展战略”、乌兹别克斯坦“行动战略”、蒙古“‘草原之路’倡议”、巴基斯坦“2025发展愿景”的对接；并与泰国、新加坡、马来西亚、缅甸、东帝汶、尼泊尔、孟加拉国等分别签署了政府间“一带一路”合作的谅解备忘录（memorandum of understanding）。谅解备忘录是指双方经过协商、谈判达成共识后，通过文本的方式记录下来的事项条约，“谅解”的目的是表明“协议双方应互相体谅，妥善处理彼此的分歧和争议”。

如图 9-2 所示，亚洲地区在“一带一路”贸易中有着绝对的优势。位于海上丝绸之路经济带上的东南亚地区与中国的贸易相对更为密切，双边贸易总额排名前五国家中四个国家来自东南亚地区，而且排在首位的越南是中国对沿线所有国家中进出口额总量最大的国家。从贸易差额来看，除马来西亚、俄罗斯、蒙古等少数国家外，中国与“一带一路”亚洲国家的贸易均处于顺差，其中与印度的贸易顺差最大，在产能结构上能够满足沿线国家对工业制品的需求，互通有无。

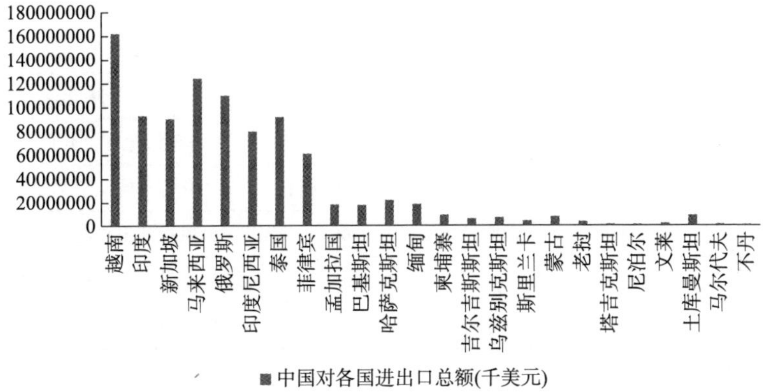

图 9-2（1） 2019 年中国对亚洲沿线国家进出口总额（千美元）

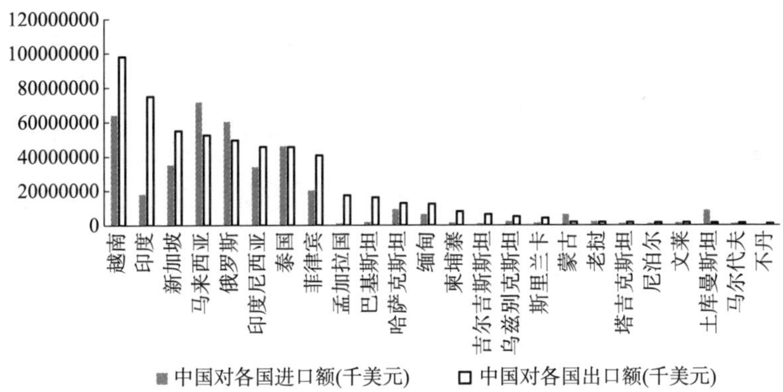

图 9-2（2） 2019 年中国与亚洲沿线国家的进口与出口额（千美元）

按国际贸易的行业结构和产品结构来看，表 9-2 和表 9-3 所示，中国对“一带一路”亚洲地区国家进出口主要行业均为计算机、通信和其他电子设备制造业，纺织服装业，以及金属与非金属加工制品业；进口与出口的主要产品也大体重合。该地区资源密集型、劳动密集型和技术密集型行业内的跨国贸易频繁，呈现出以行业内贸易为主的特点，对自然资源和初级化学原料进行加工处理后再出口，说明该地区的国际分工已经发展到非常细致的层次。

表 9－2　　　2019 年中国与亚洲沿线国家主要的贸易行业

行业编码	出口主要行业名称	行业编码	进口主要行业名称
39	计算机、通信和其他电子设备制造业	39	计算机、通信和其他电子设备制造业
26	化学原料和化学制品制造业	07	石油和天然气开采业
38	电气机械和器材制造业	26	化学原料和化学制品制造业
17	纺织业	25	石油、煤炭及其他燃料加工业
34	通用设备制造业	10	非金属矿采选业
31	黑色金属冶炼和压延加工业	13	农副食品加工业
35	专用设备制造业	09	有色金属矿采选业
18	纺织服装、服饰业	06	煤炭开采和洗选业
33	金属制品业	38	电气机械和器材制造业
30	非金属矿物制品业	32	有色金属冶炼和压延加工业

表 9－3　　　2017 年中国对亚洲沿线国家的主要贸易产品

出口商品类别	出口额（千美元）	进口商品类别	进口额（千美元）
石油化工产品	54642525.6	半导体存储盘	8488146
化工产品	39375421	石油化工产品	7546007
服装	17255006.9	天然原油和天然气	7442690
原油加工和石油制品	8429492.21	天然气	7321125
布	8274589.03	半导体分立器件	2638004
梭织服装	7930545.93	初级形态的塑料及合成树脂	2381557
成品油	7319669.72	化工产品	1921490
移动通信手持机（手机）	7200488.54	初级形态的塑料	1732072
集成电路	6984792.13	服装	630239.2
针织服装	6756196.21	成品油	389411.7

二　中国与西亚北非沿线国家的贸易结构

西亚北非地区“一带一路”沿线涉及 20 个国家：巴勒斯坦、叙利亚、黎巴嫩、巴林、约旦、也门、埃及、土耳其、以色列、卡塔尔、科威特、阿拉伯联合酋长国、阿曼、伊朗、伊拉克、沙特阿拉伯、阿富汗、阿塞拜疆、格鲁吉亚以及亚美尼亚。西亚北非地区小国偏多，但其丰富的石油资源在中国的对外进口贸易中具有不可替代的战略地位。中国对西亚北非沿线国家的贸易结构如图 9－3 所示，北非国家的双边贸易额普遍不及西亚地区国家；与亚洲地区的贸易国相比，中国与该地区国家的双边贸易以逆差为主，出现贸易逆差主要是沙特阿拉伯、伊拉克、伊朗、科威特、卡塔尔等出口大量石油的国家。

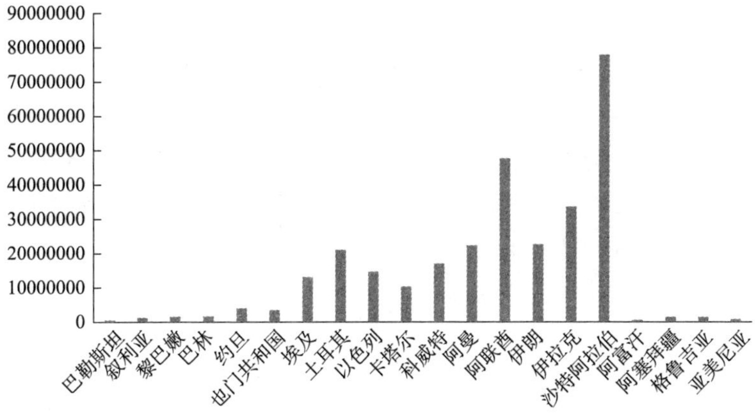

图 9－3（1） 2019 年中国对西亚北非沿线国家的进出口总额（千美元）

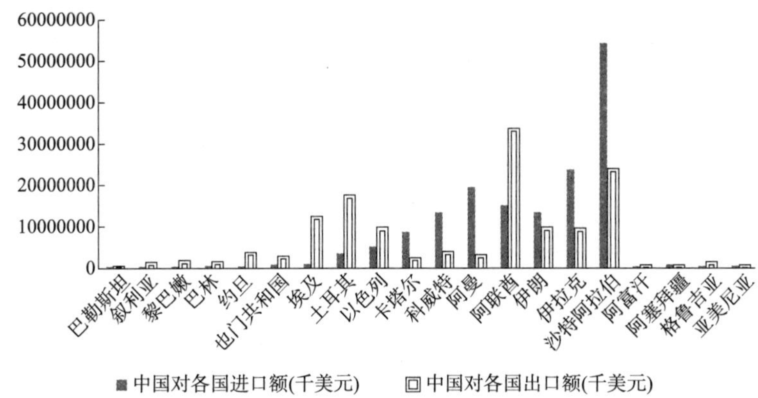

图 9－3（2） 2019 年中国对西亚北非沿线国家的进口与出口额（千美元）

中国与"一带一路"沿线西亚北非国家贸易往来的行业结构和产品结

构如表 9-4 和表 9-5 所示。由于资源禀赋的差异，该类双边贸易以产业间贸易为主，而且自然形成中国对产油大国的贸易逆差。中国从西亚进口最多的是石油、天然气等矿物燃料及其加工产品，沙特阿拉伯是我国从西亚地区进口矿物燃料的最大来源（刁莉等，2019）；当前中国向西亚北非出口的主要是工业制成品、制造业原料和轻工业产品，其中机电产品出口额最大且增速最快，包括机械设备、电气设备、交通运输工具、电子产品、电器产品、仪器仪表、金属制品等及其零部件和元器件。利用资源和技术上的差异性实现优势互补、互通有无，有利于提高中国与该地区生活生产资料的多样性，并提升了居民的消费质量。

表 9-4　中国与“一带一路”沿线西亚北非国家进出口主要行业

行业编码	出口主要行业名称	行业编码	进口主要行业名称
39	计算机、通信和其他电子设备制造业	07	石油和天然气开采业
38	电气机械和器材制造业	26	化学原料和化学制品制造业
18	纺织服装、服饰业	10	非金属矿采选业
34	通用设备制造业	25	石油、煤炭及其他燃料加工业
17	纺织业	08	黑色金属矿采选业
30	非金属矿物制品业	09	有色金属矿采选业
31	黑色金属冶炼和压延加工业	39	计算机、通信和其他电子设备制造业
33	金属制品业	32	有色金属冶炼和压延加工业
29	橡胶和塑料制品业	40	仪器仪表制造业
26	化学原料和化学制品制造业	35	专用设备制造业

表 9-5　2017 年中国对西亚北非沿线国家的主要贸易产品

出口商品类别	出口额（千美元）	进口商品类别	进口额（千美元）
石油化工产品	11386353.1	石油化工产品	14450111.9
化工产品	9790022.61	天然原油和天然气	13804394.6
服装	9626548.33	原油	13804394.6
梭织服装	4658907.64	初级形态的塑料及合成树脂	9735744.15
针织服装	4550749.26	初级形态的塑料	9727412.61
移动通信手持机（手机）	4398055.91	化工产品	2512919.46
塑料制品	3753592.79	合成纤维单体	252652.75

续表

出口商品类别	出口额（千美元）	进口商品类别	进口额（千美元）
橡胶制品	3067865.78	化学肥料	151084.58
微型计算机设备	2378401.88	化学矿	139449.56
家具	2185371.24	精甲醇	136231.98

后发国家所共有的价值观超越了过去的殖民主义、帝国主义和现代化发展模式。在"一带一路"建设框架下，中国—中东国家将制定双方发展战略，推进转型升级，加快中国—海湾合作组织自贸区谈判进程和重点工业园区建设，加强基础设施等领域合作（王义桅，2016）。欧亚非互联互通的目的是降低物流成本，提升亚洲和非洲国家的比较竞争力。在中东地区，共建"一带一路"将加强能源基础设施的互联互通合作，共同维护输油、输气管道等运输通道安全，把推进跨境电力与输电通道建设作为重要任务；以同样作为文明古国和发展中国家的埃及为例，埃及凭借苏伊士运河的天然优势，不仅成为连接亚非大陆的桥梁，也是陆海丝绸之路的节点，具备弯道超车的机遇。特别是苏伊士运河改造的完成，使中埃运河开发区的产业具备后发优势，从而挣脱了发达国家长期先发优势造成的不合理分工体系对埃及的束缚。

三 中国与中东欧沿线国家的贸易结构

在"一带一路"沿线国家中，东欧地区涉及 21 个国家：黑山、马其顿、塞浦路斯、波黑、阿尔巴尼亚、克罗地亚、拉脱维亚、塞尔维亚、爱沙尼亚、立陶宛、希腊、斯洛文尼亚、保加利亚、罗马尼亚、波兰、匈牙利、捷克、斯洛伐克、摩尔多瓦、白俄罗斯、乌克兰。图 9－4 和图 9－5 反映了中国对"一带一路"中东欧地区国家的双边贸易情况，与亚洲和西亚北非地区相比，中东欧地区国家与中国的双边贸易额均属于水平较低的。

其中波兰是中国在中东欧地区最重要的经贸合作伙伴之一，中波经贸关系始于 1950 年，至今大致经历了三个发展阶段——1950—1989 年政府间协定贸易阶段，1990—2003 年经贸合作转型和发展阶段，以及 2004 年以来中波友好合作关系框架下新的发展阶段。

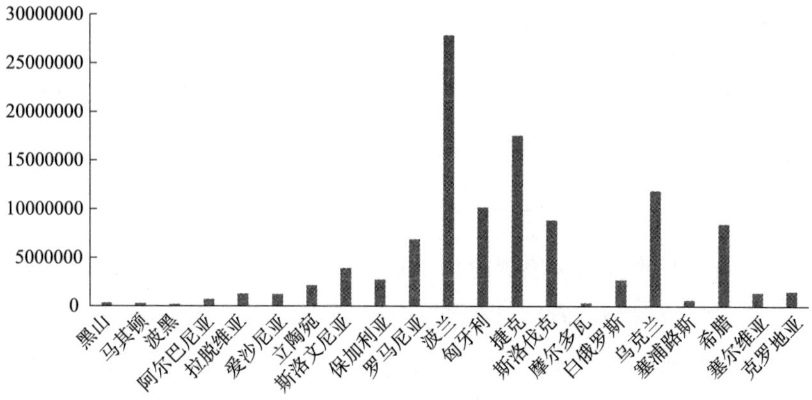

图 9－4　2019 年中国对“一带一路”中东欧国家进出口总额（千美元）

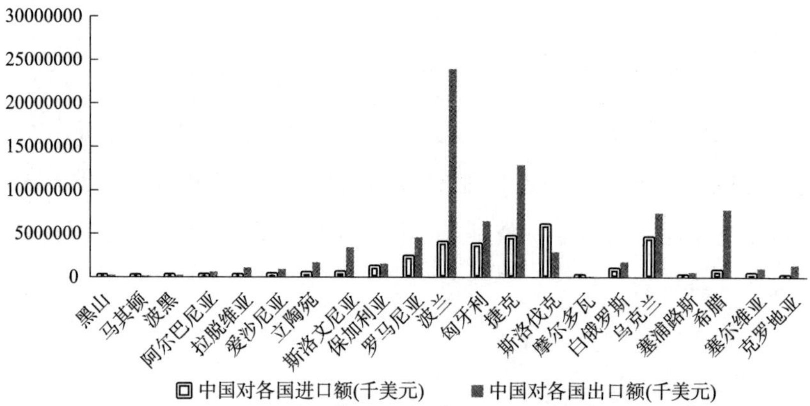

图 9－5　2019 年中国对“一带一路”中东欧国家进口出口金额（千美元）

2011 年中波两国建立了战略伙伴关系，2012 年启动了中国—中东欧 1＋16 合作机制，2015 年两国缔结《共同进行“一带一路”建设备忘录》。两国高层互访不断，双边经贸关系发展总体上平稳顺利，相互投资持续增长，合作领域不断拓宽。波兰是本地区首个对华贸易额突破 100 亿美元的国家，2019 年波兰与中国的进出口贸易额为 27849.9 百万美元，在所有“一带一路”沿线国家中排第十二位。

中国与该地区进出口贸易的主要行业和主要产品排序如表 9－6 和表 9－7 所示。中国与中东欧地区国家的贸易无论进口还是出口，主要是器材设备制造业、金属加工制品行业、生活用品，机器设备的产业内贸易和生活资料的产业间贸易，极大地发挥了双方的产业优势，并提升了中东欧地区的消费水平。

表 9－6　　2019 年中国对沿线中东欧国家进出口的主要行业

行业编码	出口主要行业名称	行业编码	进口主要行业名称
36	汽车制造业	39	计算机、通信和其他电子设备制造业
38	电气机械和器材制造业	38	电气机械和器材制造业
34	通用设备制造业	34	通用设备制造业
39	计算机、通信和其他电子设备制造业	40	仪器仪表制造业
08	黑色金属矿采选业	17	纺织业
26	化学原料和化学制品制造业	18	纺织服装、服饰业
40	仪器仪表制造业	33	金属制品业
32	有色金属冶炼和压延加工业	19	皮革、毛皮、羽毛及其制品和制鞋业
13	农副食品加工业	29	橡胶和塑料制品业
29	橡胶和塑料制品业	35	专用设备制造业

表 9－7　　2017 年中国对中东欧沿线国家的主要贸易产品

商品类别	出口额（千美元）	商品类别	进口额（千美元）
石油化工产品	4134020.65	初级形态的塑料及合成树脂	95385.99
化工产品	3579717.77	初级形态的塑料	93713.41
服装	2784093.58	半导体存储盘	64053.21
移动通信手持机（手机）	2269834.46	电子元件	47022.01
微型计算机设备	2085293.52	服装	37492.27
灯具及照明装置	1562806.22	半导体分立器件	24998.28
梭织服装	1527986.35	电工仪器仪表	13945.84
针织服装	1179206.82	变压器	13357.5
塑料制品	1106360.01	表面活性剂	12790.23
家具	571773.71	滑雪、防护鞋	8186.61

四　中国—东盟自由贸易区的贸易结构

2010 年 1 月 1 日，中国—东盟自由贸易区正式启动。这既是由发展中国家组成的最大自由贸易区，也是世界上人口最多的自由贸易区、全球第一大自由贸易区。双边和多边贸易取得了长足的发展，从 2012 年到 2019

年，中国对其已经实现了97%的商品进口零关税，中国—东盟货物贸易进出口额逐步攀升，2019 年突破 5 千亿美元。

2020 年上半年，中国与东盟进出口总值为 2.09 万亿元，同比增长 5.6%，占中国外贸总值的 14.7%；其中中国出口 1.15 万亿元，进口 9385.7 亿元。从国别排名看，中国与越南的进出口增长 18.1%，高居东盟贸易国之首；从产业重点看，电子制造产业联系紧密并带动相关产品贸易大幅增长，中国自东盟进口集成电路 2268.1 亿元，增长 23.8%，占自东盟进口总值的 24.2%，对东盟出口集成电路 896.8 亿元，占对东盟出口总值的 7.8%①。

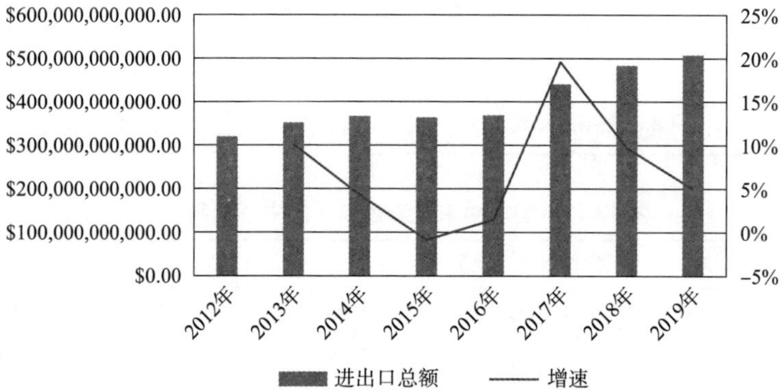

图 9-6（1） 2019 年中国对东盟货物贸易进出口总额（美元）

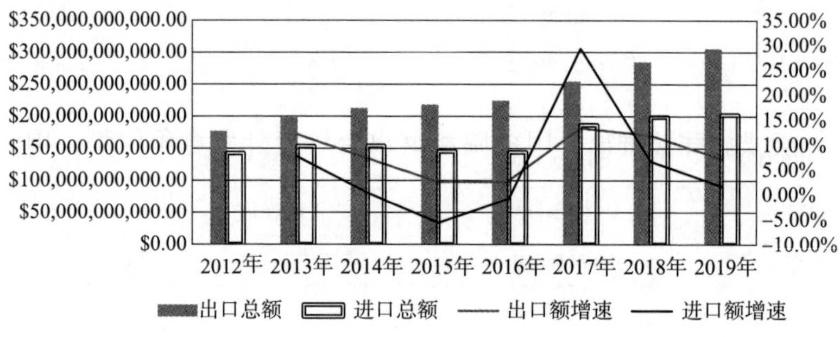

图 9-6（2） 2019 年中国对东盟货物贸易进口出口金额及其增速（美元）

如表 9-8 所示，中国与东盟进出口贸易的主要行业高度重合，主要是

① 数据来自于田原撰写的《中国东盟经贸关系迈上新台阶》，发布于《经济日报》2020 年 07 月 24 日第 8 版。

行业内贸易，以进出口贸易额均排第一位的计算机通信和其他电子设备制造业为例，中国提供核心技术和关键组件，在印尼、马来西亚作外观设计和规模生产的品牌智能手机或其他生活电子产品。

表 9－8　　中国从东盟进口出口的主要行业

行业编码	进口行业名称	行业编码	出口行业名称
39	计算机通信和其他电子设备制造业	39	计算机通信和其他电子设备制造业
26	化学原料和化学制品制造业	17	纺织业
38	电气机械和器材制造业	38	电气机械和器材制造业
25	石油煤炭及其他燃料加工业	18	纺织服装服饰业
13	农副食品加工业	31	黑色金属冶炼和压延加工业
10	非金属矿采选业	34	通用设备制造业
34	通用设备制造业	26	化学原料和化学制品制造业
40	仪器仪表制造业	25	石油煤炭及其他燃料加工业
07	石油和天然气开采业	40	仪器仪表制造业

第三节　全球视野下中国产业结构的发展方略

经济全球化和区域一体化、集团化浪潮不可阻挡，国际间产业结构变动相互推动，中国在国际分工与合作中优势产业得到长足发展。“一带一路”倡议提出后，资金投资、国际贸易与产业结构之间的传导作用加速。

相关措施陆续推出，国务院相继出台培育外贸竞争优势、国际产能合作和制造业内部创新等政策规划。2015 年 5 月 12 日发布的《关于加快培育外贸竞争新优势的若干意见》要求全面提升与“一带一路”沿线国家经贸合作水平，主要内容包括深化贸易合作、拓展产业投资和优化周边经贸发展格局；强调全球总需求不振，大规模国际产业转移明显放缓，贸易保护主义持续升温等国际新形势，希望推动中国外贸实现“五个转变”，加强贸易与产业结合，全面参与全球价值链、产业链重构进程，提高产业国际竞争力。2015 年 5 月 16 日，国务院印发《关于推进国际产能和装备制造合作的指导意见》，指出国际产能合作的总体任务是将与中国装备和产能契合度高、合作愿望强烈、合作条件和基础好的发展中国家作为重点国别，并积极开拓发达国家市场，以点带面、逐步扩展。

一　国际舆论阻碍

从发达国家向外进行产业转移的历史来看，跨国产业所带来的政治后果包括国际政治和国内政治两方面的内容。20 世纪 70 年代末，在西方国家经济发展出现“滞涨”，他们当时在某种程度上迈入新的“常态”。1979 年政治经济学家詹姆斯·库尔思（James Kurth）基于约瑟夫·熊彼特（2007）的“创造性毁灭”机制以及哈佛经济学家弗农概括的产品周期论，对自英国工业革命以来，产业转移对不同东道国政治经济体系的影响进行了分析，提出了“产品周期的政治结果”命题。尤其针对纺织业、钢铁和汽车等产业的跨国转移的案例进行分析，对当今中国在“一带一路”的产能合作依然具有很强的借鉴意义，因为中国所处的发展阶段仍然需要应对产业转移过程中出现的政治安全风险挑战。

库尔思认为，从拿破仑战争结束后至 19 世纪 50 年代，50—70% 的英国纺织品都需要向海外销售，这是英国执行自由贸易政策的根基所在。随着欧洲市场的逐渐成熟，英国大力向拉丁美洲出售纺织品，形成了“自由贸易帝国主义”（钟飞腾，2015）。库尔思认为，随着多个产业的演进，产业转移的政治后果通常并非由单个主导，而是取决于多个产业之间的自由和保护主义政策的博弈：19 世纪后期工业化的主导产业是钢铁以及相关的铁路和造船，由于钢铁的资本密集属性，它需要比纺织业动员更为强大的资本，后发工业化国家需要介入产业发展并极大地影响了政治体制；为了继续推进经济开放，需要不断地进行产业创新，进行熊彼特式的“创造性毁灭”。

中国“一带一路”倡议是一项合作事业，遵循“共商、共建、共享”原则，旨在规避历史上发达国家向发展中国家产业转移过程中出现的两大问题，即国内的产业空心化和东道国的经济殖民地化。倡议提出之际，众多西方媒体以“中国版马歇尔计划”的视角来理解中国的战略意图。历史上的马歇尔计划的主要目的是恢复欧洲经济，避免重蹈“二战”的覆辙，进而推动欧盟反对苏联扩张。但事实上“马歇尔计划”的援助模式以及政治和经济相关性，无法推广到其他区域。

中国也不可能复制“马歇尔计划”。在新的历史时期，中国势必要进行真正的创新，推动与“一带一路”国家的共同发展。张蕴岭（2017）认为，中国规划的“一带一路”将超越熊彼特基于资本主义发展的“创造性毁灭”机制，并衍生出“创造性转移”机制实现规划中所说的共谋发展。“创造性毁灭”分析针对资本主义体系中的发达工业化国家，对于沿线人均收入不那么高的发展中经济体，“创造性转移”是根据中国和周边国家的国情总结出的产业合作模式。中国向海外转移产业，不是简单地转移过剩产能，而是要基于经济发展的动态演进推陈出新；将价格较低的生产要素转移到国外，一方面帮助发展中国家实现一定能力的自主发展，另一方面也通过提高国内生产要素价格反推国内的自主创新。

二　中国产业结构演进

国际产能合作、促进中国价值链地位的顶层设计政策的出台，与“一带一路”的核心理念一脉相承，意味着中国与世界经济体系互动的内容、方式和角色都将发生积极变化。中国不仅要提高吸收外资的水平，还将构建走出去升级版，此即与“双循环”上环流相联结；不仅出口终端消费品，而且出口与“双循环”流通相关的资本品，此即与“双循环”下环流相联系；中国不再仅仅是国际规则的被动接受者，还要积极参与和引领规则制定，积极融入经济全球化的发展。

对于发展程度较低的发展中国家，尤其需要明确相关政策设计细节以及实施上的先后顺序。林毅夫（2012）在《繁荣的求索：发展中经济如何崛起》一书中提出了“两轨六步法”的筛选框架（Growth Identification and Facilitation Framework，GIFF），协助东道国根据比较优势进行技术和产业的升级。就本章而言，该六步法中的前三步，对于理解中国在“一带一路”沿线进行产业转移的科学性具有重要参考价值。第一步，选择正确的模仿对象，发展程度较低的东道国为了产业升级，必须要找到一个合适的目标对象国；第二步，消除本国的相关约束，简而言之，进一步缩小第一步中筛选出来的产业清单，并帮助先行进入这些产业的企业排除进一步发展的障碍。第三步，吸引全球投资者，针对国内企业还没有进入的行业，政策制定者应该吸引外资。因此，中国在“一带一路”的投资项目选择，主要是投资一些符合东道国比较优势、解决产能过剩与东道国需求之间的差额问题的项目。

国际经验表明，劳动密集型产业是低收入经济体工业化的关键，也是创造就业、推动经济起飞阶段的重要角色。中国也应该利用自身规模优势、地缘优势以及与沿线国家良好的政治关系，积极开展产业转移等战略对接，通过产能合作互利共赢。随着经济社会发展和经济体制转变，中国的产业结构不断调整，根据呈现的结构特点，中国产业结构发展可以分为三个时期：

（一）三次产业结构失衡时期

新中国成立初期，中国是一个典型的农业大国，工业基础薄弱，第一产业产值占总产值的50%以上，第二、三产业处于严重欠发达的状态。第一个五年计划结束时，第二产业发展显著，第一产业比重下降，第一产业与第二产业的比重调整为40.3∶29.7。随着第二产业的比重基本上处于不断上升状态，第一产业比重波动明显，第三产业占总产值比重持续下降，到1978年，三次产业占总产值的比重调整为34∶31∶35，仍处于失衡状态。

（二）三次产业结构均衡时期

1978年中国实施改革开放，进行农业体制改革并解决三次产业发展失衡问题。产业结构逐渐走向协调发展的轨道，1992年三次产业占总产值的比重调整为21∶43∶36。

（三）三次产业结构优化时期

中国共产党的十四大明确提出要建设社会主义市场经济体制，中国三次产业结构调整进入优化时期。十五大报告明确提出“要鼓励和引导第三产业加快发展”，十六大报告提出“加快发展现代服务业，提高第三产业在国民经济中的比重”，十七大报告提出第一、二、三产业协同发展，十八大和十九大报告再次强调要促进服务业特别是现代服务业的发展壮大，这些政策极大地为第三产业注入了发展动力。

从图 9－7 可以看出 1952—2019 年中国三次产业占总产值比重的趋势，2012 年之前，第二产业产值占 GDP 的比重高于第三产业，第二产业发展进程稳定，是经济发展的主要动力，第三产业产值占 GDP 的比重在 35%－45%之间，呈现出波动上升趋势。从 2012 年开始，第三产业产值占 GDP 的比重超过第二产业，2015 年第三产业产值占 GDP 比重首次超过 50%，成为推动经济发展的主力军。

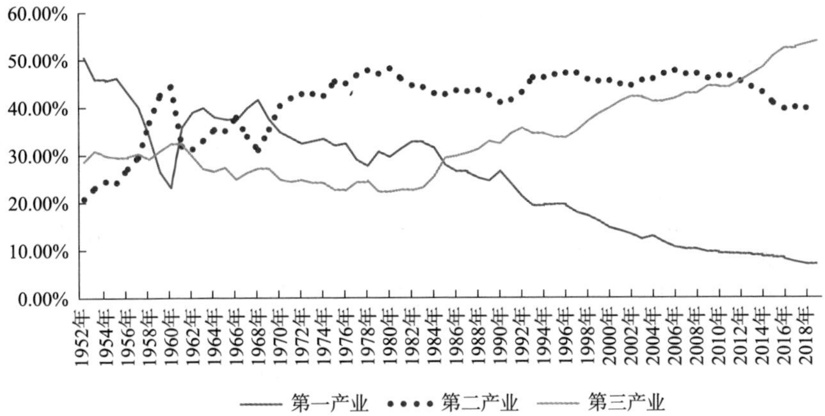

图 9－7　1952—2019 年中国三次产业占比的趋势图

数据来源：中国国家统计局。

从现有的产业理论来看，产业结构的演变有其自身规律，从三次产业结构的角度看，第一产业比重不断减少，第二产业占比先增加、后稳定，第三产业的产值在不断上升。徐德云（2008）提出了产业结构升级指标，以衡量产业结构的高度，产业结构中第三产业对拉动经济增长的作用越来越突出，因此权重最大，第一产业作用不断弱化，因此赋予最小权重。产业结构升级指标表示为 $W = Y_1 + 2Y_2 + 3Y_3$。其中，Y_1 为第一产业产值占 GDP 的比重，Y_2 为第二产业占 GDP 的比重，Y_3 为第三产业占 GDP 的比重。W 的取值范围为 1－3，W 的值越接近 1，说明农业在经济社会中占比越大，产业结构层次越低。W 的值越接近 3，说明第三产业在国民经济中的地位越高，产业结构层次越高。依此测算出中国的产业结构升级指标如下表 9－9：

表 9－9　历年中国产业结构升级指标

年份	Y1	Y2	Y3	W	年份	Y1	Y2	Y3	W
1952 年	0.505	0.416	0.861	1.782	1986 年	0.266	0.87	0.894	2.03
1953 年	0.459	0.464	0.927	1.85	1987 年	0.263	0.866	0.912	2.041
1954 年	0.456	0.49	0.897	1.843	1988 年	0.252	0.87	0.936	2.058
1955 年	0.462	0.486	0.885	1.833	1989 年	0.246	0.85	0.987	2.083
1956 年	0.431	0.544	0.891	1.866	1990 年	0.266	0.82	0.972	2.058
1957 年	0.401	0.592	0.909	1.902	1991 年	0.24	0.83	1.035	2.105
1958 年	0.34	0.738	0.876	1.954	1992 年	0.213	0.862	1.068	2.143
1959 年	0.265	0.852	0.927	2.044	1993 年	0.193	0.924	1.035	2.152
1960 年	0.232	0.888	0.972	2.092	1994 年	0.195	0.924	1.032	2.151
1961 年	0.358	0.638	0.969	1.965	1995 年	0.196	0.936	1.011	2.143
1962 年	0.39	0.626	0.891	1.907	1996 年	0.193	0.942	1.008	2.143
1963 年	0.399	0.662	0.813	1.874	1997 年	0.179	0.942	1.05	2.171
1964 年	0.38	0.706	0.798	1.884	1998 年	0.172	0.916	1.11	2.198
1965 年	0.375	0.702	0.822	1.899	1999 年	0.161	0.908	1.158	2.227
1966 年	0.372	0.758	0.747	1.877	2000 年	0.147	0.91	1.194	2.251
1967 年	0.398	0.678	0.789	1.865	2001 年	0.14	0.896	1.236	2.272
1968 年	0.416	0.622	0.816	1.854	2002 年	0.133	0.89	1.266	2.289
1969 年	0.375	0.708	0.813	1.896	2003 年	0.123	0.912	1.26	2.295
1970 年	0.348	0.806	0.747	1.901	2004 年	0.129	0.918	1.236	2.283
1971 年	0.336	0.838	0.732	1.906	2005 年	0.116	0.94	1.239	2.295
1972 年	0.324	0.856	0.744	1.924	2006 年	0.106	0.952	1.254	2.312
1973 年	0.329	0.856	0.726	1.911	2007 年	0.102	0.938	1.287	2.327
1974 年	0.334	0.848	0.723	1.905	2008 年	0.102	0.94	1.287	2.329
1975 年	0.32	0.908	0.681	1.909	2009 年	0.096	0.92	1.332	2.348
1976 年	0.324	0.9	0.678	1.902	2010 年	0.093	0.93	1.326	2.349
1977 年	0.29	0.934	0.729	1.953	2011 年	0.092	0.93	1.329	2.351
1978 年	0.277	0.954	0.738	1.969	2012 年	0.091	0.908	1.365	2.364
1979 年	0.307	0.94	0.669	1.916	2013 年	0.089	0.884	1.407	2.38
1980 年	0.296	0.962	0.669	1.927	2014 年	0.086	0.862	1.449	2.397
1981 年	0.313	0.92	0.681	1.914	2015 年	0.084	0.816	1.524	2.424

续表

年份	Y1	Y2	Y3	W	年份	Y1	Y2	Y3	W
1982 年	0. 328	0. 892	0. 678	1. 898	2016 年	0. 081	0. 792	1. 572	2. 445
1983 年	0. 326	0. 884	0. 696	1. 906	2017 年	0. 075	0. 798	1. 581	2. 454
1984 年	0. 315	0. 858	0. 765	1. 938	2018 年	0. 07	0. 794	1. 599	2. 463
1985 年	0. 279	0. 854	0. 882	2. 015	2019 年	0. 071	0. 78	1. 617	2. 468

数据来源：本书作者根据历年《中国统计年鉴》计算得出。

近年来，国内外产业发展环境发生了深刻变化，新一轮科技革命和世界产业加速演进，全球经济格局将发生重塑；我国经济已由高速增长阶段转向高质量发展阶段，开启了新一轮经济转型，加快产业结构调整和优化升级是推动经济高质量发展的主要途径和重要任务。在市场经济条件下，只有产业结构、需求结构和要素结构协调适应，社会资本才能顺利循环周转，资源才能得到有效配置和利用，经济才能实现可持续发展。主要工业化国家的发展经验表明，产业结构的及时转型升级是保障经济继续向更高层级发展的重要支撑。一些拉美国家多年的发展教训亦证实，在向高收入国家迈进的进程中，如果不能成功地实现产业结构调整升级，可能导致长期经济停滞，从而落入“中等收入陷阱”。当前，我国正处于实现“两个一百年”奋斗目标承上启下的历史阶段，进入从上中等收入国家向高收入国家迈进的关键时期。进入新阶段，引导产业结构调整升级，是平稳国民经济周期、激发经济发展活力、提升经济发展水平的内在要求。

与此同时，作为后起追赶型发展中大国，我国的工业化道路还很漫长，制造业在较长时期内仍将是强国之基、立国之本，是驱动经济发展的主导力量，也是产业结构调整的重点领域。国家发展改革委发布的《产业结构调整指导目录（2019 年本）》（下文简称“目录”）中有 900 多个与制造业相关的条目，约占总条目数的 60% 以上。

《目录（2019 年本）》旨在优化存量资源配置，扩大优质增量供给，促进我国产业迈向全球价值链中高端，把制造业高质量发展放到更加突出的位置。该目录分为鼓励类、限制类、淘汰类三个类别：其中鼓励类目录中纺织部分增加了差别化、功能性纤维产品的开发、生产与应用，绿色和智能化发展相关类别，并更新了高性能纤维和生物基纤维等品种相关内容；

限制类目录中纺织部分涉及化纤6类设备和工艺；淘汰类目录中的落后生产工艺装备目录涉及化纤7类工艺装备，落后产品目录中无化纤相关产品。

第四节　全球视野下的中国贸易结构发展方略

2019年，我国前五大进口行业依次为：（1）电机、电气设备及其零件；录音机及放声机、电视图像、声音的录制和重放设备及其零件、附件；（2）矿物燃料、矿物油及其蒸馏产品；沥青物质；矿物蜡；（3）核反应堆、锅炉、机械器具及零件；（4）矿砂、矿渣及矿灰；（5）光学、照相、电影、计量、检验、医疗或外科用仪器及设备、精密仪器及设备；上述物品的零件、附件。

“创造性转移”既不是自由贸易区理论中的贸易创造和贸易转移的简单重叠，也不是西方包括日本在内的相关经验的直接移植，而是国际贸易的对象、行业和产品范畴扩大期间，贸易的质量结构和价值增值的提升，以及相应的对核心技术和供应链话语权的把握。中国贸易结构发展可以从货物贸易结构和服务贸易结构两方面入手进行拓新。

一　优化货物贸易结构，促进总量提升

如下图9－8所示，从进出口总额来看，近20年来，中国对外贸易货物进出口总额始终保持着稳步上升的态势，而且对外贸易出口额始终大于进口额，处于贸易顺差状态，但差额有逐渐缩小趋势。2000年中国货物进出口总额为4743亿美元，2019年中国货物进出口总额为45761.26亿美元，是2000年的10倍。

货物贸易出口总量上稳步增加，如图9－9、图9－10所示，2000—2019年货物贸易出口额年均增长13.84%。1990年以来，中国货物贸易顺差达到了87.46亿美元，此后基本保持持续增长的态势，受2008年金融危机影响，2009年至2011年连续三年货物贸易进出口额有所下降，随着全球经济恢复，贸易顺差开始快速拉大，并于2015年创下5939.03亿美元净出口额的最高值。2015年后我国货物贸易出口额增速放缓，总量基本保持稳定。

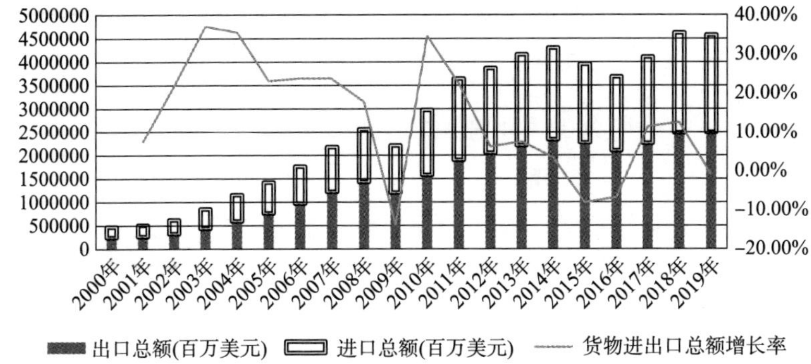

图9－8　历年中国货物贸易进出口总额、结构及增长率

数据来源：历年《中国统计年鉴》，以下图表的贸易数据来源相同。

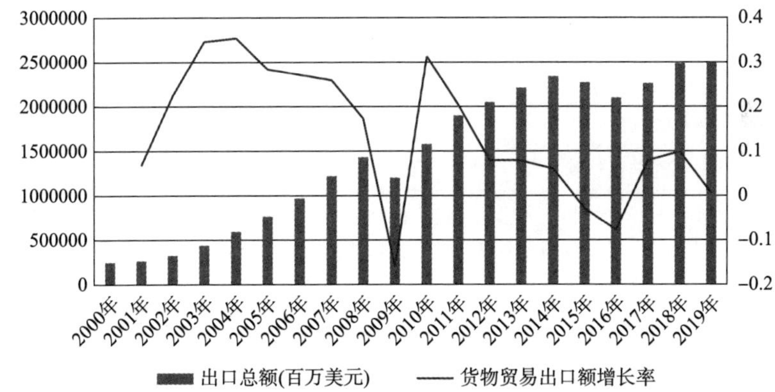

图9－9　历年中国货物贸易出口额（百万美元）

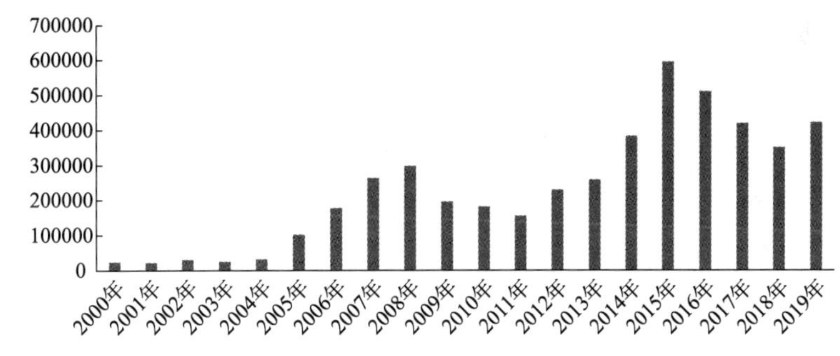

图9－10　历年中国货物贸易净出口（百万美元）

从中国出口货物的产品结构来看，2000年和2018年主要商品类别如表9－10和表9－11所示。我国外贸"优进优出"取得积极进展，出口导向型产业从轻工、纺织等传统产业到装备制造业、高新技术业等资本、技

术密集型产业都进一步加快转型升级步伐，高附加值产品和装备制造产品出口增长较快，部分先进技术、关键零部件和消费品出口增速加快。

表 9－10　　2000 年中国出口货物主要商品类别

序号	海关编码类目	出口额（百万美元）	占比
1	第十六类：机器、机械器具、电气设备及其零件；录音机及放声机、电视图像、声音的录制和重放设备及其零件、附件出口额（百万美元）	72885	29.25%
2	第十一类：纺织原料及纺织制品出口额（百万美元）	49379	19.81%
3	第十五类：贱金属及其制品出口额（百万美元）	16609	6.66%
4	第十二类：鞋、帽、伞、杖、鞭及其零件；已加工的羽毛及其制品；人造花；人发制品出口额（百万美元）	11958	4.80%
5	第六类：化学工业及其相关工业的产品出口额（百万美元）	11639	4.67%
6	第十七类：车辆、航空器、船舶及有关运输设备出口额（百万美元）	9337	3.75%
7	第五类：矿产品出口额（百万美元）	9201	3.69%
8	第十八类：光学、照相、电影、计量、检验、医疗或外科用仪器及设备、精密仪器及设备；钟表；乐器；上述物品的零件、附件出口额（百万美元）	8536	3.43%
9	第七类：塑料及其制品；橡胶及其制品出口额（百万美元）	7949	3.19%
10	第八类：生皮、皮革、毛皮及其制品；鞍具及挽具；旅行用品、手提包及类似品；动物肠线（蚕胶丝除外）制品出口额（百万美元）	7505	3.01%

表 9－11　　2018 年中国出口货物主要商品类别

序号	海关编码类目	出口额（百万美元）	占比
1	第十六类：机器、机械器具、电气设备及其零件；录音机及放声机、电视图像、声音的录制和重放设备及其零件、附件出口额（百万美元）	1093336	43.97%
2	第十一类：纺织原料及纺织制品出口额（百万美元）	266007.4	10.70%
3	第十五类：贱金属及其制品出口额（百万美元）	185435.1	7.46%
4	第二十类：杂项制品出口额（百万美元）	167944.9	6.75%
5	第六类：化学工业及其相关工业的产品出口额（百万美元）	136538.7	5.49%
6	第十七类：车辆、航空器、船舶及有关运输设备出口额（百万美元）	118005.9	4.75%

续表

序号	海关编码类目	出口额（百万美元）	占比
7	第七类：塑料及其制品；橡胶及其制品出口额（百万美元）	101867.9	4.10%
8	第十八类：光学、照相、电影、计量、检验、医疗或外科用仪器及设备、精密仪器及设备；钟表；乐器；上述物品的零件、附件出口额（百万美元）	77745.23	3.13%
9	第十二类：鞋、帽、伞、杖、鞭及其零件；已加工的羽毛及其制品；人造花；人发制品出口额（百万美元）	61118.46	2.46%
10	第五类：矿产品出口额（百万美元）	51606.22	2.08%

货物进口结构的改变也是我国转换发展动力、积极进行产业结构转型升级的结果。通过对比表9－12和表9－13不难发现中国货物贸易进口结构发生了较大变化和调整。具体来看：第十六类机械设备及其零件的进口额仍然占比30%左右，矿产品进口额大幅增加，而碱金属及其制品进口额占比几近腰斩，第十八类光学、照相、电影、计量、检验、医疗或外科用仪器及设备、精密仪器及设备，钟表，乐器这些物品的零件、附件进口额大幅增加。总体来说，从进口货物的主要类别变化不难看出，我国对于初级农业产品的进口数量有所减少，而对远程和易懂工作配备的通信、计算、处理和数据存储设备等行业的高技术产品和能源资源类非农业初级产品的进口数量有所提高。

表9－12　2000年中国进口货物主要商品类别

序号	海关编码类目	进口额（百万美元）	占比
1	第十六类：机器、机械器具、电气设备及其零件；录音机及放声机、电视图像、声音的录制和重放设备及其零件、附件进口额（百万美元）	85177	37.84%
2	第五类：矿产品进口额（百万美元）	24522	10.89%
3	第十五类：贱金属及其制品进口额（百万美元）	20611	9.16%
4	第六类：化学工业及其相关工业的产品进口额（百万美元）	18100	8.04%
5	第十一类：纺织原料及纺织制品进口额（百万美元）	16564	7.36%
6	第七类：塑料及其制品；橡胶及其制品进口额（百万美元）	16362	7.27%
7	第十八类：光学、照相、电影、计量、检验、医疗或外科用仪器及设备、精密仪器及设备；钟表；乐器；上述物品的零件、附件进口额（百万美元）	8191	3.64%

续表

序号	海关编码类目	进口额（百万美元）	占比
8	第十类：木浆及其他纤维状纤维素浆；纸及纸板的废碎品；纸、纸板及其制品进口额（百万美元）	6962	3.09%
9	第十七类：车辆、航空器、船舶及有关运输设备进口额（百万美元）	6378	2.83%
10	第二类：植物产品进口额（百万美元）	4321	1.92%

表9－13　　2018年中国进口货物主要商品类别

序号	海关编码类目	进口额（百万美元）	占比
1	第十六类：机器、机械器具、电气设备及其零件；录音机及放声机、电视图像、声音的录制和重放设备及其零件、附件进口额（百万美元）	723809.9	33.89%
2	第五类：矿产品进口额（百万美元）	493260.1	23.10%
3	第六类：化学工业及其相关工业的产品进口额（百万美元）	155552.1	7.28%
4	第十七类：车辆、航空器、船舶及有关运输设备进口额（百万美元）	114910.7	5.38%
5	第十八类：光学、照相、电影、计量、检验、医疗或外科用仪器及设备、精密仪器及设备；钟表；乐器；上述物品的零件、附件进口额（百万美元）	106905	5.01%
6	第十五类：贱金属及其制品进口额（百万美元）	106523.7	4.99%
7	第七类：塑料及其制品；橡胶及其制品进口额（百万美元）	91795.7	4.30%
8	第十四类：天然或养殖珍珠、宝石或半宝石、贵金属、包贵金属及其制品；仿首饰；硬币进口额（百万美元）	78020.1	3.65%
9	第二类：植物产品进口额（百万美元）	62454.7	2.92%
10	第十一类：纺织原料及纺织制品进口额（百万美元）	34137.8	1.60%

从图9－11最近二十年中国货物贸易进口额及其增速来看，货物贸易规模受到国际宏观经济形势的冲击易于剧烈波动；而且趋势与图9－10最近二十年中国货物贸易出口额及其增速的一致，说明进口贸易尤其是对原材料、中间品和机器设备的需求，主要受到国际市场需求的影响。2010年，世界从全球金融危机中缓慢复苏，中国对于货物贸易的需求回暖。但是随后，由于中国经济产业结构迫切需要转型升级、经历结构改革的阵

痛，以及国际经济秩序固化带来的国际市场需求疲软，因此进口与出口金额的增速逐年降低。2015 年后，中国抓住了新兴产业的发展机遇、对制造业的转型升级以及推进"一带一路"沿线地区合作，再次拓展了产业贸易的地理空间，提振了货物贸易。

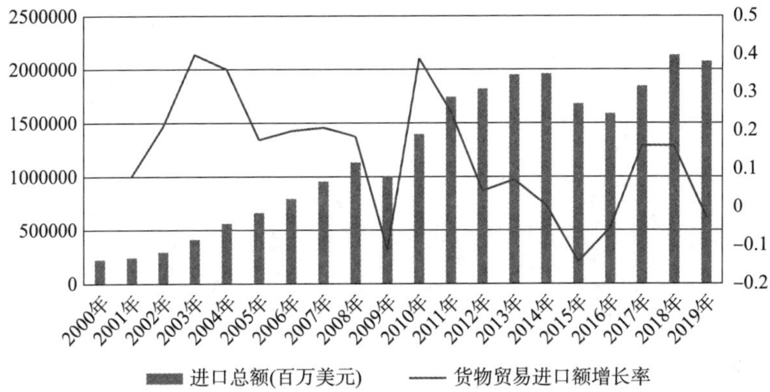

图 9-11　历年中国货物贸易进口额（百万美元）

二　升级服务贸易结构，构筑发展新动力

近年来，服务贸易蓬勃发展，作为大众创业、万众创新的重要载体，已成为经济增长的新动力。2016 年 10 月 25 日，经国务院批准，商务部发布《服务出口重点领域指导目录》（商务部公告〔2016〕第 58 号，下文简称"《目录》"）等服务贸易指导政策。《目录》涉及服务贸易领域宽广，共有 22 个一级目录、80 个二级目录、178 个三级目录。《目录》突出重点行业，在全面覆盖世界贸易组织（WTO）确定的 12 大类服务的基础上，重点加强对高附加值、一些发展潜力较大的研发和技术服务、广播影视、音像服务的支持和指导；坚持出口导向，主要面向计算机和信息服务、建筑和工程服务等具有较大出口实绩或潜力的行业（邱海峰，2016）。

服务贸易具有高附加值、高吸纳就业、低能耗、低污染等优点，有利于实现外贸结构升级和经济发展方式的转变。中国大力扩张服务贸易出口种类，如下图 9-12 和图 9-13 所示，自 1995 年至 2018 年间，中国服务贸易总额实现了年均 13.43% 的增长水平。

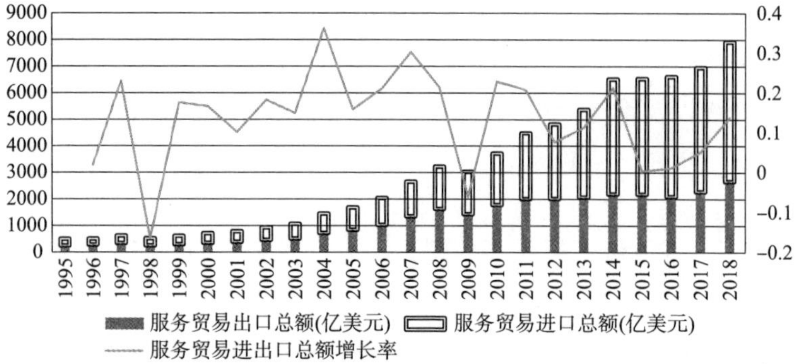

图 9－12　历年中国服务贸易进出口总额、结构及增长率

在贸易总量实现快速增长的同时，服务贸易的进出口结构却展现出另一番态势。如下图所示，中国服务贸易基本处于贸易逆差状态，且贸易逆差额呈现出不断扩大的趋势。与货物贸易相比，中国服务贸易失衡的情况比较严重，服务贸易逆差额持续稳定地大幅增长。

相较于发达国家而言，中国的服务贸易发展起步较晚。但随着国际服务贸易供给与需求快速发展的刺激，中国的服务贸易也得到了蓬勃发展。近年来，中国服务贸易进出口的总额已经超过了世界总额的平均值。2012年，中国服务贸易的进出口总额上升至世界第四位，说明中国服务贸易进出口总额已经具备了一定的规模。图 9－13 和图 9－14 反映，从服务贸易进出口总额来看，2015 年后每年的进出口总额增长率稳步上升；从服务贸易结构来看，2014 年之前服务贸易进口与出口平分秋色，但 2014 年后，可以看出服务贸易进口额的增速大于出口额，且两者之间的差距在不断扩

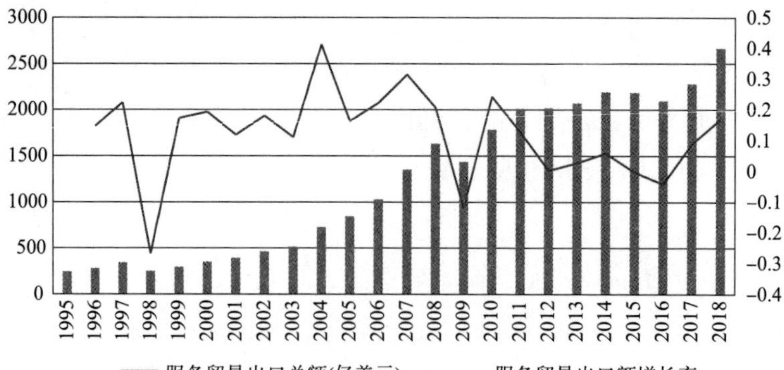

图 9－13　历年中国服务贸易出口额（亿美元）

大。服务贸易逆差逐年递增，反映中国在技术、文化、知识等无形服务输出上国际竞争实力减弱。

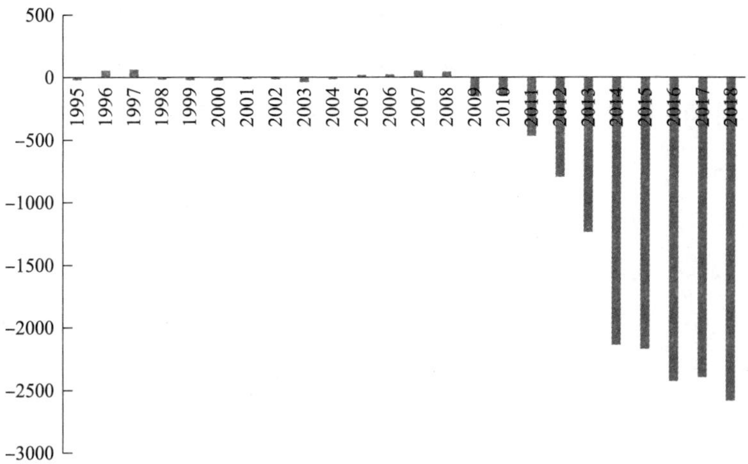

图 9－14　历年中国服务贸易净出口额（亿美元）

图 9－15 为我国的服务贸易进口额变化图，可以看到 2008 年经济危机后我国的服务贸易进口额增长率出现极大的负增长。2015 年进入后，尤其在 2016 年目录公布后，我国的进口结构积极转变，服务贸易进口额增长提速。

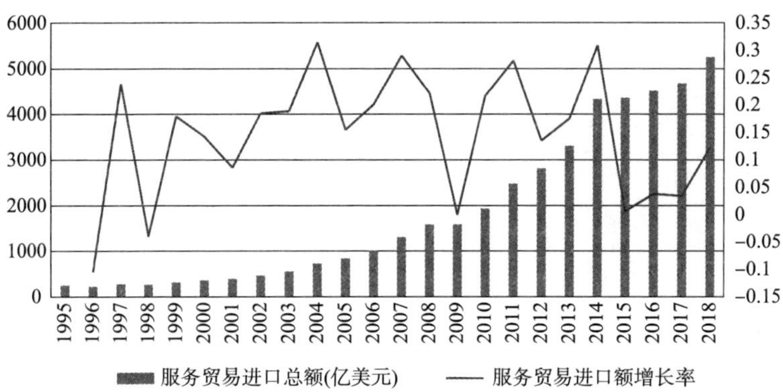

图 9－15　历年中国服务贸易进口额（亿美元）

根据《国务院关于同意深化服务贸易创新发展试点的批复》（国函〔2018〕79 号）中“及时调整《鼓励进口服务目录》（下文简称“目录”），对试点地区进口国内急需的研发设计、节能环保、环境服务和咨询等服务进口给予贴息支持”的要求，商务部、发展改革委、财政部、生态环境部、知识产权局对《鼓励进口服务目录》进行了调整，现将调整后的《鼓励进口服务目录》予以公布。商务部、发展改革委、财政部 2016 年公布的《鼓励进口服务目录》第 47 号公告同时废止。

本目录的制定体现了以下原则：一是迫切需要国内进口服务满足高质量发展的要求；二是体现国家战略和政策导向，符合经济社会发展的趋势和方向；三是与服务行业主管部门鼓励和支持的进口领域相关；四是国内禁止开放和有损国家安全的服务进口领域不纳入本目录。

表 9 – 14 和表 9 – 15 分别为 2018 年中国服务贸易出口和进口的主要服务类型。在中国服务贸易出口主要类型中可以看出，电信、计算机信息服务、运输、旅行、专业管理和咨询服务占比较高。

表 9 – 14　　2018 年中国服务贸易出口主要服务类型

服务类别	出口额（亿美元）	占比
电信、计算机和信息服务	470.58	17.64%
运输	423.01	15.85%
旅行	394.59	14.79%
专业管理和咨询	338.31	12.68%
建筑服务	265.88	9.96%
技术服务	174.32	6.53%
加工	174.24	6.53%
维护和维修服务	71.79	2.69%
知识产权使用费	55.62	2.08%
保险服务	49.23	1.84%
金融服务	34.82	1.30%
研发成果使用费	5.29	0.20%
管理咨询和公共关系	—	—
计算机服务	—	—

从 2018 年中国服务贸易进口主要服务类型表中可以看出我国的旅行服务出口额已经占据半壁江山，运输服务也占较大比例，但综合考虑服务贸易的进出口主要服务类型，目前我国贸易服务最大的逆差也是旅游服务、

运输服务和保险服务，因此质量提升非常重要。

首先，旅游业贸易逆差长期存在，我国当前在旅游相关的支持性产业方面发展较为薄弱。随着中国扩大深化对外交往范畴，旅游业将迎来重大机遇。其次，跨国运输服务是服务贸易关键的部分，是商品贸易的基础与桥梁，而我国运输服务贸易逆差仍然呈现扩大趋势，制约了货物贸易的长足发展。最后则是保险服务，保险作为新兴项目，跟上述两种传统服务相比具有更高的价值增值。相比于发达国家，我国国际保险服务贸易发展较晚，受保险服务的专有权使用费以及特许费等行业壁垒限制较高。这些壁垒也是造成保险服务行业巨大逆差的主要原因。

表 9 – 15　　　　2018 年中国服务贸易进口的主要服务类型

服务类别	进口额（亿美元）	占比
旅行	2768.4	52.73%
运输	1082.9	20.63%
知识产权使用费	355.91	6.78%
电信、计算机和信息服务	237.7	4.53%
专业管理和咨询	180.8	3.44%
研发成果使用费	161.79	3.08%
技术服务	126.82	2.42%
保险服务	118.79	2.26%
建筑服务	86.02	1.64%
维护和维修服务	25.36	0.48%
金融服务	21.21	0.40%
加工	2.64	0.05%
管理咨询和公共关系	—	—
计算机服务	—	—

“十二五”以来，我国经济结构得到了优化，我国人均可支配收入水平提高，居民对生产性和生活性服务的需求不断扩大，服务业成为第一大产业，这也推动了服务贸易发展。总体来说，人文旅游业、技术密集型服务贸易项目和生产性服务有待奋起直追，加强智力投入以多种方式向海外宣传输出，通过行业协会内加强交流、合作“出海”竞标项目。

三 大规模定制为中国产业跃升带来机遇

中国作为世界经济互利共赢发展的倡议者，综合目前产业结构和服务贸易结构的状况，需要进行产业结构改革，摸索积累转型路径。既要优化货物贸易结构、促进总量提升，又要同时升级服务贸易结构、构筑发展新动力，广袤的市场使得大规模定制和逆向创新发展模式成为可能。

大规模定制即企业用较短的供货时间和较低的成本提供大量定制产品或服务。随着产品内分工的不断深化，当代国际产业转移已突破了以制造业为主体的单一性转移，它以产品价值链为纽带，在实现生产环节转移的同时，伴随着大量服务环节的转移，也就是制造业的服务化。同时，随着信息化、智能化的发展，计算机技术和产业链的融合，许多现实中产业链开始通过虚拟的网络连接起来，如“互联网”造车，并通过 O2O（Online To Offline）模式销售——通过互联网吸引用户参与，比如，网上购物、“互联网 +”等并及时响应用户需求，类似于网上定制的各种在线服务也逐渐兴起，这种由于信息化技术所带来的制造业服务化是目前制造业的发展方向。

首先，中国具备成为新经济循环的主导者和推动者的条件。中国具有经济规模庞大、资本充裕、技术相对先进、产业发展充分、经济管理经验丰富等特点。通过大样本跨国投入—产出分析发现，大多数行业基于产出和投入的价值链关联指数均很高，即中国已经通过产出供给和投入需求两个渠道非常深入地融入全球价值链和产业链。中国不仅在传统“中心—外围”循环中处于关键地位，制造业发达，产能丰富，资金雄厚，而且具有自身经济转型的客观需要（王跃生，2015），更适合也应当成为新经济循环的积极推动者。

根据联合国工业发展组织的数据，目前，我国工业竞争力指数在 136 个国家中排名第七位，制造业净出口居世界第一位（郭朝先、王宏霞，2015）。按照国际标准工业分类，中国 220 多种传统工业品产量居世界首位。与此同时，随着产业升级以及工业化进程的不断深入，我国已在多晶硅、光伏电池、风能设备等新兴产业产品，以及在轨道技术、汽车装备、移动信号高端装备制造业等领域具备技术创新能力。

其次，中国也需要认清目前在价值链"低端锁定（lock－in）"的客观现实，努力实现价值链地位的跃升。中低收入国家尚处于价值链嵌入初期或者价值链低端环节，可以较快地通过自身效率改善提高其在全球价值链中的参与程度。然而，在从低端环节向高端环节攀升过程中，发展中国家的企业可能会遭到发达国家跨国公司的阻击和控制，然后被锁定在低附加值、微利价值链的低端生产制造环节中（吕越等，2017）。中国虽然已经成为世界第一大贸易进出口国，但仍然面临较为严重的价值链"低端锁定"、核心技术受制于人、缺乏产业竞争力等困境。

最后，打破融资限制对于企业跨越贸易参与的门槛、全面提高企业的生产效率和核心竞争力是最关键的任务。从异质性对全球价值链嵌入的静态、动态效应以及非线性关系来看，效率是决定企业乃至国家在全球价值链中嵌入程度的关键因素；企业面临的融资约束越大，在其开展国际业务时越无法充分满足前期垫付资金的需要，从而制约了其在价值链中的垂直专业化水平。根据本人对于中国工业企业贸易与投资决策的分析，对于连续出口型企业来说，融资约束对企业在全球价值链的嵌入程度没有显著影响；但对于第一次出口的企业，跨越贸易决策的门槛需要支付固定成本。

第五节 "一带一路"要充分利用国际国内两个市场两种资源

"一带一路"建设成为我国推动全球新价值链发展的重要载体和平台，体现了我国具有国际视野的发展观和治理观。我国经济正从粗放向集约、从简单分工向复杂分工的高级形态演进，这是新阶段发展的客观要求。粗放型经济发展方式曾经在我国发挥了巨大作用，但现在已落后于新时代的发展脚步。该发展方式不仅国内条件不支持，国际条件也不支持，是不可持续的。要发挥我国经济的巨大潜能和强大优势，必须按照创新、协调、绿色、开放、共享"五大发展理念"的要求，加快转变经济发展方式，加快调整经济结构，加快培育和形成新的增长势头，进一步提高供给结构的适应性和灵活性，提高供给质量，创造新的供给、培育新的需求，使我国经济系统在新时代达到新的更高水平的经济均衡。国内经济转型与“一带一路”建设需要形成良性的动态作用机制。

一　国内供给侧结构改革为触发前提

以国内供给侧结构改革为触发前提，“一带一路”通过全球价值链和国际分工将中国优势产能转移到其他国家，才能实现国内国外齐头并进。产能过剩是当前我国经济结构调整急需解决的问题，供给侧结构改革能促进中国国际价值链地位的提升。高端产业供给不足是我国制造业发展长期处于中低端产业供给状态的主要原因，也是我国多年来内外需求发展不平衡的关键影响因素，没有供给结构的变革和高端新兴产业供给的大规模增加，国民经济就很难产生跨越式发展。

推进产能过剩矛盾的解决，要坚决控制增量、调整优化存量，深化体制改革和机制创新，加快建立和完善市场主导的长效机制，化解产能严重过剩矛盾（沈坤荣等，2016）。胡鞍钢等（2016）认为，应该通过资源合理配置，积极解决产能结构性过剩，淘汰落后产能；帮助企业降低成本，进一步减少阻碍经济主体活力的制度性因素以及政府对企业的不合理干预，发挥企业微观主体的能动性。还可以通过实施精准的产业政策，准确定位结构性改革方向，推动农业现代化，加强以现代农业为核心的新农村建设；进一步推行以技术进步与创新为主的高端制造业的发展（胡鞍钢，2016）。刘世锦（2015）指出必须牢固树立制造业立国的理念和政策导向，推动制造业由粗放经营向精细化生产转变，倡导“工匠精神”，提高附加价值比重，向全球价值链的中高端方向提升；我们可以借鉴日本等国的成功经验，全面实施加速折旧政策，同时起到促进设备更新、扩大投资需求的多种效果。

二　构建陆海统筹的全方位经济循环

供给侧结构性改革具有深刻的战略内涵，这是党中央在做出我国经济发展进入转型攻坚期的战略研判之后，对我国经济发展状况所做出的战略决策，是从“怎么看”到“怎么干”的不断深化。“一带一路”和供给侧改革都是坚持发展理念、共同促进中国经济发展的共同目标的国家顶层战略，两者相辅相成。

建设“一带一路”，打破长期以来陆权和海权分立的格局，促进欧亚大陆与太平洋、印度洋和大西洋之间形成陆地和海洋一体化的地理空间格局。形成一批纵横交错、互联互通的沿海、沿江、沿边的战略大通道，与外部通道建设加快内部各主要经济区块的衔接和整合。随着供给侧结构性改革，尤其是“三去一降一补”五项任务的不断深入推进，国内经济转型与“一带一路”建设的良性互动机制正在形成（史育龙等，2017；申兵等，2017）。跨境大型贸易合作打造了一批重要的物流链和关键节点，推动形成具有跨国境要素集成能力、市场辐射能力的区域产业发展新布局。中国智慧弥补了欧美现有高收入国家基于海陆权，陆地欠缺互联互通的不足（陈文玲，2017）。

三　充分挖掘国内市场需求能力，集聚全球高级要素

从趋势上看，第一波“全球化红利”将趋于结束，第二波“全球化红利”正在展开。与依靠低成本参与国际分工而获得的第一波“全球化红利”不同，所谓第二波“全球化红利”就是通过庞大的内需市场，吸收国外高层次的技术、人力资本等生产要素，推动经济结构升级。

创新驱动发展战略的推进和鼓励战略性新兴产业发展措施为提高外资质量和水平提供了政策支撑，区域差异和多层次劳动力继续为多类型外商投资提供了广阔空间。伴随着本土高增长的市场容量，中国正由全球跨国公司的制造中心转变为战略中心和决策中心，这带来了整个价值链的转移，进一步吸引全球高级要素汇聚。

中国国际物流运输服务、文化产品出口以及高新技术产品配套技术等服务贸易缺乏国际竞争力，是国际贸易结构转型升级的瓶颈问题。服务贸易由于固定资产较轻，相对于传统制造业较难获得信贷青睐。商务部发布的《服务出口重点领域指导目录》，与各行业引导支持方向和已经出台的行业指导目录合力，引导各部门进一步加强对服务出口重点领域支持，推

动金融政策向服务贸易投资建设引流资金，有利于带动带动大量社会就业。

四 “一带一路”与中国经济结构转型升级相辅相成

叶初升（2015）指出中国经济在“量”上取得了巨大成功，经济量变的积累已经达到一定程度，中国经济发展已经到了需要更关注“质”的时候。过去的改革不能适应现在发展的结构，实现阶段转换、状态跃迁能够为新阶段下的经济发展开辟空间。这正是经济增长量变基础上的经济结构质变，即经济发展。“一带一路”不仅是实现中外对接、促进世界发展的共赢之路，更是助推我国经济结构调整与转型升级的路径选择。

参考 Humphrey 和 Schmitz（2002）提出的全球产业链四大产业升级模式“工艺升级——产品升级——功能升级——价值链升级”，针对中国实际情况提出相应的价值链提升的政策建议：一是立足于本土国内价值链构建的完善，实现国际国内双链间的高度耦合。我国作为后发转型大国，具备特有的大国特征和转型特征，拥有巨大的国内市场、层级化空间和完备的产业体系。因此，立足于本土潜力巨大的内需市场，针对大国经济多元性形成的技术、人力资本、区域贸易、资金等差异层级，合理配置资源和要素禀赋；大力吸收国内外先进技术，加大研发投入，发展国内高附加值产业，形成国内高端产业集聚，实现与全球价值链的高度耦合。二是依靠政府推动创新驱动战略，实现产业向技术密集型方向发展。要实现向发达国家的经济赶超，我国必须着眼于全球高端产业，立足于企业优势，通过管理创新形成干中学、知识积累和技术创新的内生优势（刘英基，2013）；政府要力促创新驱动战略的地区落实，树立全民创新意识，改变以往劳动密集和资源密集的传统产业结构模式，将技术价值链融于产业链中，实现要素升级和整合优质要素的生产能力，最终完成技术密集型产业转移，突破发达国家价值链技术“低端封锁”。

2009 年，美国达特茅斯大学塔克商学院 Govindarajan 教授和通用电气公司 CEO Jeffery Immelt 共同提出逆向创新（reverse innovation），两人利用 GE 为研究案例，介绍了其在 2007 年推出一款为中国市场开发的便携式超声波仪器，其售价仅为高端机型的15%，而这款产品却迅速成为GE在中国市场的增长引擎，并且随后奇迹般地在美国等发达国家市场获取了巨大收益。与发达国家“引导”然后“顺向”推广到发展中国家的传统创新不同，这种创新模式首先发生在发展中国家或新兴市场，然后“逆向”到发达国家甚至全球市场，被称为逆向创新。下表9－16为传统创新理论与逆向创新理论的比较（单娟、董国位，2017）。

表9－16　　　　传统创新理论与逆向创新理论的比较

特征	经典创新理论（发达市场）	逆向创新理论（新兴市场）
创新假设	创新首发产品定位于发达国家及发展中国家高收入人群，随后扩展至中低收入群体	创新首发产品定位于巨大的新兴国家市场，加上发达国家边缘市场，随后扩展到发达国家主流市场
市场目标群体	对价格不敏感的高收入群体	对性价比有较高要求的中低收入群体
创新扩散路径	发达国家是创新产品首发国，之后水平扩散到其他发达国家，标准化后再垂直扩散至发展中国家	新兴国家是创新产品首发国，之后再扩散到其他发展中国家及发达国家市场
目标市场特征	制度规则成熟、基础设施建设完备、创新产品特征表现为性能高、价格高	制度规则滞后、基础设施待建设、可持续发展、创新产品特征表现为低成本、功能强、有特色
研发中心倾向	重要研发中心集中在发达国家，但新兴市场研发中心的作用越来越重要	更多地将研发及设计中心选址在新兴国家
实现路径	创新产品首发于发达国家，随后改良出口至发展中国家，但限制了跨国公司创新思路，仅富裕阶层才能承担其产品	回归产品实用性功能的设计本质，创新产品符合中低收入市场需求和消费理念，而不是对已有产品进行简化或降级

资料来源：理论梳理表格来源于单娟和董国位（2017）

经过三十余年的快速发展，中国一些具有前瞻性的企业已通过逆向创新理念推出一些独具特色的“逆向产品”并取得了巨大成功。中国在基站设备方面高度依赖欧美进口到今天成为全球第一大基站设备提供商，华为已经走上了中国通信的逆向成功之路。其他新兴国家，如印度Suzlon公司（印度最大的风电设备制造公司）的风电设备和印度塔塔集团（Tata）推出的售价仅为2500美元的Nano汽车，都是实现逆向创新的代表。“一带一路”开放包容、互利共赢的平台为广大中低收入国家和新兴国家发挥逆向创新、实现逆向赶超提供了宝贵的机遇。

五　本章小结

总之，“一带一路”倡议对我国高质量产品贸易带来了明显的增长效应。高技术产品进出口规模蓬勃发展，与高技术产业在国民经济占比提高二者之间相互促进；通过进口代替开采从而丰富资源能源类非农业初级产品，是我国推行新型工业化、施行资源节约型生产的具体表现，有利于环境保护和国民生活质量提高。同时，中国有待通过改善服务贸易结构来扭转服务贸易逆差，在旅游服务、保险服务和技术服务上扩大投资，“走出去”增强国际竞争力。

我国不再仅仅是国际经济体系的参与者和治理规则的跟随者，而开始成为国际治理秩序的引导者、变革者。中国可以通过创新效率驱动，实现向高端价值链的推进；同时通过双向耦合，中国能够在“一带一路”积极主动地引领新的全球价值链环流，推动产业升级与经济发展中高端化。

本章在对现有相关文献与理论进行梳理和研究的基础上，坚持在全球视野下推进高质量发展。空间上，从海、陆双向出发，“一带一路”初期以亚非拉中低收入国家为主要对象，将来还会将更多高收入国家纳入发展体系；时间上，“一带一路”不仅是中国的百年大计也是世界经济振兴的长远路径。具有“中国特色”“中国气派”的“一带一路”以开放包容、互利共赢为核心理念，这些都从根本上决定了这一理论的创新性、可行性和广阔前景。

参考文献

白重恩、钱震杰，2009，《我国资本收入份额影响因素及变化原因分析——基于省级面板数据的研究》，《清华大学学报》第4期。

宾国强，1999，《实际利率、金融深化与中国的经济增长》，《经济科学》第3期。

蔡昉，2022，《构建新发展格局的着眼点和着力点》，《财贸经济》，第12期。

蔡昉、江小涓、黄泰岩等，2022，《以中国式现代化推进中华民族伟大复兴——学习贯彻党的二十大精神笔谈(上)》，《经济研究》第57期。

曹润林，2013，《我国居民财产性收入“低”现象的税收调控》，《税收经济研究》第4期。

钞小静、沈坤荣，2014，《城乡收入差距、劳动力质量与中国经济增长》，《经济研究》第6期。

陈菲、张立涛，2020，《5G背景下互联网保险产业的发展探究》，《现代商贸工业》第32期。

陈继勇，2019，《中国与发展中国家贸易竞争与互补性研究的新进展——基于“一带一路”沿线国家的分析》，《贵州省党校学报》第6期。

陈健、龚晓莺，2018，《中国产业主导的“一带一路”区域价值链构建研究》，《财经问题研究》第1期。

陈立泰、黄仕川、李正彪，2010，《金融深化对第三产业结构的影响分析——基于中国省际面板数据的分析》，《经济问题探索》第3期。

陈维涛、王永进、毛劲松，2014，《出口技术复杂度、劳动力市场分割与中国的人力资本投资》,《管理世界》第2期。

陈文玲,2017,《“一带一路”建设开启全球化伟大进程》,《人民论坛·学术前沿》第8期。

陈晓珊、刘洪铎,2018,《金融开放与贸易开放的互动性》,《首都经济贸易大学学报》第4期。

陈耀,2015,《“一带一路”战略的核心内涵与推进思路》,《中国发展观察》,第1期。

陈志刚,2012,《中部崛起:如何迎接新挑战》,《理论探索》第3期。

程晨,2013,《金融发展对城乡收入差距影响研究》,武汉理工大学。

程恩富、谢长安,2016,《当代垄断资本主义经济金融化的本质、特征、影响及中国对策——纪念列宁〈帝国主义是资本主义的最高阶段〉100周年》,《社会科学辑刊》第6期。

崔皓,2019,《海洋相关国际组织职能重合问题研究——以国际海底管理局为视角》,《中国海商法研究》第30(1)期。

崔华泰,2017,《城乡二元视角下的我国基尼系数变化分析》,《经济社会体制比较》第3期。

邓雪梅、赵岩,2019,《中国居民收入与财富的消费效应研究》,《财政监督》第15期。

丁从明、邵敏敏、梁甄桥,2018,《宗族对农村人力资本投资的影响分析》,《中国农村经济》第2期。

丁晓强、葛秋颖,2015,《产业升级内涵及研究思路的文献综述》,《长春理工大学学报(社会科学版)》第6期。

丁阳,2016《“一带一路"战略中的产业合作问题研究》,对外经济贸易大学,博士学位论文。

刁莉、邓春慧、李利宇,2019,《“一带一路"背景下中国对西亚贸易潜力研究》,《亚太经济》第213(02)期。

杜辉,2012,《我国居民财产性收入动态演化:结构与差距研究》,西南财经大学。

方文全,2006,《中国收入差距与金融发展关系的实证分析》,《江淮论坛》第1期。

《径山报告》课题组，2020，《中国金融创新再出发》，中信出版社。

单娟、董国位，2017，《新兴市场后发企业逆向创新路径研究——来自华为公司的案例分析》，《科技进步与对策》第2期。

高海红，2015，《布林顿森林遗产与国际金融体系重建》，《世界经济与政治》第3期。

谷宇、高铁梅、付学文，2008，《国际资本流动背景下人民币汇率的均衡水平及短期波动》《金融研究》第5期。

关艳丽，2009，《经济增长中的居民收入分配：理论与实证分析》，厦门大学。

郭朝先、王宏霞，2015，《中国制造业发展与“中国制造2025”规划》，《经济研究参考》第31期。

郭晶、刘菲菲，2016，《中国出口国内增加值提升的影响因素研究》，《世界经济研究》第6期。

郭熙保，2009，《中国经济高速增长之谜新解——来自后发优势视角》，《学术月刊》第2期。

韩剑，2015，《垂直型和水平型对外直接投资的生产率门槛——基于中国企业层面微观数据的研究》，《中国经济问题》第3期。

韩梅，2008，《美国股票市场价格指数和居民收入差距相关关系的实证研究》，对外经济贸易大学。

何剑、张梦婷，2017，《资本约束下的经济韧性重塑：基于全球价值链嵌入视角》，《世界经济研究》第8期。

胡鞍钢、周绍杰、任皓，2016，《供给侧结构性改革——适应和引领中国经济新常态》，《社会科学文摘》第8期。

黄梅波，2010，《国别与地区经济》，高等教育出版社。

黄乾、魏下海，2010，《中国劳动收入比重下降的宏观经济效应——基于省级面板数据的实证分析》，《财贸经济》第4期。

黄顺春、邓文德，2020，《中国区域经济高质量发展差异及其影响因素分析》，《广西师范大学学报(哲学社会科学版)》第2期。

江山，2013，《从世界银行归来以后——记经济学家林毅夫》，《创新时代》第7期。

金琦，2015，《丝路基金如何助力“一带一路”》，《第一财经日报》，12月31日。

鞠建东、余心玎，2014，《全球价值链上的中国角色——基于中国行业上游度和海关数据的研究》，《南开经济研究》第3期。

蓝庆新、姜峰，2016，《“一带一路”与以中国为核心的国际价值链体系构建》.《人文杂志》第5期。

雷钦礼，2013，《偏向性技术进步的测算与分析》，《统计研究》第4期。

李稻葵、刘霖林、王红领，2009，《GDP中劳动份额演变的U型规律》，《经济研究》第1期。

李峰，2015，《中国经济发展新阶段形势、问题与倡议选择》，《中国智库经济观察》第2期。

李建民，2013，《“丝路精神”下的区域合作创新模式——战略构想、国际比较和具体落实途径》，《人民论坛·学术前沿》第23期。

李坤望、陈维涛、王永进，2014，《对外贸易、劳动力市场分割与中国人力资本投资》，《世界经济》第3期。

李梦洁、杜威剑，2017，《供给侧改革视阈下贸易开放对青少年辍学选择的影响———基于中国居民家庭收入调查的研究》，《当代财经》第10期。

李卓、李智娟，2014，《中国贸易开放战略为何不利于劳动增收？兼论“Stolper – Samuelson”效应未在中国显现的原因》，《经济评论》第6期。

李卓、阮真，2017，《为“一带一路”提供风险可控的金融保障体系》，《光明日报》。

李卓、赵军，2015，《价格加成、生产率与企业进出口状态》，《经济评论》第3期。

李卓、邹雨洋，2012，《工业化中期阶段中国经济发展模式和战略的问题研究：文献综述》，《经济评论》第6期。

李子联、黄瑞玲，2011，《财产性收入的影响因素：基于江苏数据的解释》，《会计与经济研究》第2期。

梁泳梅，2009，《中国现阶段资本收入与劳动收入差距的企业产权制度分析》，北京师范大学。

林川、杨柏、陈伟，2016，《论与“一带一路”战略对接的六大金融支持》，《西部论坛》第1期。

林峰，2013，《行政垄断行业对全国收入分配差距贡献度的直接测度》，《华东经济管理》第4期。

林浩、罗进强、郑岗，2005，《我国机电行业比较优势的实证研究》，《北方经贸》第9期。

林素絮，2015，《中国金融发展与收入不平等的关系研究》，《财会月刊》第11期。

林毅夫，2002，《发展战略、自生能力和经济收敛》，《经济学（季刊）》第1期。

林毅夫，2002，《发展战略、自生能力和经济收敛》，《经济学（季刊》第2期。

林毅夫，2003，《后发优势与后发劣势—与杨小凯教授商榷》，《经济学（季刊）》第2期。

林毅夫，2008，《经济发展与转型：思潮，战略与自生能力》，北京大学出版社。

林毅夫，2011，《新结构经济学——重构发展经济学的框架》，《经济学（季刊）》第1期。

林毅夫，2012，《繁荣的求索：发展中经济如何崛起》，张建华译，北京大学出版社。

林毅夫，2013，《〈新结构经济学〉评论回应》，《经济学（季刊）》第3期。

林毅夫，2017，《新结构经济学的理论基础和发展方向》，《经济评论》第3期。

林毅夫，2017，《中国经验：经济发展和转型中有效市场与有为政府缺一不可》,《行政管理改革》第 10 期。

林毅夫、孙希芳、姜烨,2009,《经济发展中的最优金融结构理论初探》,《经济研究》第 8 期。

林毅夫,2012,《新结构经济学反思经济发展与政策的理论框架》,北京大学出版社。

蔺捷,2011,《金融危机背景下 IMF 贷款条件性改革》,《国际商务研究》第 5 期。

刘翠萍、高峰,2011,《影响山东省农民收入的因素分析及对策建议》,《中国农学通报》(增刊)。

刘国斌,2016,《论亚投行在推进“一带一路”建设中的金融支撑作用》,《东北亚论坛》第 2 期。

刘开俊、李隽、罗金山等,2016,《同步电网发展趋势与中国能源互联网发展研究》,《电力建设》第 6 期。

刘茂松、刘瑾、张剑,2007,《基于竞争优势的后发优势战略》,《湖南师范大学社会科学学报》第 5 期。

刘敏楼,2006,《金融发展的收入分配效应——基于中国地区截面数据的分析》,《上海金融》第 1 期。

刘世锦,2015,《全要素生产率提升与转型再平衡》,《宁波经济(三江论坛)》第 7 期。

刘卫东,2015,《“一带一路”战略的科学内涵与科学问题》,《地理科学进展》第 5 期。

刘英基,2013,《我国高技术产业低端锁定问题及解决对策》,《经济纵横》第 10 期。

刘哲、贾晓芬,2021,《对广东省 130 个县市区综合创新发展能力的测评报告》,《国家治理》第 Z2 期。

卢方元、李彦龙,2016,《金融发展规模、效率与经济增长关系的实证检验》,《统计与决策》第 12 期。

卢洪友、彭小准,2019,《税收对财产性收入不平等的再分配效应》,《统计与决策》第 23 期。

卢仁祥、石冶，2014，《新新贸易理论中的国际分工问题研究》，中国经济出版社。

陆春平，2005，《中日机电产品国际竞争力比较分析》，东南大学。

罗秋雪，2017，《“一带一路”背景下全球经济分析与展望》，《环球市场信息导报》第46期。

罗长远、张军，2009，《劳动收入占比下降的经济学解释——基于中国省级面板数据的分析》，《管理世界》第5期。

吕朝凤、黄梅波，2012，《偏向性技术变迁、习惯形成与中国经济周期特征——基于RBC模型的实证分析》，《经济评论》第2期。

吕越、黄艳希、陈勇兵，2017，《全球价值链嵌入的生产率效应：影响与机制分析》，《世界经济》第7期。

马慈和，1990，《赫克歇尔经济史方面的研究成果》，《世界经济》第5期。

马克星，2018，《中国省域建设用地资源对经济增长及产业结构的影响分析——基于"资源诅咒"假说》，《经济问题探索》第3期。

毛增余，2004，《斯蒂格利茨对"华盛顿共识"的批判》，《当代经济研究》第9期。

缪林燕，2015，《创新多样化融资模式合力推进“一带一路”发展》，《中国勘察设计》第5期。

庞晓鹏、庞小冬、霍鹏，2021，《投资驱动型产业政策、地方固定资产投资与农村人力资本积累——基于中国家庭追踪调查(CFPS)的实证分析》，《经济理论与经济管理》第7期。

齐义军、马跃，2019，《呼包鄂城市群经济增长质量提升研究》，《内蒙古师范大学报：哲学社会科学版》第5期。

钱学锋、陆丽娟、黄云湖、陈勇兵，2010，《中国的贸易条件真的持续恶化了吗？——基于种类变化的再估计》，《管理世界》第7期。

秦强、范瑞，2018，《金砖国家金融发展与收入差距的动态影响机制——基于面板分位数回归的估计》，《宏观经济研究》第10期。

邱海峰，2016，《为“中国服务”走向世界指路》，《人民日报海外版》

11 月 5 日第 2 版。

曲丽丽、韩雪，2016，《“一带一路”建设中金融风险识别及监管研究》，《学习与探索》第 8 期。

任秉元、孙潇，2009，《改革开放后我国经济增长方式的转变轨迹》，《现代经济信息》第 24 期。

邵敏、黄玖立，2010，《外资与我国劳动收入份额——基于工业行业的经验研究》，《经济学(季刊)》第 4 期。

申兵、卢伟、孙伟、公丕萍，2017，《“一带一路”建设将推动全球经济治理体系变革》，《紫光阁》第 4 期。

沈坤荣、赵倩，2016，《以结构性改革推进经济创新发展》，《经济纵横》第 9 期。

史恩义、王娜，2018，《金融发展、产业转移与中西部产业升级》，《南开经济研究》第 6 期。

史育龙、曹忠祥、卢伟、公丕萍，2017，《“一带一路”建设为世界经济增长提供新动能》，《紫光阁》第 4 期。

舒建中，2008，《“嵌入式自由主义”与战后多边国际经济机制的演进》，《世界经济与政治论坛》第 1 期。

谭畅，2015，《“一带一路”战略下中国企业海外投资风险及对策》，《中国流通经济》第 7 期。

唐雪梅，2014，《城镇化背景下农民财产性收入增加的途径研究》，《农家科技旬刊》第 3 期。

仝红亮，2009，《广东省居民财产性收入与可支配收入差距关系的实证分析》，广东商学院。

汪斌，2002，《经济全球化和当代产业结构研究的新视角——种新的切入点和研究框架》，《福建论坛(经济社会版)》第 9 期。

汪霞、朱圆满，2010，《浅析比较优势与后发优势》，《企业家天地下半月刊(理论版)》第 3 期。

王锋，2009，《论扩大农村消费需求是拉动内需的有效途径》，《甘肃农业》第 3 期。

王继祖、董彦岭，2005，《国际货币基金组织贷款政策争议评析》，《国际金融研究》第9期。

王敏、曹润林，2015，《城镇化对我国城乡居民财产性收入差距影响的实证研究》，《宏观经济研究》第3期。

王巧玲，2011，《基于扩大内需的河南省增加农民财产性收入研究》，信阳师范学院。

王文波，2019，《金融发展、技术创新与产业结构升级——基于省域数据的实证分析》，《金融教育研究》第32期。

王义桅，2016，《"一带一路"的国际话语权探析》，《探索》第2期。

王义桅，2017，《"一带一路"能否开创"中式全球化"?》，《新疆师范大学学报(哲学社会科学版)》第5期。

王瑛，2007，《后发优势与我国产业升级的战略选择》，《改革与战略》第5期。

王勇、华秀萍，2017，《详论新结构经济学中"有为政府"的内涵——兼对田国强教授批评的回复》，《经济评论》第3期。

王勇、汤学敏，2021，《结构转型与产业升级的新结构经济学研究：定量事实与理论进展》，《经济评论》第1期。

王悦侠，2016，《城镇居民财产性收入不平等的实证分析——以安徽省为例》，《郑州航空工业管理学院学报》第3期。

王跃生，2015，《世界经济"双循环"、"新南南合作"与"一带一路"建设》，《新视野》第6期。

魏磊，2015，《丝路基金助推"一带一路"互联互通》，《国际商务财会》第4期。

温红梅、罗美薇，2017，《金融发展对城乡收入差距影响的实证分析》，《当代经济》第15期。

吴晓玲、吴振坤，2007，《实现"三个转变"是转变经济发展方式的基本思路》，《理论学刊》第11期。

项卫星、王达，2011，《国际资本流动格局的变化对新兴市场国家的冲击——基于全球金融危机的分析》，《国际金融研究》第7期。

修国义、朱悦、刘毅，2019，《金融集聚对科技创新效率影响的双重特征分析》，《科技进步与对策》第 17 期。

徐德云，2008，《产业结构升级形态决定、测度的一个理论解释及验证》，《财政研究》第 1 期。

徐金球、史燕平，2021，《汇率波动、金融稳定与人民币国际化》，《财经理论研究》第 1 期。

徐世腾，2017，《新型国际分工与亚太自由贸易制度供给》，《社会科学》第 2 期。

徐震宇、潘沁，2007，《中国资本流入负效应的实证研究与资本逆转的防范》，《国际金融研究》第 9 期。

薛玉琴，2007，《增加农村居民人均财产性收入的对策》，《经济纵横》第 23 期。

闫晴、俞小平，2018，《城镇化进程中农户财产性收入研究进展文献综述》，《神州(上旬刊)》第 31 期。

闫衍，2015，《"一带一路"的金融合作》，《中国金融》第 5 期。

杨灿明、孙群力，2011，《中国居民收入差距与不平等的分解——基于 2010 年问卷调查数据的分析》，《财贸经济》第 11 期。

杨婧，2015，《"一带一路"建设中的金融风险管理》，《时代金融》第 36 期。

杨俊、廖尝君、邵汉华，2010，《经济分权模式下地方政府赶超与劳动收入占比——基于中国省级面版数据的实证分析》，《财经研究》第 8 期。

杨兰品、陈锡金、唐留昌，2015，《国有垄断行业要素收入分配的结构性偏差——基于工业部门不同类型行业的比较研究》，《经济评论》第 2 期。

杨武、李升，2019，《税收征管不确定性与外商直接投资：促进还是抑制》，《财贸经济》第 11 期。

杨晔、徐研，2016，《土地经营规模与农村家庭教育投资行为——基于全国 31 个省 887 个行政村的实地调查》，《社会学研究》第 6 期。

杨真、张东辉、张倩，2020，《交通基础设施对农户人力资本投资的影响——基于准自然实验的因果推断分析》，《人口与经济》第 2 期。

叶初升、李慧，2015，《增长质量是经济新常态的新向度》，《新疆师范大学学报（哲学社会科学版）》第 4 期。

殷功利，2012，《中国贸易顺差研究：结构、效应与可持续性》，江西财经大学。

余永定，2013，《发展经济学的重构——评林毅夫〈新结构经济学〉》，《经济学（季刊）》第 3 期。

袁欣，2010，《中国对外贸易结构与产业结构："镜像"与"原像"的背离》，《经济学家》第 6 期。

［美］约瑟夫·E. 斯蒂格利茨，2013，《不平等的代价》，张子源译，机械工业出版社。

［美］约瑟夫·熊彼特，2007，《经济发展理论》，叶华译，九州出版社。

曾铮，2011，《典型国家和地区经济发展方式比较研究》，《长策智库的研究项目》。

张车伟、赵文，2018，《"统计外收入"对基尼系数的影响》，《经济学动态》第 10 期。

张川川，2015，《"中等教育陷阱"？——出口扩张、就业增长与个体教育决策》，《经济研究》第 12 期。

张帆，2013，《垄断行业收入对社会收入分配差距贡献率的测度》，《江汉论坛》第 7 期。

张红力，2015，《金融引领与"一带一路"》，《金融论坛,》第 4 期。

张辉、易天、唐毓璇，2018，《"一带一路"背景下的新型全球化格局》，《政治经济学评论》第 9 期。

张军，2022，《开放型经济知识体系的再转型：从西往东看》，《世界经济研究》第 12 期。

张军、樊海潮、许志伟等，2020，《GDP 增速的结构性下调：官员考核机制的视角》，《经济研究》第 5 期。

张军、奚锡灿、张延人，2020，《行政分割下的"边区效应"与"低产出走廊”：实现长三角经济一体化的土地政策障碍》，《比较》第 6 辑。

张军、张慧慧、徐力恒，2018，《劳动力市场分割的技能偏向如何影响家庭人力资本投资》，《中国工业经济》第 8 期。

张俊、钟春平，2014，《偏向型技术进步理论：研究进展及争议》，《经济评论》第 5 期。

张莉、李捷瑜、徐现祥，2012，《国际贸易、偏向型技术进步与要素收入分配》，《经济学(季刊)》第 2 期。

张明，2010，《国际货币体系改革：背景、原因、措施及中国的参与》，《国际经济评论》第 1 期。

张茉楠，2016，《基于全球价值链的"一带一路"推进战略》，《宏观经济管理》第 9 期。

张乃丽、崔小秀，2009，《中国机电产品显性比较优势变动分析》，《产业经济评论》第 2 期。

张全红，2010，《我国劳动收入份额影响因素及变化原因——基于省际面板数据的检验》，《财经科学》第 6 期。

张曙光，2013，《市场主导与政府诱导——评林毅夫的〈新结构经济学〉》，《经济学(季刊)》第 3 期。

张述存、顾春太，2019，《“一带一路”倡议背景下中德产业合作——以山东省为分析重点》，《中国社会科学》第 1 期。

张松林、孙文远、程瑶，2014，《城乡二元结构转换过程中劳动收入占比演变——兼论中国劳动收入占比下降的成因》，《经济评论》第 3 期。

张天桂，2019，《中国与亚洲经济体的贸易合作：概况、特点与问题》，《改革与开放》第 15 期。

张卫东、石大千，2015，《金融发展、要素积累与产业结构》，《金融与经济》第 3 期。

[英]张夏准，2009，《富国的伪善——自由贸易的迷思与资本主义秘史》，严荣译，社会科学文献出版社。

张一林、林毅夫，2019，《企业规模、银行规模与最优银行业结构——基于新结构经济学的视角》，《管理世界》第 3 期。

张勇，2008，《20 世纪 70 年代以来拉美劳动力就业及其启示》，《拉丁美洲研究》第 2 期。

张蕴岭，2017，《亚太一体化的进程与前景》，《国际经济合作》第 7 期。

章齐、刘明兴、陶然，2003，《中国的金融中介增长与城乡收入差距》，《中国金融学》第 1 期。

赵宏，2009，《中国模式与当今世界几种主要发展模式比较研究》，《红旗文稿》第 22 期。

赵强，2018，《人民要论：透视西方传播权力转移的背后》，《人民日报》4 月 16 日第 7 版。

赵振基，2020，《分化加速度 2019～2020 年度中国药店价值榜"双百强"发展报告》，《中国药店》第 4 期。

赵祚翔、吴昕月、李浩民，2018，《"一带一路"倡议下中非产能合作的机制和实践——基于新结构经济学的视角》，《国际贸易》第 4 期。

中华人民共和国商务部，2007，《中国服务贸易发展报告》，中国商务出版社。

钟飞腾，2015，《"一带一路"产能合作的国际政治经济学分析》，《山东社会科学》第 8 期。

周安华、颜梓鸿、曹虹剑，2018，《公共教育支出对居民财产性收入影响的作用机制分析》，《湖南社会科学》第 4 期。

周京奎、王贵东、黄征学，2019，《生产率进步影响农村人力资本积累吗？——基于微观数据的研究》，《经济研究》第 1 期。

周明海、肖文、姚先国，2010，《企业异质性、所有制结构与劳动收入份额》，《管理世界》第 10 期。

周星、董蕴，2019，《中国农村居民旅游消费异质性研究》，《现代商贸工业》第 2 期。

朱云章，2008，《我国城乡劳动力流动与收入差距同时扩大问题分析》，《商场现代化》第 25 期。

宗良，2014，《加强金融创新支持地方经济》，《甘肃金融》第 12 期。

邹嘉龄，2015，《中国与“一带一路”沿线国家贸易格局及其经济贡献》，《地理科学进展》第5期。

Acemoglu，Daron，1995，“Public Policy in a Model of Long – Term Unemployment”，*Economica*，Vol. 62(246)：161 – 178.

Acemoglu，Daron，1997，“Technology，Unemployment and Efficiency”，*European Economic Review*，Vol. 41(3 – 5)：525 – 533.

Acemoglu Daron，2002，“Directed Technical Change”，*Review of Economic Studies*，69(4)：781 – 809.

Acemoglu Daron，2003a，“Labor – And Capital – Augmenting Technical Change”，*Journal of the European Economic Association*，1(1)：1 – 37.

Acemoglu Daron，2003b，“Patterns of Skill Premia”，R*eview of Economic Studies*，Wiley Blackwell，Vol. 70(2)：199 – 230.

Acemoglu Daron，Camilo Garciajimeno，and James Robinson，2015，“State Capacity and Economic Development：A network Approach”，S*ocial Science Electronic Publishing*，105(8)：49 – 59.

Aghion，P.，Howitt，P.，Mayerfoulkes，D.，2005，“The Effect of Financial Development on Convergence：Theory and Eviuence”，Th*e quarterly Journal of Economics*，20(1).

Agion，Philippe，Partick Bolton，1997，“A Theory of Trickle – Down Growth and Development”，*The Review of Economic Studies*，64：151 – 172.

Aitken Brian，Harrison Ann，and Lipsey，R. E.，1996，“Wages and Foreign Ownership：A Comparative Study of Mexico，Venezuela，and the United States”，*Journal of International Economics*，Elsevier，40(3 – 4)：345 – 371.

Anderson，Robert，M.，and Roberto C. Raimondo，2008，“Equilibrium in Continuous time Financial Markets：Endogenously Dynamically Complete Markets”，*Econometrica*，76：841 – 907.

Angrist J. D.，1995，“The Economic Returns to Schooling in the West Bank and Gaza Strip”，*American Economic Review*，85(85)：1065 – 87.

Atkin，D.，2016，“Endogenous Skill Acquisition and Export Manufacturing in Mexico", *American Economic Review*, 106(8): 2046 –2085.

Beck, T., Asli, D., Ross L., 2007, "Finance, Inequality and the Poor", *Journal of Economic Growth*, 12(1): 27 –49.

Beck, T., Demirguc – Kunt, A., Levine, R., 2004, "Finance, inequality, and poverty: cross – country evidence", NBER Working Papers.

Beck, T., Ross L., Norman L., 2000, "Finance and the Sources of Growth", *Journal of Financial Economics*, 58: 261 –300.

Ben S. Bernanke, Frederik S. Mishkin, 1996, "Inflation Targeting: A New Framework for Monetary Policy?", *The Journal of Economic Perspectives*, 11(2): 97 –116.

Bentolila Samuel, and Gilles Saint Paul, 2003, "Explaining Movements in the Labor Share", *Contributions to Macroeconomics*, 3(1): 1 –53.

Bergsten, C. F., 2009, "US House of Representatives. Committee on Foreign Affairs", The United States – China Economic Relationship and the Strategic and Economic Dialogue: Testimony before the Subcommittee on Asia, the Pacific and the Global Environment [EB/OL]..September10. http://www.iie.com/publications/papers/paper.cfm? ResearchID = 1291.

Berman, E., Bound, J., and Griliches, Z., 1994, "Changes in the Demand for Skilled Labor within U. S. Manufacturing Industries: Evidence from the Annual Survey of Manufactures", *Quarterly Journal of Economics*, 109: 367 –365.

Binh, K. B., Park, S. Y., Shin, S., "Financial Structure and Industrial Growth: A Direct Evidence from OECD Countries", *Working Paper*, 2005.

Blanchard, E. J., W. W. Olney, 2017, "Globalization and Human Capital Investment: Export Composition Drives Educational Attainment", *Journal of International Economics*, 106(1): 165 –183.

Bolbol, A., Fatheldin A., Omram M. M., 2005, "Financial development, structure, and economic growth: the case of Egypt, 1974 – 2002. ", *Research in International business and finance*, 19.

Borjas, G. J. , Freeman, R. B. , and Katz, L. F. , 1997, "How Much do Immigration and Trade Affect Labor Market Outcomes? ", *Brookings Papers on Economic Activity*, 1: 1 -90.

Bourguignon, F. , Verdier, T. , 2000, "Is financial openness bad for education? a political economy perspective on development", *European Economic Review*, 44(4): 891 -903.

Cai, F. , and Meiyan Wang, 2009, "Labor Cost Increase and Growth Pattern Transition", *In The China Population and Labor Yearbook Volume* 1: *The Approaching Lewis Turning Point and Its Policy Implications*, ed. Cai, Fang. Leiden; Boston: Brill.

Cameron G. , 2011, "Emerging Africa: How 17 countries are leading the way", *African Affairs*, 110(439), 305 -306

Canavire - Bacarreza, G. J. , Rioja, F. K. , 2008, "Financial development and the distribution of income in Latin America and the Caribbean", *IZA Discussion Papers*, 30(5): 489 -505.

Card D. , Lemieux T. , 2001, "Can Falling Supply Explain the Rising Return to College for Younger Men? A Cohort - Based Analysis", *Quarterly Journal of Economics Cxvi*, 116(2): 705 -746.

Chenery, H. B. , 1960, "Patterns of Industrial Growth," *The American Economic Review*, Vol. 50(4): 624 -654.

Chenery, H. B, 1958, "The Role of Industrialization in Development Programs", Oxford University Press.

Cheng X. , Degryse, H. , "The Impact of Bank and Non - Bank Financial Institutions on Local Economic Growth in China", *Journal of Financial Services Research*, 2010, 37(2 -3).

Clarke George, Xu Li xin Colin, Zou Heng - fu, 2003, "Finance and Income Inequality: Test of Alternative Theories", *Wordld Bank Policy Research Working Paper.*

Diwan, L, 2000, "Labor Shares and Globalization", *Working Paper*,

November, World Bank, Washington.

Do, Q. T., Levchenko, A. A, 2009, "Trade, inequality, and the political economy of institutions", *Journal of Economic Theory*, 144(4): 1489 – 1520.

Du Julan, Hongsheng Fang, and Xiangrong Jin, 2013, "Chinese Political and Economic Governance System and the Imbalance between Consumption and Investment", *Hong Kong Institute for Monetary Research Working Paper*, No. 23_ 2013.

Falvey R, D. Greenaway, J. Silva, 2010, "Trade liberalisation and human capital adjustment", *Journal of International Economics*, 81(2): 230 – 239.

GA Calvo, EG Mendoza, 2000, "Rational Contagion and Globalization of the Securities Market", *Journal of International Economics*, 51(1): 79 – 113.

Galor, Oded Zeira, Joseph, 1993, "Income Distribution and Macroeconomics", Review of *Economic Studies*, 60: 352.

Gilert Colletaz, Christophe Hurlin, 2005, "Threshold Effects in the Public Capital Productivity: An International Panel Smooth Transition Approach". *Working Papers*, <HAL ID: halshs – 00724208>.

Gonzalez Andres, Terasvirta, T. and Van Dijk, D., 2005, "Panel Smooth Transition Regression Model and an Application to Investment Under Credit Constraint", SSE/EFI *Working Paper Series in Economics and Finance* 604, Stockholm School of Economics.

Greenwood Jeremy, Jovanovic Boyan, 1990, "Financial development, growth and the distribution of income", *Journal of political Economy*, 98(5): 1076 – 1107.

Griffin, Keith, 1999, "Alternative Strategies for Economic Development," 2nd edition, London and New York: St. Martin's Press.

Gulcin Ozkan, Filiz Unsal, 2009, "External finance, sudden stops and financial crisis: what is different this time?", *Discussion Papers in Economics*, 22(1): 12 – 15.

Guscina Anastasia, 2006, "Effects of Globalization on Labor's Share in National Income". IMF *Working Papers* No. 294.

Haddad Mona, and Harrison Ann, 1993, "Are There Positive Spillovers from Direct Foreign Investment?: Evidence from Panel Data for Morocco", *Journal of Development Economics*, Elsevier, 42(1): 51 –74.

Hansen, B. E, 1999, "Threshold Effects in Non – Dynamic panels: Estimation, Testing and Inference", *Journal of Econometrics*, 93: 346 –368.

Harrison, Ann E., Inessa Love, and Margaret McMillan, 2004, "Global Capital Flows and Financing Constraints", *Journal of Development Economics*, 75(1): 269 –301.

Harrison, Ann E., Inessa Love, Margaret McMillan, 2004, "Global Capital Flows and Financing Constraints", *Journal of Development Economics*, 75: 269 –301.

Heath, R., A. M. Mobarak, 2015, "Manufacturing growth and the lives of Bangladeshi women", *Journal of Development Economics*, 115(1): 1 –15.

Helpman Elhanan, and Paul R. Krugman, 1985, *Market Structure and Foreign Trade: Increasing Returns, Imperfect Competition, and the International Economy*, America: The MIT Press.

Hirschman, A. O. 1958, *The Strategy of Economic Development*, Yale University Press.

Hoffmann, W. G., Henderson, W. O. and Chaloner, W. H., 1958, *The Growth of Industrial Economies*, Manchester University Press.

Hou, Y., C. Karayalcin, 2019, "Exports of primary goods and human capital accumulation", *Review of International Economics*, 8(1): 1 –35.

Hubert Schmitz, 2002, *Hi – Tech for Industrial Development*, American: The Taylor Press.

Humphrey J, Schmitz H., 2002, "How does insertion in global value chain affect upgrading in industrial clusters", *Regional Studies*, 36: 1017 –1027.

IMF Multimedia Services Division, 2011, "Tensions from the Two – Speed Recovery Unemployment, Commodities and Capital Flows?", *World Economic*

Outlook, 5: 36 – 40.

In – Mee Baek *, 2006, "Portfolio investment flows to Asia and Latin America: Pull, push or market sentiment? ", *Journal of Asian Economics*, 17: 363 – 373.

James R. B., Steven M. F., Bruce C., Petersen, 2009, "Financing innovation and growth: cash flows, external equity, and the 1990s R&D Boom", *The Journal of Finance*, 64(1): 151 – 185.

James R. Kurth, 1979, "The Political Consequences of the Product Cycle: Industrial History and P Outcome", *International Organization*, 33: 1 – 34.

James R. Kurth, 2017, "The War and the West", *Orbis*, 61(4): 494 – 505.

Jaumotte and Tytell Irina, 2007, "How Has the Globalization of Labor Affected the Labor Income Share in Advanced Countries?", *IMF Working Papers* No. 298.

Jeanneney S. G., Kpodar K., 2008, "Financial development and poverty reduction: Can there be a benefit without a cost?", *IMF Working Papers.*

Jeffery R. Immelt、Vijay Govindarajan、Chris Trimble、杨曦、霍娜, 2009,《GE 如何成为自己的负累》,《管理人》第 11 期。

Jensen, R., 2012, "Do labor market opportunities affect young women's work and family decisions? Experimental evidence from India", *The Quarterly Journal of Economics*, 127(2): 753 – 792.

John G. Ruggie, 1998, *Constructing the World Polity: Essays on International Institutionalization*, Routledge.

Jonathan Eaton, Mark Gersovitz, 1981, "Debt with Potential Repudiation: Theoretical and Empirical Analysis", *The Review of Economic Studies*, (48): 289 – 309.

Justin Yifu Lin, 2011, "New Structural Economics: A Framework for Rethinking Development", *The World Bank Research Observer*, 26 (2): 193 – 221.

Justin Yifu Lin, 2013, "New structural economics: A Framework for Rethinking Development", *Developing Economies*, 51(3): 323 – 326.

Justin Yifu Lin, Xifang Sun, Ye Jiang, 2013, "Endowment, Industrial Structure, and Appropriate Financial Structure: A New Structural Economic Perspective", *Journal of Economic Policy Reform*, 16(2): 109 – 122.

Katz, L., and Murphy, K., 1992, "Changes in Relative Wages: Supply and Demand Factors", *Quarterly Journal of Economics*, CVII: 35 – 78.

Kennedy, C., 1964, "Induced Bias in Innovation and the Theory of Distribution", *Economic Journal*, 74(295): 541 – 547.

Kim, D., Lin, S., Suen, Y., "Are Financial Development and Trade Openness Complements or Substitutes?", *Southern Economic Journal*, 2010, 76(3): 827 – 845.

King, R. G., Levine, R., "Finance, Entrepreneurship, and Growth Theory and Evidence", *Journal of Monetary Economics*, 1993, 32(4): 513 – 542.

Kris James Mitchener, and Se Yan, 2014, "Globalization, trade and wages: what does history tell us about China?", *International Economic Review, Department of Economics, University of Pennsylvania and Osaka University Institute of Social and Economic Research Association*, vol. 5: 131 – 168.

Krugman, P., 1995, "Growing World Trade: Causes and Consequences", *Brookings Papers on Economic Activity*, 327 – 362.

Kuznets, S. S., 1971, *Economic Growth of Nations: Total Output and Production Structure*, Harvard University Press.

Le Brun A., S. R. Helper, D. I. Levine, 2011, "The Effect of Industrialization on Children's Education: The Experience of Mexico", *Review of Economics and Institution*, 2(2): 1 – 32.

Li, Bingjing, 2018, "Export expansion, skill acquisition and industry specialization: Evidence from china", *Journal of International Economics*, 114(1): 46 – 361.

Lin Yifu, 1992, "Rural Reforms and Agricultural Growth in China", *American Economic Review*, 82(1): 34 – 51.

Loukas Karabarbounis and Brent Neiman, 2014, "The Global Decline of the Labor Share", *The Quarterly Journal of Economics*, 129(1): 61 – 103.

Lucas, R. E. J., 1990, "Why Doesn't Capital Flow from Rich to Poor Countries?". *American Economic Review*, 80(2): 92 – 96.

Lucas, R. E. J., 1990, "Why Doesn't Capital Flow from Rich to Poor Countries?". *American Economic Review*, 80(2): 92 – 96.

M. Aguiar, G. Gopinath, 2007, "Emerging Market Business Cycles: The Cycle Is the Trend", *Social Science Electronic Publishing*, 115 (1): 69 – 102.

Mark Dincecco, 2009, "Fiscal Centralization, Limited Government, and Public Revenues in Europe, 1650 – 1913", *The Journal of Economic History*, 69(1): 48 – 103.

McKinnon, R. I., 1973, *Money and Capital in Economic Development*, Washington D. C.: Brookings Institution Press.

Mork, P., Nakamura, M., 1999, "Banks and corporate control in Japan", *Journal of Finance*, 54: 319 – 340.

Multilateral Roberto Cardarelli, Selim Elekdag, Subir Lall Jr., 2009, "Financial Stress, Downturns, and Recoveries". *IMF Working Paper*, (5): 23 – 25.

Nickell, Stephen J., 1996, "Competition and Corporate Performance", *Journal of Political Economy*, 104(4): 724 – 746.

Noel D. Johnson and Mark Koyama, 2014, "Tax Farming and the Origins of State Capacity in England and France", *Explorations in Economic History*, 51 (1): 1 – 20.

Noel D. Johnson and Mark Koyama, 2017, "States and economic growth: Capacity and constraints", *Exploration in Economic History*, (64): 1 – 20.

Nurkse, R., 1953, *Problems of Capital Formation in Underdeveloped Countries*, Oxford University Press.

Patrick, H., 1996, "Financial Development and Economic Growth in Underdeveloped Countries", *Economic Development and Cultural Change*: 174 – 189.

Patrick, H., Dollar, T., 1966, "Dollar, Who has the dollar? Relationship between the Japanese and American balance of payments", *Asian Survey*, 6(8): 434-447.

Pugel, Thomas A., 1980, "Profitability, Concentration and the Inter-industry Variation in Wages", *Review of Economics and Statistics*, 62(2): 248-253.

Rajan, R. G., Zingales, L., "The great reversals: The politics of financial development in the twentieth century", *Journal of financial economics*, 2003, 69(1): 5-50.

Robert Koopman, Zhi Wang, and Shangjin Wei, 2014, "Tracing Value-Added and Double Counting in Gross Exports", *American Economic Review*, 104(2): 459-494.

Rodrik Dani, 2006, "What's so Special about China's Exports?", *China & World Economy*, 14(5): 1-19.

Rodrik Dani, 2010, "Making Room for China in the World Economy", *The American Economic Review*, 100(2): 89-93.

Rosenstein-Rodan, P. N., 1943, "Problems of Industrialization of Eastern and South-Eastern Europe,"53(210/211): 202-211.

Rostow, W. W., 1990, *The Stages of Economic Growth: A Non-Communist Manifesto*, 3rd ed., Cambridge University Press.

Rostow, W. W., 1959, "The Stages of Economic Growth", *The Economic History Review*, 12(1): 1-16.

Schumpeter, J. A., *The Theory of Economic Development*, Cambridge, MA: Harvard University Press, 1912.

Schwartzman, David, 1960, "The Burden of Monopoly", *Journal of Political Economy*, 68(6): 627-630.

Shastry, G. K., 2012, "Human Capital Response to Globalization Education and Information Technology in India", *Journal of Human Resources*, 47(1): 287-330.

Shaw, E. S. , 1973, *Financial Deepening in Economic Development*, New York: Oxford University Press.

Slaughter Matthew, 2007, "Globalization and Declining Unionization in the United States", *Industrial Relations: A Journal of Economy and Society*, 46 (2): 329 - 346.

Svaleryd H. , Vlachos, J. , 2002, "Markets for risk and openness to trade: how are they related?", *Journal of International Economics*, 57 (2): 369 - 395.

Tensions Jeremy Bulow, Kenneth Rogoff, 1988, "Multilateral Negotiations for Rescheduling Developing Country Debt: A Bargaining Theoretic Framework". *Palgrave Macmillan Journals on behalf of the International Monetary Fund*, 35 (4): 644 - 657.

Thomas Piketty, Li Yang, and Gabriel Zucman, 2017, "Capital Accumulation, Private Property and Rising Inequality in China, 1978—2015", *NBER working papers.*

Timothy Besley and Torsten Persson, 2010, "State capacity, Conflict, and Development", *Econometrica*, 78(1): 1 - 34.

Williamson, J. , 1990, "What Washington Means by Policy Reform," *Latin American adjustment: How much has happened*, 1990a: 7 - 20.

Williamson, J. , 2000, "What should the World Bank think about the Washington Consensus?", *The World Bank Research Observer*, 15(2): 251.

Wurgler, J. , 2000, "Financial Markets and the Allocation of Capital", *Journal of Financial Economics*, (5): 187 - 214.

Zhi Wang, Shangjin Wei, Xinding Yu, and Kunfu Zhu, 2017, "Measures of participation in global value chains and global business cycles", *NBER Working Papers.*

后　　记

从党的十八大开始，中国特色社会主义进入新时代，经济发展转向高质量发展阶段。中国当前正处于优化经济结构的改革攻关期，各领域的结构调整、领域间的协调融合是推动经济高质量发展的主要途径和重要任务。

经济学青年学者应当肩负起时代使命——面对新情况解决新问题，把握新特征提出新命题。本人以整个研究生阶段对中国宏观发展理论和世界经济交往现实的广泛涉猎和独立思考为基础，力求对中国发展方略进行系统性梳理，由此确立了本书立意和长期目标——为构建完善“新时代”时期全球视野下的中国经济结构转型和社会治理理论尽绵薄之力。

笔者深刻体悟党的十八大之前和新时代时期中国的伟大变革，深深扎根于中国转型故事，建设新形势新阶段下的结构转型研究，力争为建设拓展新时代中国特色社会主义的发展经济学理论贡献力量。本书侧重对这两个时期的发展转型进行多维度的经济结构分析，回顾与反思经验教训，在全球合作秩序深度重构期提出适宜当前需要的产业扶持政策、金融信贷指引、城乡融合方向和“一带一路”高质量发展建议，为中国统筹内外发展的实践提供理论参考。

本书第二章由复旦大学经济学院、苏州国际发展集团有限公司博士后许晨撰写；第七章由湖南农业大学的蒋银娟老师撰写，为湖南省教育厅科学研究项目“就业技能结构变化对农村地区人力资本投资影响研究”(20B305)的阶段性研究成果；武汉大学经济与管理学院世界经济系的李智娟撰写另外七章，这七章内容共计23万字。

能够完成本书的出版，还要感谢中国社会科学出版社的宋燕鹏老师和金燕老师，以及武汉大学经济发展研究中心的刁莉老师。本人确定了全书框架和章节编排，逐句核查并修订了各版校对稿，而且为保证表达质量，我邀请了学弟学妹和好友与我同时进行检查。本院即武汉大学经济管理学院的付佳茗、董辅礽经济社会发展研究院(以下简称为董院)的陈芮、黄林和北京协和医院的薛冰帮忙检查更新了注释说明、图表的数据及单位，对详略布局进行了大致评判；董院的颜培哲、任美伶、武汉大学发展研究院的郑恺欣和本院的彭玉婷对发展方略和政策术语进行了核对确认；苏州大学纺织与服装工程学院的王雨婷、湖北省建筑科学研究设计院的李子悦和中南财经政法大学的姜雯对文字输入、符号和资料来源进行了校对；新兴中学的陶丹东和王丽老师、湖南农业大学的吴萍萍以及董院的张则敏、本院的曲一童和田一迪对个别章节的用词准确度、格式体例进行了检查。在此一并感谢，当然文责自负，欢迎读者批评指正。

李智娟

2023 年 6 月于荆州